电影是
生命
最初的旅行

北京电影学院
校友故事

张会军　主编

中国青年出版社

青春的记忆

张会军

母校，永远是每一位毕业生校友心中挥不去的青春记忆，也是磨不灭的燃情岁月。短短几年的大学生涯，却可以视为每一位校友人生的起点，自此走向社会，却也永远难忘怀青春的萌动、对母校的眷恋、对师长的感恩，今天再回首忆起母校的过往，自然有许多对人生道路的感悟与后生分享。1978 年，我考入北京电影学院摄影系 78 班，大学毕业后便留校工作，算而今，在北京电影学院已度过三十八载。在一个地方呆得太久，便以为流动的只是云和风，一瞬间，树下赏花的少年人，已风掠须发白。回望往昔，自是百感交集，百般情怀涌动心头。

北京电影学院自 1950 年建校，至今已逾六十六载春秋。六十六年来，北京电影学院培养出无数优秀的电影学子。我们看到，北京电影学院的精英教育，造就了几代学生的专业品格，电影学院的宽松环境，培养了学生勇敢追求、坚定执着的独立性格。电影学院将无数热爱电影的年轻人，培养成为痴迷电影、专业精湛、思想成熟的电影人。

在庆祝北京电影学院建院六十五周年校庆之后，我们编辑出版这本《电影是生命最初的旅行——北京电影学院校友故事》，就是想告诉后人，学校的过去与成长。本书的文字，承载着所有师生的人生点滴，可谓是北京电影学院发展过程中的一份里程碑性质的书稿，也是紧密联系在母校与校友之间的一条丝带。我们旨在借校友们的经历，通过文字，让读者了解学校的沧桑变化，感受不同时期学校的筚路蓝缕与含辛茹苦，也在娓娓道来、温暖直叙的词语中，感受学校的繁荣发展和一路前行。

本书收录了上世纪 50 年代至本世纪初，各个时期从北京电影学院毕业校友的访谈录共计 36 篇，每一位校友用文字表达自己的成长经历，来纪念学校的发展和个人青春的记忆。每一篇访谈录都是影响北影学生人生观、价值观的生动教材。篇目按受访校友入校先后顺序排列，“序长不序爵”不仅是大学精神所在，亦是北影人重视教育传承的具体体现。从这本书中，能读出老北影人的荣耀与青年人的奋斗不息，我作为北京电影学院的校长，同样是北京电影学院一名毕业生，对此深感欣慰。

电影对这些曾经的学生而言，从入学那一天起，就成为了感受电影艺术、了解世界的一个最为直观、生动的窗口，银幕上所呈现的不同风格的影像，照亮了所有年轻人的心，勾起了他们对世界和对未来的无限遐想，同学们就是在与银幕上影像的交流中，变得成熟、自信。

读着书稿，品味着学院电影人对电影的梦想和追求，我们能感觉到他们是用心灵崇拜电影，用自己的生命学习电影。还能感受他们有着自己独特的思考与表达语言，对电影有着独特的认识与见解，他们对细节的表达能力以及准确地表达大学感受的文字意境，都给我留下了十分深刻的印象。

本书受访者们的年龄跨度比较大，有的是年逾古稀的老人，有的则是年富力强或者风华正茂的青年人，尽管岗位不同、阅历不一，但他们都从各个不同时期，用自己的亲身经历，用以小见大的手法，诠释和诉说对学校的眷恋，收到知微见著的效果。从这些讲述校友成长足迹和工作风采的朴实文字中，读者能够分享北京电影学院校友们的人生经验，汲取丰富的精神营养；更可以读出一部鲜活的北京电影学院“校史”，找寻一脉相承的 “北影基因”。大学生活十分短暂，而生生不息的北京电影学院精神却让诸多学子感悟一生。在校时，以北京电影学院学生的身份感到光荣；离校后，北京电影学院校友的身份依旧可自我激励。做北影人幸福！北影的精神永不老去！

放眼当下的中国电影领域，其中有许多优秀的北京电影学院毕业生，这些北影人，他们用自己的成绩在维护学校的荣誉，用自己的行动为学校争光。他们在各自的岗位上发光、发热，他们所取得的成绩，既是北京电影学院的骄傲，也是中国电影界的骄傲。希望我们学校毕业的所有校友，能“尊师重道，薪火相传”，用自己精湛和优秀的作品，向世人诠释北京电影学院的精神！

北京电影学院 65 周年校庆过去不久，本书即将出版，在此，我也要由衷地表达对所有毕业校友的祝贺。祝愿我们每一个教职员工和毕业校友，都能够热爱电影，热爱学校，能够在感悟、创作电影的过程中，认识自己，认识生活，在更高的层次上进行精神的驰骋和翱翔。

代为序。

2016 年 2 月 14 日

目录

吴贻弓：积累和坚持造就的电影传奇

刘子洋

吴贻弓，一个电影界无人不知、无人不晓的名字，一个为观众献上《巴山夜雨》《城南旧事》等经典作品的电影导演，一个参与创办国际A级电影节——上海国际电影节的电影事业家。2012年4月，他在中国电影导演协会2011年度表彰大会获得终身成就奖，可谓实至名归。他的一番获奖感言更道出了他对电影的深厚情感和崇高的敬意："怎么说呢，终身成就，沉甸甸的，我都不知道怎么去承受，这是我迄今为止所获得的一个最最崇高的表彰。这是一个纯粹的、专业的、权威的、不掺杂任何其他成分的表彰，所以我感到特别珍惜，也感到无比荣耀，真的我们都十分热爱这个由我们自主选择的职业，所以我们也绝不会辜负她，今天我想在这句话后面再加上四个字，那就是电影万岁！"

吴贻弓能够顺利考上北京电影学院，并获得今天的骄人业绩，绝不是出于什么巧合和奇迹，而源于长时间的积累和内心深处对于电影的热爱。

积累与"游戏电影"的胜利

1938年12月1日，吴贻弓出生于四川省重庆市。父母都是知识分子。父亲后来经商，所以吴贻弓的"家庭出身"是资产阶级。吴贻弓出生时正值抗战第二年，国家和民族正面临着巨大的灾难。吴贻弓的伯父出于渴求安宁的百

我感到电影就像一个梦，它包罗万象、五花八门、绚丽多彩、应有尽有。电影的特色就是不拒绝任何人，谁都可以亲近它、喜欢它，从它身上得到欢乐，它也毫不吝啬告诉你，世界和人生的另外的可能性。

我们都十分热爱这个由我们自主选择的职业（电影导演），所以我们也绝不会辜负她，今天我想在这句话后面再加上四个字，那就是电影万岁！

——吴贻弓

姓心态，给他取名曰贻弓，意思是把兵器收藏起来不要打仗，当然，这只能是一种天真的愿望。事实上，抗日战争一直持续了八年，直到 1945 年日本投降。

抗战胜利那年，吴贻弓已经是一个十分懂事的 8 岁小伙子了。年底，吴贻弓举家迁到南京。他在那里读完了小学四年级，而且，也正是在那段时间里，吴贻弓有了第一次到电影院里去看电影的经历，开始真正领略到什么是电影的滋味。电影作为一个理想的种子悄悄地埋在吴贻弓的内心深处，开始生根发芽，不久，吴贻弓便有了一个最得意的游戏：他用一只纸盒子制成一个土幻灯机，光源是一个手电筒，父亲扔掉的香烟盒外面那层玻璃纸成了诱人的“胶片”，在那上面画上人物和故事；每当吃完晚饭，母亲收拾停当，他便开始在全家人面前念念有词地放起了他创作的“电影”。可谁会想到，当年这个幼稚的儿童游戏日后却真的成了他的终生职业。

1948 年，吴贻弓全家迁回上海。吴贻弓在继续小学和中学学业的同时有了更多看电影的机会，很快就成了一个不折不扣的影迷。那时候，吴贻弓家有一条不成文的规矩，就是每当农历大年除夕吃完年夜饭以后，吴贻弓全家大小一定要到电影院去看一场国产电影。除了看国产片以外，看得最多的就要数美国好莱坞的片子了。在美国电影中他最爱的是西部片。比如《关山飞渡》《正午》《一将功成万骨枯》等等。吴贻弓收集了大量的电影说明书和美国明星照片。于是，电影在吴贻弓的成长经历里就成了他一个十分特殊的伙伴，甚至可以称为良师益友。

就在吴贻弓17岁高中毕业的那一年，他在一本《升学指导》的最后一页上看到有一所新建立的高等学府叫作“北京电影学院”开始招生，他就自作主张，毫不犹豫地报考了北京电影学院导演系。由于吴贻弓长时间的艺术积累和对于电影的热爱和感悟，过五关斩六将，经过层层考验，以优异的成绩通过了北京电影学院的考试，成为导演系的一名学生。就这样吴贻弓走上了职业电影工作者的道路。

不幸与万幸

1956年，只有17岁的吴贻弓如愿以偿地考进了北京电影学院，成为导演系的第一届本科学生。但是好景不长，由于吴贻弓是全班最小的学生，比较单纯，不谙世事，对学校的教学提出了自己的意见和建议，说北京电影学院作为中国唯一的高等电影学府，教学上应兼收并蓄，只学苏联太片面，要让学生了解全世界的电影状况，至少该了解美、法、意三个电影大国；而且他对一名党员提出尖锐批评，一针见血。但在当时严酷的社会环境中，再加上出身不好，结果他被上纲上线为“反苏、反社会主义阵营、反党”，被打成了“右派分子”，“留校察看”。

让吴贻弓感觉无比温暖的是，在这样的状况下，仍有人对他这个“右派分子”富有同情，让吴贻弓在万般无奈之中看到了一丝温暖，人与人之间的这种真情，千金难买，让他一直铭记于心，感激不尽。

第一位让吴贻弓感觉到温暖的是他的同窗好友高步。他比吴贻弓年长10岁，是作为调干生考进北京电影学院的，吴贻弓与高步同窗4年，而且4年同住一室，他与班中其他调干同学不同，与吴贻弓等几个应届生比较亲和，尽管彼此年龄相差一大截，倒也不妨碍互相之间的交流。尤其是1957年吴贻弓最倒霉的那些时日里，整天就是批斗，同学之间见面大都唯恐趋避不及，高步却从不见外，仍一如既往地像大哥般不吝关照，尽管有时这种关照只能是悄悄的，甚

1956 年导 56 班入学不久，举办展示才能晚会，全班同学合影，二排左三为吴贻弓

苏联专家伊万诺夫和导 56 班同学合影，二排左一为吴贻弓

1960 年导 56 班毕业合影

1990 年电影导演创作研讨会的导 56 班同学和老师合影，后排左一为吴贻弓

2003 年第四代影视导演研讨会上，导 56 班同学与老师合影

至只是只言片语，个把眼神之类，但却十分难能可贵，是吴贻弓在孤独和苦恼之中仅有的一丝温暖。在那个人人自危的严酷时代，像高步那样对一个“右派分子”富有同情心，是要顶着莫大的风险的，吴贻弓对他特别敬重。

另一个让吴贻弓感激不尽的是他的恩师吴国英老师。“吴国英老师拍的纪录片在卡罗维发利国际电影节上得过奖。她是导演系教师，竭力主张让我在劳动之余照常跟班学习。”吴贻弓 1960 年毕业前夕，已是系副主任的吴老师又力排众议，竭力主张帮吴贻弓摘帽，以便出去工作。最后，吴贻弓顺利地毕业了，并且幸运地被分配回上海，进了海燕电影制片厂。

这样一些情节，温暖着吴贻弓的人生。即使因“摘帽右派”而比同班同学行政级别低了一级、工资少了一级，但他还是觉得自己“很幸运很幸运”。

“最抢手的导演助理”

1960 年，吴贻弓从北京电影学院电影导演系本科毕业，进了当时名噪国内外的上海海燕电影制片厂创作室工作，当时导演分四个等级，有导演、副导演、导演助理和场记。幸运的是，他连“场记”都没做过，直接就当上了“导演助理”。

还有一个幸运，在最初的五六年，吴贻弓几乎跟遍了海燕厂所有有名的老一辈导演艺术家，从沈浮、孙瑜、郑君里、徐韬，直至吴永刚，吴贻弓作为一名超级助手名扬全厂，则是从给鲁韧当助理开始的。那时候，沈浮是上海海燕电影制片厂的厂长，鼓励老导演和年轻导演相互搭档，以老带新，取长补短，这样年轻导演可以学到新东西，同时也可以帮助老导演分担一些具体工作。吴贻弓进入电影厂后，有一年的见习期，他认为这是一个千载难逢的机会，觉得跟着不同的大导演可以学到更多的东西，便抓住这次机会，全身心地投入到工作中去。吴贻弓在见习期跟的第一个导演就是赫赫有名的大导演孙瑜，拍了一部黔剧《秦娘美》，这一次跟组，使得吴贻弓对戏曲片有了更深层的认识。第二个跟的是徐韬，拍了《丰收之后》，后来又跟郑君里拍《兄妹探宝》。由于吴贻弓的出色表现，很快就成了厂里最受欢迎的导演助理，以至于拍完《李双双》后，导演鲁韧对吴贻弓说：“你以后一直跟着我好了。”再后来，沈浮点名让吴贻弓当他的导演助理，一起拍《北国江南》。

就这样，从进海燕电影制片厂到“文革”开始的6年，便成了吴贻弓重新学习，积累经验的关键时期。那时候的吴贻弓，年轻力壮拼命地工作和学习，兼收并蓄，从无门户之见，一个个大导演跟过来，努力从风格各异的大师们的艺术宝囊里学习尽可能多的实践经验和诀窍，把每个人的工作方法、风格和对电影的理解等等，拿来印证书本上读到过的电影知识。在这几年里，吴贻弓凭着学校里打下的功底，凭着工作中的尽心尽力，他成了“最抢手的导演助理”。同时，也为他一生的电影导演之路夯下了坚实的基础，做好了足够的准备。

“文革”：躲进小屋成一统

拍完《北国江南》，“文革”就开始了，后来这部电影也被打成“大毒草”。尽管拍《北国江南》时吴贻弓还是导演助理，影片遭到全面批判时没有受到牵连。但是后来形势发生了变化，“文革”的突如其来，中断了吴贻弓美好的一切。

1966年，“文革”开始了，由于吴贻弓家庭出身不好，祖父是杭州的大资本家，开钱庄、开电灯公司，属于本土的大实业家。父亲又是国民党中央党部的财务委员，解放后就成了历史反革命。另外，再加上吴贻弓19岁还在大学读书时，给学校和党员提意见就已经被戴上了“右派”帽子，到“文革”自然一起算总账了，28岁的吴贻弓成了“文艺黑线”上的“黑苗”。没有多久，1969年，吴贻弓就被赶出了电影厂的大门，“下放”到一家生物制药厂接受“再教育”，一待就是十几年。

“文革”中大家都很苦闷，但是吴贻弓和那些最淳朴的工人们在一起还是很开心。可以说，28岁后，是吴贻弓的世界观、人生观逐渐成熟的阶段，他对人生有了一次新的剖析。在工厂里，学做裁缝、装半导体，同时可以更加客观地看人看事。而在下放劳动之余“躲进小楼成一统”，靠着抄家以后幸存的一部《资治通鉴》和一部《纲鉴易知录》偷偷地温习中国历史，靠当时可以名正言顺地放在书架上的一部《鲁迅全集》和一部《郭沫若全集》温习文学和文化，当然，更靠着在那个年代里最重要的一部《毛泽东选集》温习做人的道理。他深信《李双双》的编剧李准说过的一句话，生活不会亏待人，有失必有得；坚信机会总是对那些有准备的人特别青睐。尽管十几年在工厂里失落苦闷，但在那风风雨雨的岁月里学会了洞察人生，这也是生活的积累，“文革”中的积累与沉淀，坚持与不懈，让他在今后的电影事业上一下子爆发出来。

吴贻弓的春天：《巴山夜雨》与《城南旧事》

1980年，吴贻弓在吴永刚总导演的提携下，完成了他这一生中真正意义上的第一部故事片《巴山夜雨》的拍摄工作。影片通过一艘长江客轮上的不同年龄、不同职业、不同处境的旅客对同一事件的不同反应，折射出人们在“四人帮”横行时期的思想感情和愿望。在影片的创作之初，导演就与编剧叶楠商定：这部戏，要在“文革”的废墟上重建人性的光辉。根据之前确立的主题倾向，吴贻弓做了大量的案头工作，搜集了大量的资料，为影片的成功做了充足的准备。

这部电影与当时其他反思“文革”的作品有很大的不同，尽管“文革”是一场浩劫，但我们看到那个黑暗的年代里，普通人之间还能像星星那样，以微弱的光彼此取暖，影片通过人性善良的一面来表达一种对人生的看法，在“文革”的废墟上重建人性的光辉。在当时大批浓墨重彩的“伤痕”艺术中，空灵朦胧的《巴山夜雨》显得鹤立鸡群，上映后引起了不小的轰动。真诚的付出换来了巨大的成功，影片荣获了次年文化部颁发的优秀影片奖；中国电影家协会颁发的中国电影金鸡奖最佳故事片奖、最佳女演员奖、最佳集体配角奖、最佳编剧奖、最佳电影音乐奖和上海《文汇报》颁发的最佳导演奖。自此，吴贻弓在中国电影界崭露了头角。

《巴山夜雨》的成功为吴贻弓带来了更多的创作机会，这便有了后来的《城南旧事》。

1981 年，台湾女作家林海音的小说《城南旧事》发表后在台湾引起轰动。当时两岸还没有文化交流，叶剑英发表对台九条讲话后，中国社科院台湾文学研究所引进了这部小说，但没有公开发表。北京电影制片厂编剧伊明最先看到了小说，想把这部小说拍成电影，就动手改编。后来不知道为什么北京电影制片厂不拍了。当时文化部管电影的副部长陈荒煤把这个本子推荐给上海。徐桑楚和石方禹两人看了后，觉得本子不错，吴贻弓的风格比较符合这部电影的调子，便将拍摄任务交给了吴贻弓。

看了恩师伊明根据林海音小说改编的剧本后，吴贻弓觉得本子很好，当场就被打动了，可就是觉得统战意识太强，里面加入了很多关于海峡两岸分离和统一的内容，开头的一首歌就带有强烈的统战意味。然而原作写的是 1920 年代北京的事情。吴贻弓觉得，文艺的功能不应该是这样的，于是壮了壮胆子向厂长提出，能不能看看原作？不久，便读了原作台湾版本的复印件。看后觉得，作者小说中充满了对故乡朴素、温馨的回忆，作者字里行间流露出对故乡的一种难舍情结，虽然笔调淡淡的，但是感情是浓浓的。这么好的小说，只要老老实实拍出来就行了。故事本身就是爱国主义的，根本用不着加什么。吴贻弓按照自己的想法，把创作的重心回到了小说上，用了一个半月的时间，写了一个简单的导演工作本，交了上去。剧本不仅得到了厂领导的肯定，也获得了原编剧恩师伊明的赞誉。

1982 年，吴贻弓完成了这部倾心之作《城南旧事》。这部电影就像一篇抒情散文一样“淡淡的哀愁，沉沉的相思”，以平淡生活中的真情感动人。影片问世以后引起了巨大的社会反响。有评论说《城南旧事》的出现开创了新时期散文电影的先河，甚至被誉为“传统美学和现代电影语言完美结合的作品”。1983 年，吴贻弓因该片获得了中国电影金鸡奖最佳导演奖。同年，《城南旧事》参加第二届马尼拉国际电影节，一举夺得最佳故事片金鹰奖，首创了中国电影在国际电影节上获得大奖的业绩。

《巴山夜雨》和《城南旧事》的成功，奠定了吴贻弓作为新时期中国电影“第四代”导演之一的地位。

吴贻弓，第六届中国文学艺术联合会副主席，文艺一级导演。中共第十届、第十五届中央候补委员。1960 年毕业于北京电影学院导演系，代表作有：《巴山夜雨》《城南旧事》《阙里人家》等。其中，《巴山夜雨》获第二届“文汇电影奖”最佳故事片奖及最佳导演奖；《城南旧事》获第三届“金鸡奖”最佳导演奖、第二届马尼拉国际电影节最佳影片金鹰奖、第十四届贝尔格莱德国际儿童电影节最佳影片思想奖、第十四届季福尼国际儿童电影节荣誉金牌、第四届电影金像奖、十大华语片之一等；《阙里人家》获广电部优秀故事片奖及最佳导演奖等。吴贻弓于 2012 年 4 月 8 日，在中国电影导演协会 2011 年度表彰大会上获得终身成就奖；2012 年 6 月 16 日，荣获第十五届上海电影节华语电影终身成就奖。

郭宝昌：几个片段与一段过往

刘小磊

提起郭宝昌，会有几个标签：大宅门、同仁堂、第五代、北京电影学院。

郭宝昌，原名李保常，出生在北京一个贫困工人之家，父亲冻死于街头，两岁时他被母亲卖掉。几经转卖之后，被同仁堂乐家乐四老爷收为养子，随母姓改叫郭宝昌。郭宝昌在大宅门里生活了 26 年，目睹了同仁堂的荣辱兴衰。1959 年，考进北京电影学院，那一年恰好是“大跃进”的第二年。从 16 岁起，郭宝昌开始写关于《大宅门》的小说，其间颠沛流离，甚至入狱，手稿 3 次被毁。直至 2000 年电视剧面世，似乎文字怎样表达都已经远不及这位“爷”本身来得传奇，所以选取几个片段去勾勒一下与郭宝昌这个“标签”相得益彰的过往。

郭宝昌与“祥子”

刚才提到，郭宝昌考进北京电影学院是 1959 年。1956 年，电影学院招收了第一批导演系的学生，可是 1957 年“反右”中竟然有 1/3 的学生被打成了右派，成了北京高校之冠，所以那一年没招生，到了 1958 年只能内部招生，政治条件就成了首要标准。1959 年开始从应届高中毕业生中招考，郭宝昌是资产阶级出身，第一关政治条件就过不了。当时不明所以，郭宝昌还是站在了入学考试的考场上。导演系考场的长桌后面大概坐了十五六个考官，全是陌生面孔，用严肃的神态、审视的目光盯着郭宝昌，中间坐着的宽脑门、尖下颌的考官就是导演系主任田风。郭宝昌将测试的项目一一考了一遍，只用了 17 分钟，在几百名考生中是时间最短的，最后考官给郭宝昌的评价是做的小品与考题不符。郭宝昌灰心丧气地走出考场，还被课外辅导老师臭骂了一顿。原本以为入学无望，而发榜时却意外地看到了自己的名字。后来郭宝昌才知道，是田风老师觉得他反应快、聪明、有潜力，招生会议上所有老师都不同意要他，田老师拍着胸脯说："这个学生我要定了，不就是出身不好吗？我担保。全班都是工农子弟，有这么一个资本家有什么了不起，出了问题我负责。"

那时候的教学注重理论与实践的结合，从无实物动作教起，到单人、双人、多人小品，直至片段、大戏，再练习拍摄默片和短故事片。大家进行实习演出，实习处不予配合，老师会亲自动手设计服装、绘景、布光、化妆，同学们既演戏又上灯板、扛道具、搬景片、刷天幕，没有不干的，很是辛苦。在三年级的时候，同学们排练大戏《骆驼祥子》，郭宝昌演祥子。老师要郭宝昌剃光头，郭宝昌从心眼儿里不愿意。心想自己又不是演员，再说暑假他要去上海，有人给他介绍女朋友，剃个光头去算怎么回事？郭宝昌支支吾吾地把这事拖了下来，跑到人艺借了个头套。彩排那天，老师亲自给郭宝昌化妆，看着他的头套一脸的怒气，郭宝昌想着头套如果粘好了，应该也没有大区别。真是事有凑巧，著名京剧大师盖叫天来京演出了，对于郭宝昌这个戏迷来讲是机不可失的。可是距离汇报演出还有一个多星期，彩排进入到了紧张的连排阶段，盖老的演出还剩最后一场时，郭宝昌再也按捺不住了，决定宁可违反院规班纪，也要逃课去看戏。

当郭宝昌看完戏回到学院，已经有三个同学站在门口焦急地等他了，告诉他出了大事，田风老师和同学们在教室里整整坐了一个小时等他，最后田老师大怒，拍案而起，宣布停课整顿，回宿舍去了。郭宝昌径直奔向老师宿舍，只见田老师背身站在窗前望着窗外，有两个同学紧张地站在旁边望着他，郭宝昌战战兢兢地叫了一声"田老师"，只见他猛地回头大喝一声："你来干什么！"

《大宅门》剧组照片

在电影学院举办的田风诞辰百周年纪念活动上，郭宝昌导演接受电视台采访

郭宝昌被吓呆了，从来没见他发过那么大的火，郭宝昌没词儿了。“滚出去！”又是一声大吼，郭宝昌站在那里进退两难，“你听见没有？出去！”田老师转过身冲着那两个同学大喊，“把他拉出去。”两个同学连忙过来把郭宝昌往门口又推又拉，郭宝昌也急了，用力挣扎，田老师气得手直发抖，“你想干什么？你不是把检讨都写好了吗？”双方僵持了5分钟，郭宝昌垂头丧气地回了宿舍，开始写检查。3天之内郭宝昌写了8份检查，距离汇报演出还有3天的时间，班主任终于通知郭宝昌可以在全班检查亮相了。郭宝昌足足检查了一个小时，会上田老师语重心长地对郭宝昌说：“我最恨一个艺术家对自己的艺术创作采取不严肃的态度，艺术本身就带有游戏的性质，你再不严肃，不就成了瞎胡闹了吗？还有什么艺术？看看你这破脑袋，那么高贵？就舍不得剃，还谈什么为艺术献身？没有献身精神，一辈子成不了艺术家。”从老师那儿出来，郭宝昌直奔理发店，推了个大秃瓢儿！接下来的3天，同学们日夜加班排练，演出获得了极大成功。

这就是电影学院的教学，这就是电影学院老师和学生的师承关系，像师生、像师徒，更像父子。就是这种对待艺术的态度，影响了郭宝昌后来的所有创作。

“处女作”与“第五代”

郭宝昌与“第五代”的渊源，现在可谓是众说纷纭。他索性不去解释，说辞也就更为曲折离奇。其实，早在《一个和八个》之前，郭宝昌就与第五代有过一次“接触”，那是第五代还不能被称之为“第五代”，只能被叫作一群“学生仔”的1982年。

那一年，郭宝昌拍出了电影处女作《神女峰的迷雾》，此时距离他1959年入学已经过去了整整23年。郭宝昌决定审查通过后先拿到电影学院去放映（当时所有的新片，电影学院的学生都是先看的）。两个目的：一是毕业后第16年，郭宝昌才“处女”了一下，回去向老师汇报；二是示威，被整多年，回娘家扬眉吐气一把。但是这一想法却遭到电影中扮演吴新竹的演员侯克明（现为北京电影学院导演系教授、博士生导师，前北京电影学院副院长）的坚决反对。他说现在电影学院有一帮小子，专门以起哄为能事。学校领导严厉批评过几次均无效。郭宝昌说这片子不至于吧，他说肯定哄，并且仔细地分析说有三处可能挨哄，劝郭宝昌罢手。郭宝昌还就不信这个邪，侯克明又说那拿片子去放，但导演别露面，放完了再告诉他现场情况。说得那么恐怖，反而惹起了郭宝昌的火性，他一定要去，看看这帮小子怎么起哄，自己也长长见识。

郭宝昌有个习惯，看电影不愿意旁边有人，总坐在右前方没人坐的地方，侯克明坐在郭宝昌旁边。隔五六排的后面坐着一帮学生，当时并不知道是些什么人。

开演了，场子里很静，字幕过后，第一场山洞戏刚完，女主角出场有一个大近景，忽听背后有个人大喊："好大的脸！"立即引起一小部分人的哄笑，侯克明悄悄告诉郭宝昌："这就开始了。"等演员袁苑一往下跳，后面那人又大喊："起音乐。"但此处无音乐，后面那人大声说："我 x，没起！"当女主角全景出现时，那人又大喊："推！"但是这个镜头没有推，那人带有自嘲地喊道："我 x，丫的不推？"三次都没哄起来，从此场内安静了，而且随着剧情，偶尔发出一些赞赏的笑声和轻轻的议论声。待演到"审瘦狗"一场，"瘦狗"说："向毛主席保证，说瞎话我不是人！"时，场内竟然爆发出热烈的掌声。

片子放完了，场内掌声雷动，侯克明松了口气，说"郭导，您成功了！"后来郭宝昌才知道，坐在自己后面的那帮小子，就是七八级的学生，也就是现在威名赫赫的五代精英：张艺谋、陈凯歌、田壮壮等人，高声呐喊起哄的就是美术系的何群。

等郭宝昌真正知道他们的名字，是 1982 年在厂里看他们拍的毕业作业《红象》。几个画面出来郭宝昌就傻了，中国怎么出这样的东西了？这是一群什么人拍的？凭他当导演的直觉和敏感，郭宝昌知道一批新人起来了，片后的字幕中就是这批精英的名字，而且这批精英恰恰分到了广西电影制片厂。这帮狂放不羁、年少气盛、不知天高地厚的家伙，从此开始了在事业真正意义上的艰难起步，也就有了他们跟郭宝昌《一个和八个》中亦师亦友的那段友情。

《大宅门》与“龙套大腕”

郭宝昌曾经说过，他一生做过最有意义的一件事，就是把他养父这个形象呈现在了大家面前。他的养父叫乐镜宇，在《大宅门》中他有另一个名字，叫白景琦。在郭宝昌的笔下，白景琦个性张扬，天马行空，聪敏绝顶，具有强烈的反叛精神。他从小顽劣，交日本朋友，杀德国兵，与仇家女私订终身。青年时代被亲生母亲赶出家门，发明了32张药方，光宗耀祖。他一生与4个女人有感情瓜葛，敢爱敢恨，敢作敢当。在现实生活中，乐镜宇是同仁堂的乐四老爷，他刻苦学习，自学成才：不仅是一位医术精湛的好医生，还是一位中成药发明成果累累的中药学家。据郭宝昌介绍，闻名中外的中成药比如阿胶、乌鸡白凤丸等配方都是他养父研制、发明的。公私合营那年，同仁堂的老东家乐镜宇把祖传的和自己研制的中成药秘方上百张，无私地交给了党和人民政府。这让郭宝昌用了整整40年的时间，抒写了一部电视巨制《大宅门》。郭宝昌说：“40年来，我从来没有对人说过，我写的《大宅门》就是同仁堂。我不愿透露写的是自己的家史，因为这个京城望族如今老老小小有上千口人，每个人对这个大宅门都有自己的一套看法，估计有不少人像我养母一样，出于各种考虑，不一定同意我写这个剧本。为了保护这部作品，我不仅将同仁堂改成了百草厅，还把同仁堂原本的4个房头改成了3个房头，当然，人物也都进行了必要的艺术加工。恐怕现在同仁堂这个大宅门中很难有人能够真正对号入座了。”

《大宅门》在国产电视剧史上无疑是有着重要意义的，但是另外贴在《大宅门》标签上的还有那一群“大腕儿”级别的龙套演员。谈起这件事，郭宝昌总笑着说是自己人缘好，但这与当年对第五代的知遇之恩肯定是有着千丝万缕联系的。《大宅门》开了一个影视界众多大腕儿上场跑龙套的先河。田壮壮、张艺谋、陈凯歌、何群、于荣光、申军谊、赵奎娥、姜文、宁静、侯咏、李雪健，韩影12位“大腕”签了合同，很多还不惜剃了光头，成了《大宅门》里的龙套。

其实早在20世纪90年代郭宝昌正在筹备《大宅门》的拍摄时，他带了剧本请张艺谋看，帮他参谋一下以后如何拍电影。大家都知道这部戏是郭爷几十年的心血，也都无数次地听他讲过《大宅门》的故事。席间谈起筹备情况，田壮壮忽然说：“郭爷对咱们这么好，咱们也帮不上忙，我建议咱们一人在《大宅门》里串个角色给郭爷助威。”众人纷纷响应。本来这种客串出演，在中国素有传统，特别是梨园界，每逢大义务戏、重要庆典纪念活动的演出，从顶级的梅兰芳等四大名旦，到凡是行中有头有脸儿的名角，全体出动不分门派同演一台戏，连几句话的小配角也都是大演员，为了火暴还要反串。郭宝昌是戏迷，所以对这一建议感到有着分外的重量和意义。

真正拍摄起来，才发现大腕儿就是大腕儿，时间紧得“没商量”。张艺谋当时正忙着拍申奥宣传片，事先根本没时间看剧本，抽出两天时间赶到排演场，一边儿剃头一边狂背台词儿，上场前还跟导演说：“郭导，我可不是演员，演得不好，您言语，咱们重来！”因为张艺谋实在太忙，拍完就赶紧走了，他走后郭宝昌一看效果，有一场戏拍得不理想，还得重拍，结果就真的“言语”了，张艺谋回北京又真的赶过来，二话没说又剃了一回头。

陈凯歌当时正在英国拍戏，中间回国3天，第一天就正巧碰见了侯咏，侯咏赶紧打电话告诉郭宝昌说：“凯歌说了，他第二天下午有点儿空。”果然，第二天下午，陈凯歌风风火火开着车赶到了北京怀柔的拍摄现场，郭宝昌现给他编了一个角色，让他演济南府台衙门的一个差官，就一场戏。陈凯歌连气儿都没来得及喘一口，化好装就上场了。

何群在戏里演的是一个当铺伙计，也剃了大光头。而且除了跑龙套外，服装、道具、制景，样样都管。

有人说，郭宝昌的一生很坎坷，他拥有着“全国上学之最”：1946年入小学计6年；再入中学，计7年；入大学，从1959—1979年计20年，最终学历本科，共求学 33 年。但也有人说，郭宝昌的一生很传奇，他经历了别人没有的荣耀与成功。但，无论如何，这就是郭宝昌，只能聊以几个侧面和片段试图去“窥探”一下那过往的全貌。

文中部分内容参考自郭宝昌专著《说点您不知道的》

郭宝昌，1959 年考入北京电影学院导演系，1972 年分配到广西电影制片厂，1984 年调入深圳影业公司。电影作品有《神女峰的迷雾》《联手警探》《雾界》《特区移民》等。电视剧作品有《日落紫禁城》《大宅门》等。在广西电影制片厂任艺术总监时，大力支持张艺谋、陈凯歌、田壮壮等第五代电影人推出了《一个和八个》《黄土地》等影片。

李前宽：银屏上的中国

李安祺

要想拍好一部近代革命历史题材的电影，不仅需要对近代历史十分了解，而且还要以一种不让观众反感的方式通过大银幕传达给大家。面对这块难啃的骨头，李前宽却说：“拍电影就是迎着困难前行的工作。”冥思苦想，他终于找到了一种以真实性与表现性相结合的艺术手段，让观众在真实的画面中感受历史，在表现性的画面里感受到象征。

抉择，为梦想开路

当年李前宽共考上了 3 所院校，其中包括鲁迅美术学院、北京电影学院美术系和长春飞行学院。在选择的时候，李前宽开始在两所艺术院校之间斟酌。虽然学校的老师极力反对他来北京电影学院，但是当时李前宽很喜欢电影，加上北京的魅力实在太大了，因为这里有天安门、有毛主席。

思量再三，李前宽没有听任别人对自己命运的安排，他没和父母商量，私下给鲁迅美术学院写了一封信，断了自己的退路。

1959 年，当时李前宽 18 岁。他终于如愿以偿，来到了北京。刚到北京的第一件事就是在午门练习庆祝新中国成立 10 周年在天安门的演出，当时李前宽就站在第一排最右侧打钹，这是距离毛主席最近的位置，就在那时，李前宽见到了毛主席、周总理和世界各国的政要，那时他万分激动。

其实在李前宽报考北京电影学院的时候也并非一帆风顺，一开始就因为凑考试的费用而耽误了考试的时间，李前宽不得不和老师解释，后来他赢得了重新考试的机会。因为他对梦想的执着，这次的机会也没有放过他。他一路过五关斩六将，走到了最后。

从 8 岁时画天安门到 18 岁来到了北京在天安门前庆祝新中国成立 10 周年，李前宽与天安门、与国庆的缘分远不止如此。

李前宽从小就喜欢看电影，电影里面的每一个故事都吸引着他，让他流连忘返。年少的他却梦想着有一天可以手握画笔，完成一幅又一幅的作品。在电影学院学习时，他学习的是美术。他十分庆幸自己当时选择了电影学院，正是因为这样才让他有机会成为一个电影人。从他学习电影到拍电影已有 51 个年头，多年来的创作实践，让李前宽与电影结下了浓厚的情结。

1969 年 28 岁的李前宽又做了一个意义重大的决定，当年国庆节期间，他与著名导演肖桂云结为夫妻。他们这家“电影夫妻店”，从《佩剑将军》起，就正式开张了。

敢冲，没有一帆风顺的路

在新中国成立 40 周年之际，李前宽和肖桂云共同执导了电影《开国大典》。影片《开国大典》主要展现毛泽东和蒋介石这两个代表人物，以及国共双方的众多将领，在决定中国命运的大决战中的风采、个性与命运。在影片中，国共双方仿佛两棵大树，一棵顺应历史潮流，蒸蒸日上；一棵逆历史潮流，不断枯萎。这种意味并非抽象，而是通过一场场戏剧冲突和人物个性体现出来。“我认为，国共双方的领袖是活生生真实的历史人物，一定要突破以往模式化的表现，人性化地去表现真实的毛泽东，真实的蒋介石，这样才能服人，也能感人。”这部片子让李前宽夫妇斩获了多个奖项。

人要是出了名，机遇也就多起来。就在他俩寻觅新的创作题材的时候，一些有分量的题材也在寻找他们。于是，一部反映三峡建设的议项就开始了。湖北电影制片厂是小厂，拍长江三峡工程这样题材，真是小马拉大车，他们夫妇俩决心与湖北电影制片厂一道拉起这挂大车。他们请来了著名编剧张笑天。这位怪才多产作家是他们的老搭档了。从他们的历史巨片莫基作《佩剑将军》起，一直到《开国大典》《重庆谈判》等，都是张笑天为他们编剧。张笑天写剧本，这两位导演心里有底，他们夫妻俩导他的剧本，他也十分开心。多年来，就是这样互补互进地密切合作。不要以为，有大导演大编剧参与创作就一帆风顺了。他们面临的困难比我们预想得要多得多。干什么没有困难呢，修三峡大坝没有困难吗？没困难何至于梦想了 80 年，考察了 50 年，论证了 30 年呢？既然三峡大坝快要截流了，拍反映三峡大坝的影片岂能难住他们？ 1989 年春夏之交，他们在南京、北京拍《开国大典》难度大不大？不是照样拍出来了吗！有人说，只要他们夫妻俩认准的题材，不管遇到什么样的困难，他们从不叫苦，最后还得拿出个响来。

对有些人来说，困难是拦路虎，可是对李前宽、肖桂云来说，那困难就是收获前的磨刀石。他们夫妇俩和作者一同深入生活，具有重要意义的大江截流开始时，剧本尚在创作中，剧本写到什么地方结尾，导演还不知道。然而大江截流千载难逢。万一因为等剧本而没有拍到大江截流的场面，是不可能补拍的，那壮观的历史性场面不可能再来一次。

李前宽以非常人的胆量和气魄，毅然决然地带着摄制组，扛着四台摄影机前往大江截流现场，像一位指挥千军万马的大将军，把大江截流的动人场面，历史性的一刻印在胶片上。与此同时，在长春写剧本的张笑天也打电话，告知影片结尾有关大江截流的内容。编剧与导演心灵中的构想，惊人的一致。这不仅仅是因为两人多年合作的默契，更多的是他们对电影主旨的理解。当人们在银幕上看到这些珍贵的镜头时，无不为之激动、震撼，为中华民族这一惊天动地的历史画卷骄傲。同时，也为影坛伉俪的气魄赞叹。能够得到观众的认可是

美术系 59 班同学在一起，左三为李前宽

李前宽在北京电影学院校友会成立大会上发言

李前宽最愿意看到的事情。

回归，才能走得更远

从北京电影学院美术系毕业后，李前宽被分配到长春电影制片厂做了一名美术助理。直到“文革”后，他才开始慢慢成为了导演，他一路从场记做到编辑、副导演、联合导演。即便如此，在这期间李前宽也一直没有断了画画。李前宽告诉记者，其实国内很多知名导演都是从美术专业转行而来，这些人的影像作品往往都有很好的视觉表现力，能让观众很好地融于故事的情境之中。比如自己的同窗张艺谋、冯小刚、冯小宁、尹力、霍建起等人。

1992 年 6 月底，“重大题材领导小组”采取投票的方式决定《重庆谈判》由李前宽、肖桂云完成，“在外面转了七年的题材又回到手中，仿佛是命运的安排，也是缘分，痴情赢得了机遇，有情人终成眷属。”回忆起当年的情景，现在，李前宽仍然像当初得到剧本时一样的激动。

1993 年，时值毛泽东诞辰 100 周年，李前宽、肖桂云完成电影《重庆谈判》，了却了一段与“谈判”相恋 7 年的心愿。

在总结自己主旋律创作经验的时候，李前宽表示：“通过这些年的创作实践，作为导演，我们所选择的题材是正确的，我认为近代革命历史题材是一个富矿，这里真金白银多得是，主要看你怎么开采，怎么冶炼。怎样经过努力锻造出精品佳作献给广大观众，多出好作品，这才是硬道理。‘弘扬主旋律，提倡多样化’是时代的呼唤，也是我们的责任。”

黑格尔曾说过，史诗就是民族的传奇，一个民族的时代精神就是史诗的根源。李前宽、肖桂云用他们那些发生在中华民族重大历史时期的大作品为我们诠释了中国电影的史诗品格。

未来，有你们

2013年，北京电影学院校友会，李前宽应邀回到母校感慨万分，一走进校门，他就感到格外的亲切和温暖，回想起自己第一次走进电影学院的时候好像也是这样的情景。看到电影学院各个系的校友们，好像脸上都有了些许的沧桑感，头发也白了，大家为中国电影事业的辛勤付出都写在了脸上。与此同时，李前宽也看到了一张张充满着青春与活力的年轻人的脸，他们是那么青春洋溢，那么富有朝气，就像当年自己在电影学院时一样。

今天他们这些校友欢聚在一堂，还有什么能够比这个场面更温暖的呢。李前宽清楚地记得自己是当年美术系第一班的学生，在学校待了5年，到现在，走出校门已经接近50年。这50年来，在寒冷的北方他经历了许多的困难、挫折和压力，每当这时，他都会想起自己的母校、他的老师给他的谆谆教诲，支撑着李前宽不断进步的无形的力量正是他的恩师对他的教导和期待。现在，李前宽还时常想起那些老师，他说他要一直仰视他们，他们是永远活在他心里的。

这就是感情的力量：一个走出学校的学生每当困难时不忘记老师的教诲，每当得意时不忘学校的教育。北京电影学院是培养人才的摇篮。就在刚才，李前宽才得知校友会给自己挂了一个副会长的头衔，尽管这是带有强制性的，但是李前宽还是本着作为电影学院毕业生的那份责任和义务去承担了。他不管在国外还是在国内，不管在各种场面上，当他说起他是北京电影学院的人时都感到格外的骄傲，这个骄傲不是别的，正是60多年来北京电影学院所培育出的一批又一批杰出的电影人才，以及他们所创下的辉煌、为母校为祖国所赢得的荣誉！

现如今，高科技全面进入我们的日常生活。电影高科技让观众在银幕前体验到前所未有的畅快淋漓。李前宽认为无论怎样，能够打动人的电影最重要的还是电影的内容，也就是说，讲好故事、塑造鲜明的人物形象才是现在的电影人应该注重的，单纯的炫耀高科技是没有生命力的。除了故事，电影的细节也非常重要。观众便是通过细节了解到导演的意图。

51 年前，李前宽在北京电影学院开始了他和电影长达半个世纪的恋爱。李前宽相信在今天还会有更多优秀的电影人才从北京电影学院走出去，让世界看到那个美丽的“中国”。

本文根据素材采写

——

李前宽，1941 年出生于大连，国家一级导演。1959 年考入北京电影学院美术系，毕业后任长春电影制片厂美工，后凭借着自己的努力，1976 年转任导演。1981 年与妻子肖桂云合作执导了《佩剑将军》，此后两人还联合导演了《甜女》《黄河之滨》《逃犯》《田野又是青纱帐》《开国大典》《决战之后》《重庆谈判》《七七事变》《红盖头》《金戈铁马》《旭日惊雷》《世纪之梦》和《星海》等电影，以及《血洒故都》《黄家医圈》《明月出天山》《朱元璋》《抗美援朝》《苍天圣土》等电视剧。李前宽的影片集中在重大革命题材领域，他的作品具有突出的史诗风格和丰富的历史场景，从不讳言社会主义电影家的历史责任，同时又十分注重作品的艺术感召力。同时对人物的塑造亦颇有功力，曾多次在银幕上重新塑造了老一辈无产阶级革命家的形象。曾五次荣获中国电影华表奖，三次获大众电影百花奖，获首届中国电影节荣誉奖，获金鸡奖最佳导演奖、最佳影片奖，获香港亚洲十大名片奖，获中国反法西斯十大影片“长城杯”奖，上海“永乐杯”、哈尔滨"天鹅杯"金奖，最佳影片奖、最佳导演奖，第二届中国长春电影节“金鹿杯”等。荣获吉林省政府颁发的“长白山文艺奖”个人成就奖。现在担任长春电影制片厂总导演，中国电影家协会主席，中国电影基金会会长，吉林省文联副主席，第十一届全国政协委员。

曾念平：思以致学，学以致用

胥艺桐

勤学善思，思以致学

曾念平是改革开放后第一批踏进北京电影学院大门的学生，那时国内在电影方面的教育尚处于初级阶段，电影学院无论是学生还是教师对于电影的认知和思考都徘徊在同一起跑线上，在那个电影资源相当匮乏的年代，看国外电影是很奢侈的事情，曾念平十分珍惜每次看电影的机会，黑暗中他把电影中的经典构图，镜头运动、布光的这些技术手段记在本子上，仔细地琢磨、研究，和同学讨论每一个画面。从朱辛庄进城的路程是很漫长的，每每这个时刻，班车就成了小沙龙，同学们在车上聊那些国外电影的观念、意识，摄影技术，分享自己学习的心得，班车时光就像一场头脑风暴，思维的火花在这段时光中迸发。那是一个属于他们最幸福的时代，一个知识的时代终于到来了！在学习的过程中，曾念平发现当时国内的电影用光方面人为痕迹很重，而国外电影的用光却不露痕迹，非常自然。主要原因是那时的胶片感光度很低，布光的主要目的是为了保证曝光以还原胶片色彩，其次才是考虑用光的艺术性，这就使得国内电影与国外电影在观感上产生了差别，曾念平因此产生了想要改变这样一个摄影现状的愿望，并且开始在今后的学习和创作中一步一步实现了这个愿望。

“我的创作是有阶段性的。是个学习，创作，再学习，再创作的过程。”

电影艺术的整个发展过程是跟电影制作技术的变革密不可分的。人们对美的不断追求一定会促成了电影制作材料的变革。摄影机、胶片光学镜头等的进步，反之也促成了人们摄影创作观念的改变，这是我们今后相当长一段时间要注重研究的课题。（摘自1987年硕士论文——《论摄影物质材料的美学功能》）

——曾念平

曾念平对于自己在摄影方面的学习是不满足的，在经历了一系列学习和创作的过程之后，带着思考和疑问，曾念平选择了考研。“那时候我觉得考研很有必要，能够有一段时间把思路梳理一下，补充更多的新知识，这样才可能有目的地去进行创作，如果一个人每部电影都拍得差不多，没有太大发展，这个对我来说是不能容忍的。我认为读研究生不是去读已经读过的摄影技术，而是要补充更多看似跟摄影没有关系但实际上又有关联的知识，比如我去学习很多新的理论，去北大、人大、师大参加一些课程，学习系统论，信息论，符号学，中国古代文学，中国现代文学（中国美术史，外国美术史这两课是在学校学的）等等，很多边缘的东西，都认真地学了一遍。我觉得这样我可以有一个很清晰的思路，对于摄影艺术创作，有一个思考、摸索、实践，再上升到理论的过程。”

不论是学习还是创作，曾念平都一直在寻找电影技术的进步与人们审美情趣之间的关联，他一刻也没停止过对美的思考与追求。1987年，意大利导演贝纳尔多·贝托鲁奇带着他的电影团队来到中国拍摄一部传记电影《末代皇帝》，在当时的电影圈引起了一阵轰动，曾念平也机缘巧合地亲眼见识了国外的电影团队是如何为一部电影布光的，这一次观摩给了他很多的触动，让他在用光理念上有了新的认识，他认为电影中的自然光并非完全是自然的，是一定要用自然光的观念来造就自然光的感觉。“大自然给我们创造了可能一辈子都不能完全表现出的各种各样的绚丽多彩的光线。如果自己的审美水准，不能够感受领悟大自然的奇妙，你怎么能够有意识去做呢？你能够感受得越多，你才能做得越多。”曾念平几乎把自己的眼睛训练成了一个取景器，在他眼睛里看见的世界成了一个一个有景别、有构图、有曝光参数、有影调关系的电影画面，他不停地观察周围的世界，观察那些变化的光影，观察那些自然色彩的搭配，观察每一个细微的不被人察觉的角落，在他的脑海里搜集了太多太多的“素材”，以至于他能够迅速而准确地在一个场景里做出反应，找到合适的机位，利用合适的镜头焦段，打出适宜的光线，拍出好看的画面。“我做学生的时候，每天拿着照相机去拍照片，走到北海，落日时分，你就感叹大自然，一片云彩，一片水面反光，甚至随便一个石头……如果有从树丛中射下来的一点阳光，尤其是在傍晚或者早晨的时候，光里面的色彩就会非常丰富。为什么说摄影那么伟大，能够在艺术中有独立的一席地位，就因为它能够把这种丰富的东西记录下来。对于电影拍摄，摄影师首先是一个很好的欣赏者，不说会表演，最起码你会欣赏表演，你知道演员在这个景别里表演的分寸，我摄影机移动的时候，运动的契机在哪儿……”科学技术的进步无疑是电影发展的主要动力，每一次电影技术的革新都能给电影注入全新的美学观，在曾念平的研究生毕业论文《论摄影物质材料的美学功能》中他提出：电影物质材料的进步，是人们审美愿望的一个进步。

如今的电影时代已经从胶片过渡到数字的时代，制作方式的变革直接影响了整个电影艺术的创作，也影响着现代人的美学观。“所有的摄影物质材料的发展都是人们意愿的体现。当我希望我们拍摄的东西特别像我们人眼看到的东西，这就是人们的一种愿望，但如果记录的材料达不到这个愿望，我们就会不断地来完善它，更新它，使它能够满足这种愿望。反过来说在艺术的创作过程当中，材料的限制，可能会限制我们某一个时期的艺术创作模式。我们有了现有的这些材料，这些机器，但是我们达不到我们想看的那种效果，我们就会创造一种模式。电影不断向前发展，肯定有新的审美需求的出现，它们是相辅相成的。”这篇论文标志着曾念平研究生学习的结束，也奠定了今后曾念平艺术创作的基础。事实上，近几十年电影的发展也印证了他当时的学术观点。

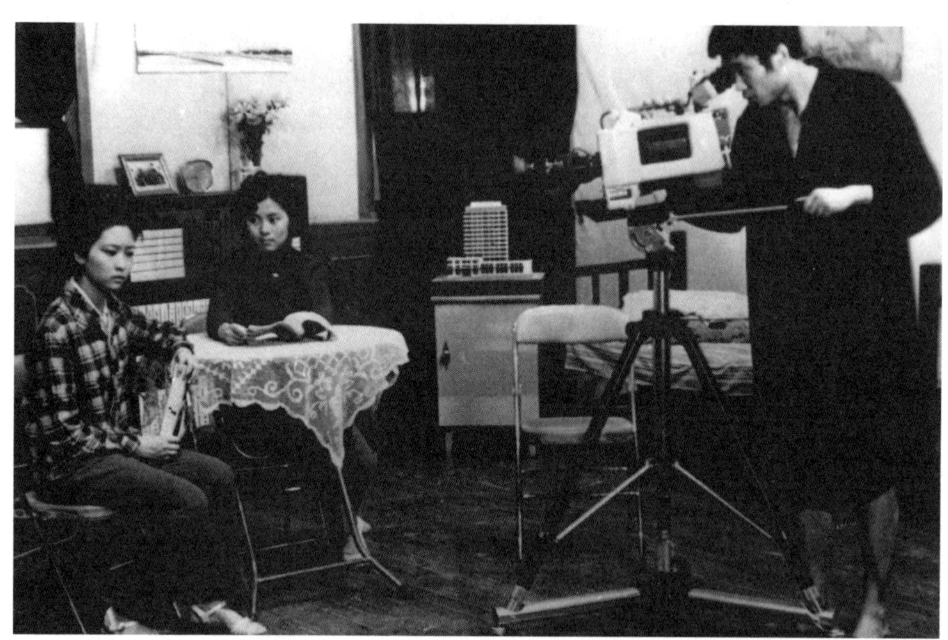

曾念平是电影学院第一届研究生（摄影系），正在拍摄作业

曾念平和李少红为摄影系先力奖银奖获奖者雷斌颁奖

心怀大美，锲而不舍

有了这种明确的认识，在后来的艺术实践中他有意识地去做了许多探索。随着科学技术的发展、电影技术的革新、物质材料的进步，使得曾念平后来的许多影视作品都大放异彩，从《血色清晨》到《红粉》再到《恋爱中的宝贝》，他在每一部作品上都努力寻求一种全新的创作手段，把最新的电影技术运用到极致，将不可能实现的镜头变为可能。“我拍片总有自己的一个‘预谋’。希望拍每一部片子解决一个技术问题，这样积攒下来今后就会自如地面对各种复杂的局面。我不相信一个人不能特别敏锐地、特别陶醉地去感受大自然中各种各样的光效，却能创作出所谓写意的、唯美的艺术作品。这是一个根啊，这是基础啊！现在一些人不去观察自然，他觉得就应该从主观出发，我不能否认这可能也是一种方法。但我们这代人是从研究电影本性开始的，是要抱着一种跟过去那种假定性的方式决裂的态度来完成我们的使命的。”这种对艺术创作精益求精的态度在曾念平与李少红合作的第二部电影《血色清晨》中就有了淋漓尽致的体现。

《血色清晨》是取材于加西亚·马尔克斯的小说《一件事先公开的谋杀案》，它讲述了山村一个民办小学教师在众目睽睽下被杀的故事，影片通过事件的调查反映出村民的愚昧无知和有文化的人在那个群体里的孤立无助。《血色清晨》拍摄于 1990 年，是曾念平创作旅程中一部价值极高的电影，他不仅对影片各方面细节的把握严格，更重要的是，这部电影是曾念平第一次将“柔和大反差”这一布光理念运用于整部影片的拍摄中，在摄影技术有限，设备简陋的当时，很多人对这一概念产生过质疑，柔和的光线如何能做到大反差？曾念平却在《血色清晨》中以当时简陋的灯光设备，经过不断的尝试和调整，使得整部影片的光线都达到自然光的效果，最终证明了“柔和大反差”这一理念，成为了中国第一位有目的地运用“柔和大反差”布光的摄影师。“这部影片放映后在圈内非常轰动，张艺谋当时在山西，可能是在拍《大红灯笼高高挂》，他在山西一个县城的小电影院里看的，他跟我说进去的时候，已经黑灯了，影片已经开始放映，他找不到位子，站在后头看，一直站着看完了这部影片，非常感慨。”做电影的人会把每一部自己作品当作自己的孩子一样看待，而《血色清晨》无疑是曾念平最得意的那个孩子。“如果我现在再拍《血色清晨》未必有那个劲了。我觉得拍一部影片，人要有一种精神，我们那时候就憋着一股劲。之前的《银蛇谋杀案》只是票房高，但并不能表达我们的所有诉求，《血色清晨》是我和少红第一次做了真正自己想做的影片。”

《红粉》是曾念平又一部在创作道路上的颠覆之作，这部电影讲述了解放初期，江南水乡一群被改造的青楼女子的故事。《红粉》在 1995 年获得了柏林电影节单项最高奖项“视觉效果银熊奖”，这也是他获得过的最高奖项，这一切都要得益于曾念平在影像创作上的认真严谨，在艺术追求上的坚韧卓绝以及在画面控制上的游刃有余。“第一是你知道什么是好，什么是自然，怎么运动能够不暴露自己，不张扬，又表现出那种很强的造型意识。这就是我一直追求的，是我的一种审美态度。在《红粉》里我解决了这个问题。”拍摄《红粉》时曾念平用了一种很少用的艾克发胶片。“这种胶片我一开始不太了解，后来喜欢上了它，它的色彩不像柯达那么艳丽，它比较细腻，而且色调有点偏绿，我觉得对表现《红粉》这个主题，表现江南水乡非常有帮助，它虽然宽容度很大，细节表现很丰富，而且颗粒非常细，但是它的问题就在于反差不够。根据这个特点，我在洗印时做了适当的强显。”这一尝试使得曾念平的《红粉》得到了一种意想不到的效果，也使得电影在当年的柏林电影节大放异彩，让外国人看到了一个真实的湿漉漉的中国江南小镇。

学以致用，勇于创新

在电影的创作上永远没有一个标准，也永远没有一条终止线，这是曾念平一直坚持尝试各种各样摄影手段所恪守的信条。“从 20 世纪 80 年代一直到

2000 年我做了大量的电视广告，从模拟到数字，从 flint（电视后期合成剪辑软件）到 flinm（电视后期合成剪辑软件）的整个变化过程我都经历了，而且我在这个过程中发现数字化后期非常好，给你越来越多的可能性，后来根本离不开这个东西了，但它一直在变化，一直在飞速发展，比电影这方面的发展快太多了。当时我看到了电视后期制作中数字发展的态势，但是做电影后期在那个年代根本不可能，我当时梦想着能够把电视的这些后期技术用在电影上，这个梦想一直到 2002 年拍《恋爱中的宝贝》的时候完成了。”当时他听说有这样一个技术能够像电视广告后期一样，把胶片的信息导入电脑，然后进行调色、特技合成，最后转回胶片。于是，《恋爱中的宝贝》曾念平第一次尝试了当时只有国外才有的数字中间片技术。“我拍了一辈子电影，要有机会做这么一件事，我就满足了。2002 年这机会就来了，当时我们不敢想，因为光是做这个 DI（数字中间片）的技术就得 200 多万，那时候 200 多万是拍一部影片的钱，还不算特技。但是我们一步一步地经过努力达到了这个目的，我们自己筹钱在法国制作，到现在我跟少红都没有拿《宝贝》的酬金，这是真事。但是我们特别愉快，因为我接触到了世界最顶尖的技术，最顶尖的人员，而且我觉得这是一个跨时代的事，是中国人从来没有做过的一件事情。”《恋爱中的宝贝》成就了曾念平在电影技术上的再一次飞跃。

曾念平用他的作品告诉了我们在影视创作的道路上，唯有努力追随技术的革新，才能做到与众不同，才能真正创作出满足不断变换的大众审美需求的作品。

如果说电影是曾念平的左腿，那么电视则是他的右腿，在艺术创作的旅途中，他用这双腿一步一步地前行，每一步都承载着太多的汗水与坚毅。从《大明宫词》到《橘子红了》，曾念平一次一次地登上了电视领域的巅峰，特别是 2011 年拍摄电视剧——新版《红楼梦》，它在艺术和技术的所有层面都达到了国产电视剧在短时间内无法颠覆的新高度。“我们拍摄《红楼梦》是很严肃并很认真地在对待它，因为它是中国四大名著，就必须当作一部经典来拍。《红楼梦》仅仅是用灯量就是《大明宫词》《橘子红了》的几十倍。《大明宫词》

都没用过 1 万瓦的灯，《橘子红了》只用了一个 1 万瓦的灯，而这次 1 万瓦的聚光灯就用了 37 个，头顶上 12000 瓦的散光灯就是 100 多个！这个代价太大了，对我们来说是不敢轻易下这个决心的。你拍外景靠自然光，可能就需要补一点光就行，但现实生活不能完全提供几百年前的景物。在棚里搭的景是要完全靠灯光制造出来，对一个大电影来说，拍一场大戏，可能也就需要几十万瓦的灯，而我们在中影最大的 5000 平方米棚里拍的时候，最多用到 200 万瓦的灯，有时布置一个全景光就需几个小时，每一个灯都要调，调出他们的比例关系和层次。这次《红楼梦》的拍摄比一个大电影的动静都要大得多，已经不是一个普通电视剧的拍摄方法了，从灯光器材、从时间上来说，这是不符合国产电视剧拍摄规律的，电影都很少这样拍，因为它是《红楼梦》，是中国文化瑰宝，所以一切努力都值得。新版《红楼梦》的出现不是一个短期的效益，观众的欣赏能力是逐年在提高的，原来你给观众看一个大平光到处亮堂堂清清楚楚的画面，这是最简单的了，用 1% 的力气就可以做到，但是对美的追求，人类的步伐从来没有停止过，只不过现在有些的观众意识不到，但他们会有感觉，会觉得‘哎呀，好看！’慢慢人们会明白一个道理，就是什么是影视的语言，这很重要。它就像小说的文字一样，有的小说你爱看，有的你不爱看，因为有的小说语言本身就给你一种美感，一种阅读快感。电影电视也是一样，画面也是一种语言，他是一种形象的语言，画面本身应该是会说话的，不同的镜头，不同的光线，不同的节奏那是完全不同的语境，不同的效果，这是电影本身的特点，也是电影的魅力所在。”

电影学院的学习生涯为曾念平的电影人生打开了一片宽广而崭新的天地，更重要的是他在不断地思考、学习和创作的过程中开辟了一条全新的创作道路，这是一条不寻常的电影摄影之路，曾念平用他独特的视角看到了这条路上不一样的风景，一路收获着奇珍异宝，纵使荆棘缠身，纵使迷雾环绕，仍然坚定不移，继续前行。

本文以访谈及素材补充的形式写成，感谢曾念平老师为本文提供素材资料

038

/

曾念平，1978 年毕业于北京电影学院摄影系，1984 年成为北京电影学院第一位硕士研究生，中国最早采用电影数字拍摄技术与全数字流程（DI）的电影创作人，曾获柏林银熊奖、金鸡奖、金鹰奖等最佳摄影奖，视觉效果奖，现为中影集团一级摄影师，中国影视摄影师学会常务理事。其妻是中国著名“第五代”女导演李少红，他们共同拍摄了《血色清晨》《红粉》《恋爱中的宝贝》《门》《大明宫词》《橘子红了》《红楼梦》等众多脍炙人口的优秀影视作品。

吴天明：愤青不老，独善其身

张肖潇

吴天明作为中国第四代导演最出色的代表之一，如今依然活跃在行业之中。去年，年逾七十的他开拍了自己的新电影《百鸟朝凤》，但对于票房，他的期待并不高。这位老人在采访中不时地跟我们提起自己同辈的电影导演们："很多优秀的导演只能去拍电视剧赚钱了。滕文骥、谢飞都不拍了，黄健中、吴子牛他们身体都好着呢！为啥不拍了啊？其实就是精神上很沮丧，很失望。"

为了梦想，自学成才

年少时的吴天明，最喜欢的事情就是做梦。一次在观看苏联影片《海之歌》之后，他被电影那如梦如幻的神奇魅力深深吸引，并从此为心中炙热的电影梦开始了如饥似渴的追求。后来，吴天明偷偷考取了西安电影制片厂的演员培训班，他在一些电影里饰演了几个小角色后觉得自己条件有限，很难在演电影上取得突破性进展，于是他开始一门心思研究拍电影，并于1976年考入北京电影学院导演进修班，从此吴天明的导演梦一发不可收拾。

吴天明是自学成才成为优秀导演最好的例子。1979年与滕文骥联合执导《生活的颤音》崛起影坛，接着又以独立执导《没有航标的河流》而备受瞩目。《人生》是他的代表作，《老井》《变脸》成就了他艺术创作的高峰。吴天明的导演风格凝重、厚实，有着浓郁的民族特色。他以深沉、饱含忧患意识的目光观察生活，以对人民、对土地的深情处理题材，刻画人物。在他的作品中，既融注了中国传统文化的营养，又充溢着新的艺术方法，并透视出他对社会、对历史、对人生的深沉思考。到 20 世纪 80 年代末期，中国电影市场的急剧变化，使得曲高和寡的“探索片”难以为继，中国的中、青年导演在艺术追求上走向分化，而吴天明却继续在现实主义道路上探索。

1987 年，已做了几年西安电影制片厂厂长的吴天明，又执导了一部轰动中外电影界的影片《老井》，这是一部描写中国北方贫瘠山村生活风貌的影片。为解决老井村缺水的问题，回乡知识青年孙旺泉带领村民们历尽千辛万苦，终于打出了盼望已久的深水井。在影片中，吴天明大胆启用干摄影的张艺谋出演男主角孙旺泉，人们都担心不会成功，但吴天明运用他高超的导演技能挖掘演员的潜在素质，成功地拍摄了《老井》，并于 1988 年获得第八届金鸡奖最佳故事片奖，第十一届百花奖故事片奖，第二届东京国际电影节故事片大奖，第七届夏威夷国际电影节评审团特别奖等。吴天明本人获得第八届中国电影金鸡奖最佳导演奖。

20 世纪 90 年代初，吴天明辞去厂长职务去了美国，在美国他看了近千部影片，学到了不少东西，导演水平有了更高的升华，1994 年，吴天明回到中国，执导了回国后的第一部影片《变脸》，这是一部蕴含着人间真情，单纯而温馨的影片，影片通过一个老艺人和一个小女孩的故事，表达了人间的真善美，这一次，吴天明又获得了成功，《变脸》获得 1995 年华表奖最佳对外合拍片奖，东京国际电影节最佳导演奖。

吴天明的影片都有着较深的内涵和深度，温厚而朴实，他拍的影片虽不多，但几乎每部都得了国内或国外大奖，这说明了吴天明对题材的选择是认真慎重的，这也表现了一个艺术家的良心、爱心和责任感，也显示了导演的才华、修养和视野。回国后的吴天明认为，中国电影太缺少阳刚之气、大气、正气了，他要拍一些能够体现中国人的精神、风骨、正气的，表现真善美的电影，来鞭

导演吴天明

挞社会上的丑恶的现象。如影片《变脸》和他的第一部电视剧《黑脸》就是该类作品。

慧眼识得千里马，为梦想甘做“绿叶”

吴天明不仅是一个优秀的导演，也是一位慧眼识千里马的伯乐。在任西影厂厂长期间，他大胆启用了张艺谋、周晓文、黄建新、顾长卫等一批有艺术造诣的新人，并把他们推上了辉煌的顶点，使他们成为国家级、国际级的人物，至今，这些弟子们对他们的恩师仍然充满着感激之情。

1983 年吴天明正在拍《人生》，这时未满 44 岁的他接到了西安电影制片厂厂长的任命。那个时候的西影厂拷贝发行量居全国倒数第一，而且上座率最低的七部影片中有三部隶属西影。吴天明拉拢了田壮壮、陈凯歌、张艺谋等当时崭露头角的年轻电影人来西影厂拍片，尤其是张艺谋的《红高粱》，吴天明为他提供了莫大的支持。当时张艺谋去山东看景后发现《红高粱》原著中写高密的地方没有高粱，因此必须种高粱，否则秋天没法拍。依照当时制片厂的程序，必须剧本通过了以后，由厂长办公会议和常务会通过，下第一道生产令，财务科才能出资。可当时张艺谋还没有剧本，吴天明就找到厂里的几个车间主任，凑了 4 万块钱，让张艺谋赶紧去种高粱，之后才有了《红高粱》这部影片。

然而，吴天明自己并不居功自傲，他说，对于第五代导演如今的辉煌成就自己没有什么值得骄傲的。这并不是说不为他们的成就感到骄傲，而是这根本就是两码事。“当时我在厂长的位置上，有点儿权利嘛，我就是借助那个位置扶了他们一把，仅此而已。还有什么呢？后头人家做啥跟我有啥关系，对不对？我尽了我的责任。”

如今，吴天明又开始支持第六代电影，在张扬的新片《飞越老人院》中，他甘做一片绿叶，只为了沿袭自己对电影的梦想，让自己能继续发光发热。

扎根现实，电影需要“精神气”

作为一个现实主义导演，有人评价吴天明的创作都趋向大团圆，认为其拍摄太主旋律。对此，吴天明承认自己也曾看到过这些说法。“我其实根本就没有想到宣扬这些东西，我唾弃那些教条的东西。我用我的良知来表现我的理想。”作为一位艺术工作者，吴天明鞭笞那些黑暗的东西，比如《黑脸》，“对那些残害老百姓的贪官污吏，我恨之入骨。”吴天明说，在写这些剧本时，是想为老百姓做一点好事，让老百姓感动，而自己也跟着他们一起痛哭流涕。“不管什么时候，不管别人怎么说，这是我的国家，我的民族，我的故土，这是我坚守的地方。”

吴天明认为，现实主义是很宽泛的东西，反映真实的东西不一定就是现实主义。“《手机》也是现实主义，但是它表现了一地鸡毛，这种东西我不喜欢。因为它没有给我一种精神。但是很多人喜欢。我反正不喜欢，我也不会去拍摄那样的电影。”而且吴天明还认为，现在中国的导演不关心现实已经成为了一种风气。例如不少导演都认为“文革”已经过去很多年了，没有必要再继续沉重。“任何时候都得关心现实。每个导演都应该关心你的时代，你的社会。如果说我们这些年不赶快把‘文革’这些东西留下来，再传下一代人，再过上20年，以后谁来拍‘文革’。真正反映‘文革’，能够最真切，最真实深刻反映的话，那只有我们这一代人可以承担这个责任。”吴天明如是说道。

拍摄《百鸟朝凤》时，吴天明恪守当年拍《人生》《老井》时的传统，要求演员和主创到组后深入生活，研讨剧本，自己则广纳众人的智慧，丰富完善创作。“当下商业大片一味追求票房、内容贫乏、精神缺失、娱乐至死；中国影人动辄用千万，甚至上亿元投资的电影冲击奥斯卡却屡遭失败，对此，我感到非常痛心，也许我对这些‘怪现象’说了也白说，但我就是要说，发声总比沉默好。”因此，吴天明希望以这样的方式向多年前中国电影人为艺术执着探索、锐意创新的纯真年代致敬，“这样扎实于生活的创作正在远离我们，也许，我的方式会被很多人嘲笑为‘走土路’‘走回头路’，但是，与讲求金钱与利益的星光大道、商业大道相比，我偏要走这样的土路，踏在这样的泥土地上，我的脚底下才能感觉到力量，中国电影不缺钱，但是缺乏精神的回归，缺乏对艺术的真诚、对生活的热情和对社会人生的思索。”

吴天明认为，电影的艺术风格或许可以质朴无华，但影片中人物所体现出的人格和信仰内涵应当崇高，这样才能赢得全世界的认同与赞誉。

——

吴天明，1939 年生于陕西三原，中国内地男导演，1976 年考入北京电影学院导演进修班。1984 年执导影片《人生》获巨大轰动，好评如潮，获得了第八届电影百花奖最佳故事片奖；1988 年导演了电影《老井》，获得第八届金鸡奖最佳故事片奖、最佳导演奖，第七届夏威夷国际电影节评审团特别奖；1994 年吴天明执导《变脸》，获得 1995 年华表奖最佳对外合拍片奖，东京国际电影节最佳导演奖；2002 年执导张瑞敏原型创作电影《首席执行官》；2013 年 9 月凭借电影《百鸟朝凤》在第 22 届金鸡百花电影节获得了评委会特别奖。
2014 年 3 月 4 日中午，吴天明因心梗离世，享年 75 岁。

陈凯歌：镜子的世界

刘小磊

今天，提起陈凯歌，不能回避的是他曾经代表着中国电影界，甚至文化界的符号。即使每个人对这个符号标注了褒贬不一的印记，却无法否认他的标志性意义。因为他是中国第一个在戛纳电影节获得金棕榈大奖的人，因为他是将《一个和八个》的“星星之火”点燃成燎原大火的人，因为他是带领“第五代”进行虔诚的集体作战的“精神领袖”，因为他是陈凯歌。

勾勒“青年凯歌”

陈凯歌导演喜欢回忆往事，回忆他的童年时代和求学时代，每每回忆还总感慨伤怀，激动时也会眼眶红润，久而久之，就勾勒出了“青年凯歌”的基本图景。

陈凯歌而立之前的大部分人生都是与田壮壮共同度过的。这两位“第五代”的领军人物小时候都住在北京电影制片厂的家属大院中，小学和初中都吃喝玩闹在一起，壮壮是“孩子王”和“主心骨”，打架闹事那时候从来都是两人有份。20 世纪 60 年代中期的一个深夜，小哥俩在宝山寺胡同遭人袭击，陈凯歌回头一看，发现情况很不妙，对方有二三十个人，而他们只有 9 个。大家都拿着板砖，还有的拿着铁棍。很快他们的一个好朋友就倒在了电线杆底下，陈凯歌跟壮壮吓得赶紧把他送到医院。接着就不知道该怎么办了，结果被警察逮了起来，后

世界上有两种事物是不动声色的，一个是阳光，一个是镜子。阳光只管照射，镜子只管反射。镜子内的事物是不会改变的，反映的基本上都是真实。可是镜子反映出的真实就一定是真相吗？大千世界中什么才能称得上是真相？我不知道。我只知道镜子本身可以是一个世界，综合了各种事物，因而有更多的观察角度。电影就可以是这样的一面镜子。

——陈凯歌

来不得不打电话告诉了壮壮的妈妈于蓝。等再回到宝山寺胡同，陈凯歌发现爸爸的自行车丢了，当时这事几乎算是天大的事情了，等于今天丢了一辆奔驰轿车。诸如此类“患难与共”的事情多得不胜枚举。

两人第一次分开是在“文革”期间，壮壮插队离家，要上火车那天，陈凯歌扔给了他6盒牡丹烟，又让壮壮的妈妈看见了，其实那时壮壮已经有两年的烟龄了，只是在家骗母亲说自己不抽烟。母亲一肚子的不满意，认为儿子不学好。壮壮大气不敢出，只好说是陈凯歌教他的。以至于老太太现在年逾九十了，至今对这事儿还耿耿于怀。

童年和“文革”时候的事情是陈凯歌最爱回想的，因为有太多的开心，也有太多的遗憾，这些经历对他日后所拍的电影都产生了重大的影响。人没办法在一个不可掌控的环境中有效地选择一个适当的生活，但是却可以在这样的环境中选择做一个什么样的人。陈凯歌的电影之所以给人们很多历史和文化的思考，是因为他从来不是要在电影中宣泄什么，没有“迫害”和“边缘”，也没有自恋和个人不幸的夸大，所有的苦难和坎坷都是一种历史的经历，通过对中国历史和现实进行关注，在冷静的思考后用自己的思想叙述，帮助人们认识国家、民族的历史和苦难，也通过这种方式将自己对历史的认识和反思升华为一种具有现代性的电影意识。

1978年，陈凯歌和田壮壮同时考入北京电影学院导演系，当年的“孩子王”成为了导演系的班长，4年的美好时光也由此展开。那时候的电影学院分成两部分，学生们管这两部分叫“冰火两重天”，导演、摄影、美术、录音系在偏僻的朱辛庄学习，被喻为在“地狱”里磨炼，表演系是在城里的原学院校址小西天学习，被喻为在“天堂”里驰骋。走进朱辛庄不久，因为没有表演系男生的竞争，陈凯歌很快就因为相貌俊朗、身材高大、博学善谈，赢得了电影学院朱辛庄总部的高回头率。“好景不长”，因为他经常没事儿就跟同学“喷”历史和文学，经常把大家“喷得找不着北”，于是就从“鹤立鸡群”变成了“曲高和寡”，称呼也从开始的“凯歌”变成了“凯爷”。

就算是“凯爷”，也有自己依赖的人，这个人就是他小时候的“主心骨”——壮壮。以至于很多年后，当他们都各自能够“占山为王”时，陈凯歌仍然毫不避讳地谈起壮壮对他的影响。壮壮是《梅兰芳》中三哥的原型，之所以成为原型，是因为他的个性。大学时期的体育课老师要求很严格，有一次老师规定，七八班 28 位同学，除了 9 名女同学之外，剩下 19 个男生全部跑步到达“二拨子”进行劳动。壮壮问老师：“为什么要跑，给我一个理由。”老师反问他什么意思，壮壮反问老师：“我可以带着同学们步行达到目的地吗？”老师很生气地说：“那是你的事。”当时全班男生，只有 3 个人是跑着去“二拨子”的，剩下 16 位同学都乐意跟着壮壮走。在“凯爷”的心目中，壮壮是有着一种特殊的精神气质的，他看人的时候，会让人有一种不怒而威的感觉，但又会突然一笑，尽管你不知道他为什么笑，但是会带来一种不明所以的安心。

朱辛庄的生活也是单纯而美好的，在春寒料峭、月光明媚的夜晚，凯爷、壮壮、李少红和其他几个导演系的同学会一起结伴到田野散步。绿树环抱中的校园，建筑比较少，低矮的植物、庄稼散发着田园清香的气息，田野的柴草焚烧的味道，带着田园的特殊气息，让人们心旷神怡。在学院的周围，种着松树、白杨树、柳树、榆树、槐树、苹果树、桃树、梨树、枣树，还种着向日葵、玉米、毛豆、红薯，在这样的田园环境里讲着电影艺术课程，美好程度也可想而知了。

但是说到电影学院对自己的最大影响，陈凯歌用了八个字概括：独立意识、自由精神。尽管那时的学习条件十分艰苦，老师们在课堂排演话剧时，经常是

2003 年，戛纳电影节，陈凯歌以《霸王别姬》为华语片夺得第一尊金棕榈奖

78 班毕业生十年聚首活动现场

陈凯歌携《梅兰芳》回母校与师生交流，右为田壮壮

手工为学生制作画框，讲解景别的；没有教材，就只能抄写讲义当作教材；学生吃不饱时，只能到附近的田里去偷蔬菜、偷苹果、偷桃子。但是，就是这样的环境，让学生心有所悟，懂得了电影的真谛和概念。独立意识和自由精神也成为了他们在那个年代信奉的信条。

做电影哲学家

人们认识陈凯歌是从《黄土地》开始的，那时候他们刚刚有了一个称呼，叫“第五代”。现在提起第五代，大家普遍认为这是一个电影人代季的划分。其实，20 世纪 80 年代“第五代”是指“新浪潮”，跟台湾新电影运动、香港新浪潮运动一起被看作是中国新时期的电影浪潮。

1982 年 4 月，陈凯歌从北京电影学院毕业被分配在刚成立不久的北京儿童电影制片厂。在那个毕业包分配的年头，对于学电影人而言，有几个电影制片厂是极好的，比如北京电影制片厂、八一电影制片厂、西安电影制片厂、上海电影制片厂等等。于是大家也是各显神通，希望能留在合心意的制片厂中，北京无论如何都是首选。还是多亏了那儿时的好朋友、大学时的好同学壮壮，因为壮壮的妈妈、著名演员于蓝是当时北京儿童电影制片厂厂长，所以在北影厂、八一厂都入门困难时，陈凯歌被儿童电影制片厂接收了。这比起被分配到广西电影制片厂的张艺谋、何群、张军钊和肖风 4 位同学似乎都幸运太多了。但 20 世纪 80 年代是个很神奇的年代，快速的时代变化总是一瞬间就改变人一生的命运，似乎一切都不按常理出牌了。仅毕业一年的时间，那 4 个当时似乎最“倒霉”地被分配到广西电影制片厂的同学好像是“一夜之间”就拍成了一部独立的长片《一个和八个》，并且广受好评与肯定。这让陈凯歌有点沉不住气了，第二年，他在好朋友张艺谋的推荐下也借调到广西电影制片厂，完成了他人生中的电影处女作《黄土地》。

《黄土地》之前，中国好电影的标准是典型人物和典型情节构成的典型故事，但以陈凯歌、张艺谋为代表的78级就是带着一股“混不吝”的架势把好电影的规则颠覆了。这群叫“第五代”的文艺青年们电影画面中充满了思辨色彩，主旋律题材的传统故事层面充斥着象征和隐喻，无论是那部最经典的《黄土地》，还是几年后的《孩子王》《边走边唱》，都展示了“特定的时期历史的延续性和变革性，对民族生存方式的思索已经在一个更为广阔的文化背景上认识社会，理解人生，使其作品对现实的审视跃入较高的哲理层次”。贾樟柯曾经说，第一次看到《黄土地》时几乎震惊了，作为一个学画的人，第一次感受到还有比绘画更充斥人心灵的方式，于是他决定放弃绘画，来考北京电影学院。正因为如此，才有了后来的《小武》《任逍遥》《三峡好人》。

《黄土地》成功地将中国电影推到了世界电影的舞台上，影片开始频频获奖，“中国风”在世界范围中刮了起来，并且一刮就是15年。之后，陈凯歌接连拍摄了《边走边唱》《孩子王》《大阅兵》等，其中的《孩子王》讲述了他曾经在云南西双版纳当知青时的生活，可以说是他呕心沥血之作。直至这部作品诞生，我们确实可以对陈凯歌做出这样一个评价：与其说他是电影导演，不如说他是电影哲学家，因为他已经习惯于用独特的电影构图去表现对中国传统文化最凌厉的批判与反思。或许，这就是他所强调的独立意识和自由精神。

一生的“霸王别姬”

《霸王别姬》占据着中国电影史很重要的一个位置，因为它是中国电影中迄今为止唯一获得过金棕榈大奖的影片，这确实是一部杰作。但是，陈凯歌眼中的《霸王别姬》永远跟我们是不同的，征战戛纳，用他的话讲，他是将《霸王别姬》的命运和整个中国新电影的命运以及自己的前途联系在了一起。当时，法新社记者到香港采访他，他对《霸王别姬》谈得很少，却对中国的文化现状深表忧虑：“我对自己的文化相当自豪，我们的民族善良高贵，可我们现在却面临文化与精神认同的严重问题，人们的精神和文化正受到金钱的腐蚀，我们都成了追求金钱的混混。我的电影正是通过过去的事件表现我对现代生活的看法。”当时大家都不知道的是，早在《霸王别姬》还未完成时，柏林电影节主席德哈登先生就亲自找到陈凯歌和制片人徐枫，邀请《霸王别姬》参加 1993 年 2 月的柏林电影节金熊奖角逐。陈凯歌心里很清楚，只要参加就能得奖，而且极有可能满堂红，然而他还是拒绝了，因为他唯一的目标就是金棕榈，早在很多年前拍摄《孩子王》时他已经做过了这样的选择和放弃，只是那次失败了，这次他还想要再试一次。最终，《霸王别姬》胜出了，影评界更是好评如潮。评论界称《霸王别姬》是中国的《乱世佳人》，称这部巨片虽长达 3 小时，却无 1 分钟的赘述，电影跨越 50 年历史，反射本世纪中国历史变迁，辉耀着传统文化的光彩，气势恢宏，情节跌宕，体现了电影技术及美学处理上的精湛技巧，将电影艺术的妙处发挥到了极致。

还记得那场“文革”武斗的高潮戏，弥漫的火光烟雾中镜头对准了妆面变形扭曲的程蝶衣和段小楼。没有人能够解释人性中真善对错的变换，他们相望的眼神一个无言质问的悲苦，一个无奈受责的内疚。没有灯光的体育馆中场，站着迟暮的段小楼，进来的是同样迟暮却依然痴情的程蝶衣。同样的场景，同样的人，一个转身的慨然自刎，面对着注定的悲剧，虞姬注定要死在项王的前面。陈凯歌不能放弃悲剧带来的震撼和凝重，一如后来在《刺秦》中他对历史近乎固执的迷恋。《霸王别姬》的成功来自故事，来自人物，来自导演，来自音乐，来自戏里戏外不能分割的爱恨纠缠。

1993 年，《霸王别姬》代表中国电影站在世界电影巅峰舞台的时刻，中国电影体制也改革了。每年，我们要有十部好莱坞电影引进中国。固守着、迷恋着中国传统文化的第五代电影人们也被迫要为这个时代负责并为之做出选择。尤其在《风月》和《刺秦》都变得曲高和寡之际，凯歌导演也希望自己的电影能够更平民一点，于是有了后来的《和你在一起》。此时，中国电影已经进入了大片时代，所有的导演都要踏上新的电影征程，曾经的第五代们也开始面临新的选择。

陈凯歌经常称自己的世界是镜子的世界，在这个世界中，有他的童趣透明、有他的美好回忆，更有他的独立意识和自由精神。或许“78 班”是不可复制的，“第五代”是不可复制的，这就好似“78 班”同学“十年首聚”时陈凯歌写下的那个百字宣言：“遥想当年，朱辛庄内，一百五十三同学，少年无忌，十足狂妄，评点古今，奋发向上，欲与前人争短长，十年过去，世称‘五代’，小有气象，而今相聚，白发有添，豪情无减，一笑仍然是童颜，热爱艺术，忠实生命，洞彻人生，阐发人道，再干十年，还要再开风气先，绝不食言。”当然，艺术生命留给他们的，绝不仅仅是十年。

陈凯歌，1952 年生于北京，毕业于北京电影学院导演系。1984 年执导影片《黄土地》，影片荣获第 38 届洛迦诺国际电影节银豹奖；1993 年凭借《霸王别姬》斩获华语影坛第一座戛纳国际电影节金棕榈奖，并相继获得美国电影金球奖最佳外语片、英国电影学院奖最佳外语片等一系列国际大奖。此外还有《荆轲刺秦王》《蝶舞生涯》《无极》《赵氏孤儿》《梅兰芳》等代表作，2012 年，执导的电影《搜索》代表中国内地角逐 2013 年奥斯卡最佳外语片。

顾长卫：达观追梦人

唐晓曦

现在说到顾长卫，首先想起的，是他备受观众喜爱的导演作品《孔雀》和《立春》，以及票房和口碑俱佳的《最爱》。顾长卫被称为“中国第一摄影”，也是中国第一个获得奥斯卡最佳摄影提名奖的摄影师。由他掌镜的影片，《孩子王》《红高粱》《霸王别姬》《阳光灿烂的日子》……几乎囊括了中国 20 世纪 80 年代末 90 年代初最为经典的电影。而最近，获奖无数的他又执导了更加青春、时尚的影片《微信时代的文艺爱情》，正在新的领域拓宽自己的创作疆域。在同行与好友们眼中，顾长卫是一位始终保持着冷静、执着和信心的创作者，让人肃然起敬。而顾长卫对自己的看法则要调皮得多。他不喜欢给自己的风格下定义，很少提及压力，对自己没有太多框框，“这样才容易产生新的想法和创作思路，不走老路。”

因画与电影结缘

顾长卫从小在西安长大。父亲是他的小学老师，母亲是他的中学老师，那个时代父母对孩子的教育方式是很传统的，惹事了就会挨打。父亲一脚踢在他屁股上，顾长卫就会像足球一样飞了出去；母亲则会把顾长卫摁住，用软而光滑的鞋底抽打。

我拍电影，更多的来自对生活的感动，它们潜移默化的影响。每个人都逃脱不了自己熟悉的情感生活经验，都会反映出来，无法逃避。有时候不要给自己规定，我是这样我是那样。有没有可能性单说，哪怕就一种可能性，也别去想我都有哪种可能性。不要去想这就是我的强项，那样未必好。

——顾长卫

正是这样的家庭环境，让顾长卫自认是个从小就被收拾得特别规矩的人。如他后来所言："没有什么限制，就不拍电影了。"也许正是"规矩"本身，催生了他对艺术的向往。他打小就喜欢美术，是学校"美术兴趣小组"的成员。拳不离手，曲不离口，他每天都带着速写本，随时画画，骑自行车双手撒把，一边骑自行车，一边拿速写本画。有时候，他会在一天里只画一棵树，仔细观察每一片树叶。"别人也许觉得一棵树很简单，但仔细观察后，你会发现它或弯曲或笔直的树干、粗糙的树皮，甚至每一片叶子都有自己的特点，要把这些都表现在画中，实在是一件不容易的事情。"顾长卫至今仍记得那时画画的感受。

1977 年恢复高考后，做了两年临时工的顾长卫原本考的是西安美院油画系，可惜没考上。半年以后他很偶然地发现有个电影学院，电影学院有个摄影系，"上电影学院完全是运气，电影学院又要考画画又要考影评，这两个都让我赶着了。"

考试结果没有出来的时候，他去西安工艺美术厂找工作，结果没能被录用。在回家的路上，还突然碰到暴雨，这让他的感觉更不好了。狼狈地回到家，看到院子里两棵桃树被风雨折断了，青涩的桃子撒了一地。当时正在吃饭，父母拿出一个信封，信封右下角是"北京电影学院"。"我尽量装出无所谓的样子，但实在太难了。我平时一顿可以吃三个馒头，但这时才吃了半个，再也咽不下去了。"在收到录取通知书的这一刻，那种极度满足和幸福的感受，时隔 30 年之后仍然让他记忆犹新。

1978 年秋的一天，6 名考入北京电影学院的陕西籍学生同车离开了西安，他们是：顾长卫、张艺谋、赵非、侯咏、智磊、王小列。

难忘的大学时光

“我的理想在不同的阶段都有变化，最初想当个火车司机。上大学后的理想就是能留在北京。我那时候怎么会想到我有机会上电影学院。”

那时候，电影学院在朱辛庄。四周都是铁丝网，一到周末的时候，老师坐班车回到小西天，回到城里住，那个地方就像一个废弃的天堂，大家可以在那里面看电影，可以偷白菜、偷老玉米。摄影系的同学常常自己给自己理发，顾长卫还经常免费为其他同学理发。有一次，大家齐聚一堂办一个跳舞的晚会，顾长卫是负责打灯的同学之一。他们向大家宣布下面可能要关一会儿灯，紧接着，黑暗的人群中便爆发出特搞笑的“亲吻”声音。等到灯再次打开，就发现其实不少人在跳舞的过程中拼命地亲自己的手背，发出夸张的声音，引来哄堂大笑。每一次开灯、关灯的过程，便会有各种各样的趣事发生。

大学 4 年里，顾长卫每星期至少要看三部电影。每每在电影中看到好的光线、好的氛围，他都会去研究它为什么那么好，怎样才能做出那种效果。他会把这些在黑暗中勾画下来，并注上提示内容，看完电影后就用水粉、油画颜料画成彩色分为图，他称之为“还原电影法”。作为摄影师前期准备特别重要，但人们通常不注意这一点。顾长卫却很认真，用“还原电影法”做电影笔记帮助他学到了很多东西，正是这个方法帮助他研究并吸收了那些电影作品，也使他养成了一种好的创作习惯。

当然，用功的同学不只他一个。与他同寝室的张会军曾说，那个时候的我们是把电影当命看待的；同寝室的还有张艺谋。顾长卫说：“张艺谋更用功，晚自习回到宿舍，还特别认真地看书写字。他的嘴经常因用力而歪着。”

1981 年，北京电影学院 78 级学生联合拍摄了第一部电影《我们的田野》，这部电影并不成功，但那段经历却让顾长卫明白了许多道理。“当时我是站在升降车上，摄像机架在上面拍，那个故事里面有一个兵团的战友牺牲了，那样

78 班摄影系合影，右一顾长卫，右二张会军，左三张艺谋等在朱辛庄校门前合影

摄影系教师与首届学院奖校友张艺谋（一排右三）、顾长卫（一排左二）合影

“第五代”影人 10 年聚首，摄影系合照

校庆 55 周年时，校友代表顾长卫在发言

2005 年 2 月 20 日，顾长卫凭《孔雀》获得第 55 届柏林电影节评委会大奖

顾长卫和蒋雯丽在柏林

一个戏，我感觉挺好的。我一边讲话，一边还在抽着烟，后来就被我们一个指导老师给喝住了，说让我把烟掐掉，我就跟他解释，我为什么那时候抽烟。”指导老师说，你的心情可以理解，但抽烟却不是一种最好的选择。一个好的摄影师应该养成最好的习惯，就是要把那股兴奋劲儿用在最需要用的点儿上。光知道激动，不想着如何去表现，只能算是一个一般的摄影师。从那以后，顾长卫养成了一个习惯：越是兴奋的时候，他越沉着冷静。

“一目”了然的摄影师

摄影师总是用一只眼睛看世界的。十数年摄影师生涯的顾长卫因此还落下了病根。左眼有点外斜，两只眼睛看东西的目标不一致。他自己没有这种感觉，但是有时候容易疲劳。仔细看东西的时候，需要把两只眼睛对焦才能左右一致。“前几年去同仁医院眼科看病时，医生才告诉我眼睛的问题。”日常生活中的顾长卫总是眯着一只眼睛，“一目了然呗，用一只眼睛看的时候一‘目’了然，看得更清楚了。”

1982 年，顾长卫从北京电影学院摄影系毕业，被分配到西安电影制片厂。刚开始是摄影助理。他算了算，按照正常的方式，要 20 年才能混到摄影师的位置。没想到厂长吴天明实施了大改革，把张艺谋、顾长卫他们推到了舞台的最前列。

1984 年他作为摄影师拍摄了《海滩》。《海滩》因为大量使用自然光，寻求更加贴近现实的表现手段，对当时电影界的拍摄风格冲击很大，引起了不小的反响。从此，我们在耳熟能详的那些中国电影的摄影师中，看到了顾长卫的名字。

顾长卫非常喜欢陈凯歌的《孩子王》。在实拍的时候，顾长卫把摄影机架到了山坡上，每隔半小时拍一回，从东方欲晓到大雾弥漫到星月争辉。在稳定的大山背景下，让人产生了一种沧海桑田、斗转星移的效果。

为了拍出《红高粱》那种热血和酒神精神，顾长卫从光线、颜色、布局、机位、角度、加滤色片等多方面进行了精心的构想，《红高粱》洒脱张扬，充满大自然的生命感。

《孩子王》《红高粱》《霸王别姬》《菊豆》《阳光灿烂的日子》《鬼子来了》……由他掌镜的影片几乎囊括了中国 20 世纪 80 年代末 90 年代初最为经典的电影。其中，《孩子王》和《红高粱》，使他获得了 1988 年双料金鸡奖，《霸王别姬》则获得了奥斯卡最佳摄影提名，成为中国摄影师中第一位获奥斯卡提名的人。由于在摄影领域的卓越成就，顾长卫于 1999 年荣膺伊斯曼柯达评选的“世纪百位杰出摄影师”称号。

对于自己所获得的认可，他自认运气特别好，与特别出色的导演合作。“一个电影好不好是大家的事，我最怕别人说这部片子摄影不错，其他不行。我不希望这样，这样显得我孤零零的，很没趣。”

出走与归来，谁都有过迷惘时期

1994 年，拍完《兰陵王》，顾长卫动身去了好莱坞。

顾长卫的第一部好莱坞电影是 1998 年的《姜饼人》，导演罗伯特·阿尔特曼。当初好莱坞拿《姜饼人》的剧本给阿尔特曼时，他就表示要采用不寻常的方式来创造一种特殊的视觉感受，而顾长卫正是阿尔特曼的首要人选之一。

阿尔特曼也是顾长卫特别喜欢的一个导演，虽然满头白发是个老头了，但仍然是一个非常锐利、非常机智的人，虽然整体上算好莱坞圈里的人，但是偏边缘，很多好莱坞大腕跟他合作，价钱不重要甚至都不谈价钱，就是为了一起拍有意思的片子。“那次合作之前阿尔特曼看过《霸王别姬》等影片，通过我在洛杉矶的经纪人介绍认识，我们一见如故。”顾长卫说。两人的合作很顺利，让顾长卫遗憾的只是自己的英文不太好，不能跟阿尔特曼直接交流。

1999 年年底，拍完《纽约的秋天》后，顾长卫便决定回国了。离开的时候，有不少人挽留他，但是顾长卫毅然决然，“活儿是挺多的，但好莱坞虽然每年好几百部电影，真正不错的，也就几部。”

多年的摄影工作使他的一只眼睛视物模糊，医生确诊为斜视，不宜再从事过多的摄影工作。所以回国后一直养病，他推掉了很多慕名而来的掌镜邀约，从此闭门不出，专心吃起“软饭”来。“其实除了长期的摄影工作造成的职业病迫使我在家休息外，我本身也是有些惰性的人。”顾长卫谈起这段日子，笑称自己是专职在家里带孩子。

儿子的出世对于迈入不惑之年的顾长卫的意义非凡。他给儿子取名叫“顾和”，意即和气、和平、和睦。这个 8 斤重的孩子，一出世就让这位大摄影师当起了“奶爸”。这个对各种型号摄像机了如指掌的男人，面对婴儿的奶瓶却束手无策，经过数次的挑选，才找到最合适的奶嘴。那段时间是顾长卫的一段迷惘期，烟也戒了。

“人的一生，如果你不是那种大智大勇的人，可能总得有一段时间的迷糊、迷惘。一口气做了这么多年，好多人都改行了，做到最后吧，我就觉得不够满足，老是希望能遇到比较好的片子、班子，眼光也会越来越高，整体水平提高的时候，你会想好的里面还有更好的。”一直到 2003 年拍《孔雀》之前这段时间，顾长卫说自己什么都没干，“我就不知道该干什么，找不到那种特别刺激我想干的事。”

要不试试那样，转型做导演

“假如说你做摄影师已经做了一些片子，然后驾轻就熟，但发现你做的很多事情开始重复了。你如果就混个‘当代中国不错的摄影师’，完全可以，但问题是这样做有多大意义？要不试试那样？……就这样的过程。不是因为什么梦想。我觉得要是能做摄影师也能做导演，可能就多一些生存的机会。坦率地说，可能多一些混饭吃的机会。”

由李樯创作的《孔雀》剧本完成于 2000 年，曾流传于多个导演之手，“我看了剧本就很喜欢，觉得丢不下了。”顾长卫行动起来——2003年4月9日，《孔雀》在河南安阳附近的小城镇，一个被称为水冶的地方开了机。

虽然阅历过无数的大场面，但是第一次坐到导演椅上，对于顾长卫来说还是有些紧张。他最不熟悉的就是那些程序。一般的摄制组在开机之前都要开一次剧组大会，导演要做导演阐述，摄影要做摄影阐述，主创每人都要说一段。但《孔雀》就没开这个会，一想到要跟那儿说上半小时，顾长卫就特别郁闷。

“《孔雀》之前我做了20年的摄影。站在导演旁边看这么多年，该学的也都学得差不多了。但真的到了拍的时候还是会有些不懂的地方。以前做摄影师的时候老看到导演跟演员嘀咕。拍《孔雀》的时候，我问雯丽（蒋雯丽）平常导演都跟你们嘀咕啥？这可是私己话儿。她跟我说了，我再学着去跟演员沟通。”

在第55届柏林电影节上，《孔雀》获得了评委会大奖，银熊奖。顾长卫平素话不多，可为了《孔雀》，他可以一直在说话，在柏林时更把专访从早上10点排到晚上10点。每每完成一个访谈，他都会握着记者的手说，你能来我很高兴，希望多多支持，这让记者们感到了真诚与信任。

《立春》是顾长卫继《孔雀》之后的第二部电影。王彩玲、黄四宝的故事，在顾长卫看来，完全是身边人的故事。顾长卫家里有个亲戚，一心考美术学院，考了很多年都没考上，最后考到了天津美术学院。《立春》剧组里有个工作人员，没多大才华，但为了影视充满了梦想和疯狂，什么钱都不要也要做。他的手摔坏了，要打石膏。顾长卫安慰他说，石膏打过之后的形状正好像在握着摄影机，他一听就特别激动。

“电影给了我们这样一个机会，去完成自己的一个梦想。”顾长卫说，“《立春》里面一群人都是不太安分的，都在为自己的理想去奋斗。王彩玲是个典型，表达了对理想对未来的一种光泽。”

他的每一部影片都经过精雕细琢，2011年的《最爱》也不例外。这部从筹备开始历时3年的作品，顶住了同档期美国大片的夹击，口碑与票房俱佳，也为几位主创赢得了电影节的青睐。

姜文曾说："长卫本身就是一个要么不做，要做就做最好的人。"纵观顾长卫的电影历程，我们总能体会到这份对于电影创作的坚守。"这是一个追寻物质的年代，而我想让大家通过电影，被一种精神所感动……"让我们共同期待这位谦和达观的电影人，带给我们的下一次感动。

——

顾长卫生于西安，自幼喜欢画画。1982 年毕业于北京电影学院摄影系，1984 年任西安电影制片厂摄影师，相继拍摄电影《海滩》《大明星》《神鞭》。影片《红高粱》和《孩子王》获第 8 届金鸡奖最佳摄影奖，西柏林、摩洛哥、津巴布韦国际电影节金奖；《霸王别姬》获奥斯卡最佳摄影奖提名；《阳光灿烂的日子》获得金马奖最佳摄影奖。此外，由他掌镜的《代号"美洲豹"》《兰陵王》《菊豆》《鬼子来了》等优秀影片也在国内外获奖无数。他与张艺谋、陈凯歌、姜文的长期合作，把中国电影推上世界舞台。此后，他又在好莱坞与罗伯特·阿尔特曼等著名导演合作，任摄影师，拍摄了《姜饼人》《骚乱》《纽约的秋天》。1999 年，顾长卫荣膺柯达评选的"世纪百位杰出摄影师"。2005 年，顾长卫的导演处女作《孔雀》获得柏林电影节银熊奖。2007 年，他的第二部导演作品《立春》为女主角，也是他的妻子，蒋雯丽赢得了罗马电影节影后的桂冠。2011 年，顾长卫的第三部导演作品《最爱》使他获得了上海影评人奖最佳导演，也为女主角章子怡赢得了影后桂冠。如今，顾长卫的第四部导演作品《微信时代的文艺爱情》在 2014 年 10 月与观众见面。

胡玫：时光雕刻的人生

罗凡

从《雍正王朝》《汉武大帝》，到《乔家大院》《浴血坚持》，她的作品收获赞誉也带来讨论。现在的胡玫导演，应该是国内屈指可数的优秀女性导演之一。独特的视角、个性化的视听语言、张弛有致的叙事风格，让她在艺术追求与现实表现之间做得游刃有余。

父亲口中的天才女儿，发小眼中的真诚老友，演员眼中的魅力导演，一个个身份都是她的不同侧面。胡玫作为中国著名的导演，执导过很多电视剧和电影。哪一面才是真正的胡玫？让我们共同走进一个女人的雕刻时光。

无奈、挣扎的童年烙印

胡玫出生在一个温馨、充满爱意的家庭里。父亲是一位在指挥界享有盛名的指挥家，母亲则是一位歌唱家。他们非常注重胡玫在音乐方面的培养，那时候给小胡玫找了最好的钢琴老师教琴。在胡玫印象里，非常慈祥的父母有时候会拿着小棍站在一边，督促胡玫每天练琴。而小胡玫时常会趁父母不注意偷偷把表拨快一点，以逃避对她而言有些枯燥的学琴时光。

而无忧无虑的童年生活并没有延续，在特殊时期里，钢琴被贴上了封条，房子也封了，父母被关了起来。这段童年里刻骨铭心的伤痛在胡玫看来是她人

我喜欢别人说我不像导演。女人最大的幸福是她能够拥有爱，有爱我会很知足。无论拍戏有多忙，我坚持每天回家。电影是我的事业和责任，家才是我的一生。我认为女人生命的价值不是政治，不是事业，甚至不是艺术，而是爱。

——胡玫

生经历中非常重要的一个时期，对后来自己世界观的形成，打上了很重的烙印。

在那段特殊的时期里，胡玫和两个哥哥相依为命。在一个还不知政治为何物的年纪里，胡玫过早地背负了这样的印记。想父母想到流泪，不爱学琴的小胡玫在那个时候疯狂地想弹琴。“如果我爸妈回来了，我一定好好学琴再也不偷工减料了。”那段不堪的往事在一个孩子的心灵里带来了太多的无奈、局促和挣扎……

“好像我的作品总是有点悲剧色彩，喜欢营造一种正剧或悲剧的气氛，这就跟那段经历有关……因为童年经历过，那样的印记是抹不掉的。”

经历了人生最大的变故，胡玫慢慢认识到人性的两面性，开始思考一些人生的意义，探寻着一点点微微的光，在走了很远很远的路之后，逐渐成熟起来。

从跑龙套到北京电影学院导演系

1975年，胡玫实现了儿时当文艺兵的愿望，考入总政话剧团，成为一名演员，开始了在话剧团跑龙套的生涯。当时胡玫与苏小明经常去北影、北展看参考片，一天半夜一两点，胡玫与好友一同去看参考片，由于当时放映条件恶劣加上天气寒冷，胡玫实在受不住先行离开，就在走到放映厅大门的时候，胡玫看到虚掩的破旧门框边一溜孩子的脑袋，一双双饥渴的大眼睛盯着即将放映的大银幕。看到有人过来，孩子们惊慌地四下逃走。这一幕被胡玫深深地记在心里，胡玫从此发誓，自己将来也要拍出这样的好电影让外国人这样排着队去看我们自己拍的片子。就是这样一次半夜看参考片的经历，不经意间成为电影对胡玫的第

少女时期的胡玫

导演胡玫正在导戏

一次牵引。

4 年以后，国家恢复了高考，一代人的命运从此改变，一大批荒废了很久的孩子，终于有了读书的希望。1978 年，北京电影学院正式宣布恢复招生，胡玫又一次面临着人生的选择。

当时的胡玫，还是很有些犹豫，因为她马上要提干，可以当有四个兜的军官了，于是两种选择摆在了胡玫的面前。这个时候，胡玫的父亲出现了，毫不犹豫地让胡玫读书，也因为这样，让胡玫的命运与电影更紧密地联系在了一起。

报考电影学院完全是一次意外，因为对当时做演员的胡玫来说当导演是一个太遥远、不敢想的事，甚至是一件有些可怕的假想。报考演员，又觉得自己不够漂亮，没底气，就天天到与家隔着一道墙的电影学院看报考的考场，一直拖到离截至报名还差 3 天，碰到一个当时在北影做导演的大哥，他问胡玫怎么不去报考导演，还对她说再不去就没有机会了。于是胡玫就穿着军装去了考场取招生简章。

招生简章的第一章是导演系，她看完导演系的篇章之后，就没有再往下翻，觉得好像就应该干导演。

初试考场，一大群考官坐在那里。本来就很紧张的胡玫，自选的诗歌还没有朗诵完，突然考官老师问她："同学，你为什么要报考导演系？"一下子蒙了的胡玫，把问题和现成的答案在心里过了一圈之后，却没有说，而是说了自己当年看参考片的那个经历。胡玫说自己曾经发过要拍好电影的毒誓，说："各位老师，你们已经 14 年没有开学招生了，难道你们不想让我们这样无知的孩子进到学校来，在你们的教育下拍出一些好片子，让我们的片子走向世界，让世界各国的人都来看我们的片子吗？"这样朴实煽情的言语结果让好多老师听得哭了，当时就全票通过让胡玫准备复试。就这样，胡玫顺利地走进了电影学院导演系的课堂。

会导戏的“小女孩”

北京电影学院78级导演系最终招收了28名学生。19名男生，9名女生。他们也就是后来第五代导演的领军人物。

身为一名导演，北京电影学院的这段经历，无疑是胡玫生命当中最重要的一段经历。因还在电影学院实习的时候，胡玫就在中国第一部电视剧《庄严的大门》扮演角色。

当时，胡玫的同学已经拍出《一个和八个》《黄土地》两部使中国电影走向世界的非常重要的具有转折意义的作品，而那两部影片也给很多同学带来了很大的震动和刺激。

1984年，在八一电影制片厂的支持下，胡玫组织起了包括导演、摄影、美工、录音等主创在内的青年摄制组，所有主创人员都是由同学组成，摄制组的平均年龄还不到27岁，非常年轻。在与同学李小军合作导演的第一部故事片《女儿楼》的时候，不到25岁的胡玫给配合拍摄的部队说戏，部队的士兵面对一个义正辞严说戏的小女孩，都低着头不好意思地在笑……

但是不久，胡玫就与她的同学拍出了让人刮目相看的军队女性情感故事片《女儿楼》。《女儿楼》是胡玫导演的第一部电影作品，当时就被国际影评界评为中国“文革”后的第一部女性题材影片，备受关注。

两年之后，胡玫又独立导演了比《女儿楼》中的女兵更个性化的心理故事片《远离战争年代》，也先后获过苏联第10届亚非拉国际电影节银奖和意大利第32届萨尔索国际电影节评委会特别奖……

放弃出国留学，从国营到个体户的艰辛历程

《女儿楼》《远离战争的年代》为胡玫带来了事业上成功的起步，也给她带来了到法国留学的机会，但是胡玫却做了另外的选择。那时候市场环境发生

了很大的变化，电影市场向自负盈亏转变，随着港台片大量涌入内地，观众的欣赏胃口也变得非常商业化。胡玫的两部电影虽然得了一些奖，却并没有卖多少钱。

胡玫当时就想转行，准备到国外留学。

《远离战争年代》在海外发行的时候，国门刚刚打开，正值出国潮。全世界唯一能剪里昂电影的法国电影学术委员会主席在看了《远离战争年代》以后，就让私人助理与胡玫联系到法国见面。见面时，他和胡玫一起看了一部拍摄过婉丽隽伟的《末代皇帝》导演贝纳尔多·贝托鲁奇执导的另一部影片，问胡玫能否拍出那样的作品？初生之犊不畏虎的胡玫，很干脆地说出来现在不敢说的话："当然可以，只要有这样的资金，没有道理拍不出来……"

胡玫从法国回来以后，那个私人助理也跟着到了中国，并很快就把胡玫所有的手续都办好了。这时只要胡玫决定了，就可以立即到法国留学，用法国的国家奖学金攻读博士。

当手续都办好的时候，胡玫又突然犹豫起来，似乎感觉自己站在了一个十字路口上。此时，父亲又在胡玫面临选择的时候站出来帮她拿主意，父女俩做了一次特别长的谈话。父亲对她说："当导演，首先应该懂一个国家的历史，懂这片土地上的人，懂得中国人，中国人还没明白，怎么就跑到外国去。所有真正的好作品都是民族的东西，这样的例子有很多，就像你最喜欢听的波兰音乐家斯美塔纳的交响诗套曲《我的祖国》，为什么写得好，因为写的是波兰，写的是他的祖国，他才能成为一个世界上最伟大的音乐家。更别说留学法国，还有一个语言关的问题。"父亲还给胡玫讲了很多类似的道理，胡玫因此坚定了放弃的决心。

因为已经办了转业手续就必须转业，于是胡玫就直接在报纸上找了一个人才交流中心，骑着自行车从八一厂把档案转放在那里，漂向社会，做起了影视个体户。

胡玫始终坚信，一个人要成为艺术家，首先必须要懂得生活、懂得人生，那时的胡玫认为自己对于人生的了解还远远不够。就在一步步摸索中，胡玫开始建立自己的小公司，帮着一些企业拍小短片、小广告，一做就是 10 年，其中的艰苦自不必说。一次胡玫和一个客户约在高尔夫球场里谈广告，胡玫也不会打，就一直跟在客户后面，球场草地不好走，最后胡玫干脆把自己的鞋子挂在脖子上，光脚跟在客户身后苦苦央求把广告拿给自己拍。一天下来，一瘸一拐的胡玫终于用她的真诚打动客户，最后拿到了广告的拍摄权。

从电影学院毕业当年意气风发到现在受到生活的挫折和磨砺，胡玫对于这十年的经历却非常珍惜。这 10 年让胡玫真正的成熟和坚强起来，胡玫开始懂得为了生活不得不去做的事情，懂得了“不得不”这三个字的意义。当时的胡玫，不敢生病，因为没有钱看病。这样直面地对待生活是胡玫之前都没有经历过的。

磨砺之后的华丽转身

此时的胡玫开始尝试商业片的创作，由纯艺术转为大众化的探索。在经历了《无枪枪手》等作品的失败以后，1994 年的电视剧《昨夜长风》成为她艺术道路上的转折点，也带给她拍摄电视剧的信心。两年后，胡玫迎来了人生中的又一次机会，电视剧《雍正王朝》成了胡玫的一次华丽转身。

对于胡玫来说，接拍《雍正王朝》是非常幸运的。当时没有多少经验的胡玫被推荐拍摄电视剧《雍正王朝》，1997 年的春节，胡玫就沉浸在二月河营造的雍正王朝里不能自拔。优秀的小说情节震撼了胡玫，但是胡玫此时还不敢想接拍这部电视剧，因为对于她来说实在是天上掉馅饼的事。10 年开公司的经历让胡玫心里明白：越想得到的东西越要绷住，欲擒故纵。在与投资方面谈的时候，胡玫不卑不亢，在问及对于这部剧的感受时，胡玫用“敬畏”二字概括了自己对于这部剧的感受，胡玫当时也非常真诚地说：“我知道你们不会找我当导演，第一因为我年轻，第二我是女性，第三，一部政治历史戏你们是不会交给一个没有经验的导演拍。我不拍没关系，但是请你们珍重这部作品，这是一部百年不遇的好剧，如果找不到好导演不要拍这部戏。”也许是胡玫对这部剧的重视和真诚的态度打动了投资方，最后他们决定让胡玫担当《雍正王朝》的导演。

拍完《雍正王朝》后，胡玫第一时间拿给自己的父亲看，父亲给予了女儿非常高的评价。当胡玫看到在街上吃饭的人，到点全都回家收看《雍正王朝》的时候，胡玫才明白拍好一部片子会带来什么、会有什么样的影响和震动。

感谢我的敌人

《雍正王朝》之后，胡玫的作品一部接一部。《汉武大帝》《乔家大院》《浴血坚持》等，为胡玫赢得掌声的同时，也带来了争议。尤其是电影《孔子》放映后，胡玫被各种舆论推到了风口浪尖。对于这些非议，胡玫却看得很淡。胡玫觉得人都是有缺点的，总有失败的时候，不可能永远成功。胡玫始终不觉得自己有多么了不起，作为一个导演，首先要把自己的心态还原成一个普通人，才能够去说别人的事，才能够去讲别人的故事。导演这个职业跟其他的职业一样，拍出好戏是导演的职责。做自己应该做的就好。

童年的特殊经历让胡玫骨子里有一股倔强的劲头，胡玫说，人的一生这么短暂，可以利用的时间这么少，没有时间被其他的琐事纠结。别人说什么就让他说好了，没有关系。但是，凡是对自己有用的批评，胡玫则会认真反思。胡玫一直非常感谢自己的敌人，她认为自己今天的成功很大一部分原因是得益于自己的敌人。她特别感激那些批评她的人，她从他们那得到了警惕，让自己知道自己该做什么，不该做什么。

随着经历的增加，随着年岁的增长，每个人都在变。

对胡玫导演而言，从小到大，岁月褪色，很多的想法，很多的做法都有了变化，可是在她身上和内心，依然有一些品质没有变，就像胡玫的发小苏小明感叹的那样：“胡玫到今天，虽然已经是著名的导演，导演过那么多电影、电视剧，但是非常不容易的是她的真诚、她的善良、她的正直始终没有变。”这也许就是胡玫在热播的电视剧、被关注的影片之外让人倍感敬佩的原因吧。

——

胡玫，女，祖籍江苏省徐州市沛县，1958 年 9 月 2 日出生于北京。第五代导演，现任第 11 届全国人大代表、北京市政协委员、中国电视艺术家协会副主席，全国文联委员、中国电影集团国家一级导演。1982 年毕业于北京电影学院导演系。1984 年导演反映军队女性情感生活的探索性故事片《女儿楼》，此片 1985 年被中国电影家协会、中国电影报评为全国十佳影片，被国际影评界评论为中国“文革”后第一部女性题材影片而受到关注。1986 年胡玫独立导演心理故事片《远离战争年代》，该片获苏联第 10 届亚非拉国际电影节银奖（1988 年），并获意大利第 32 届萨尔索国际电影节评委会特别奖（1989 年）。之后导演商业性电视片《新兵小传》（喜剧）、《姊妹迷踪》、故事片《江湖八面风》。1997 执导 44 集大型历史剧《雍正王朝》，任总导演。2000 年执导 20 集电视连续剧《忠诚》（兼制片人），2003 年执导 58 集电视史诗《汉武大帝》，任总导演，兼执行制片人。2004 年执导 30 集电视剧《香樟树》，2005 年指导 40 集电视剧《乔家大院》。2007 年执导 22 集革命战争电视剧《浴血坚持》。2008 年执导 40 集电视剧《望族》。2008 年执导 30 集晋商剧《晋阳老醋坊》。2009 年执导的史诗电影《孔子》在京开拍。

霍建起：坚持真我的电影之路

安梦瑶

霍建起，是北京电影学院78班美术系的一员，从1995年起开始自己执导电影，他与妻子苏小卫合作过多部电影，并多次获国内外电影大奖。最广为人知的作品是《那山、那人、那狗》。曾担任东京国际电影节、长春电影节、上海国际电影节评委。霍建起的电影带有较浓厚的唯美色彩、唯美含蓄的文艺质感，是电影圈内公认的文艺片导演，他自称是“第五代半”导演，也有人称他是“最‘老’的新生代导演”。

与电影结缘

霍建起是北京人，自幼酷爱绘画，1976年到农村插队落户。1978年考入北京电影学院美术系，电影学院是他人生的一个转折点，那个时候“文革”刚结束，每一个年轻人都特别期待上大学，但是又很迷茫。当时他还在插队，在插队的时候，他就经常在郊区的田野里面画画什么的，来释放自己的愿望和情感。他想，自己从小都喜欢看电影，如果能够从事电影工作将是一件多么好的事情。因此他在报考电影学院的时候是比较懵懂的状态，在真正被录取之后才开始了解电影，进入北京电影学院是他走进电影的第一步。

电影学院的培养，确实使一个不懂得电影专业知识的学生，慢慢成长为一个专业人才。霍建起当时是读电影学院美术系，他们的老师，系主任戈维墨，教设计的老师李时昌等很多的老师在专业上给予了他们很多帮助，他们在学习过程当中，印象比较深的一点是，当时有很多的大课，包括《艺术概论》等的一些创作课程各系都在一起上。那时候学校会请其他系的老师来给美术系讲课，当时周传基老师在给他们讲电影的时候，就提到，其实全世界的导演很多都是搞美术的，然后又从事了导演。电影毕竟是一个视觉形象的东西，这对一个导演是很重要的。这话对当时也就是 20 出头的学生来说好像不可思议，但是也确实给他们内心埋下了一颗种子，他们都有一种日后要自己创作一部电影的理想。当时他们的实习指导老师是谢飞，他要求所有系的学生都在一起，每个人拍一段，一部电影分几段，比如说摄影系的 7 个人，一个人只拍 10 分钟。对于美术系和其他系的学生来说，这样的实习是一个很好的合作机会，让学生拿出胶片来去拍作业，而且每个系的老师都来进行指导，这种条件可能在任何一个学校都是不可能的。经过这 4 年的学习之后，从外行变成一个内行，变成一个专业人士，当这些学生走向社会的时候，他们就有了真才实学。

转变与坚持

霍建起自 1982 年毕业后，到北京电影制片厂当美术设计。同年他担任影片《九月》和《盗马贼》的美术设计，从学校走向生活，从单独绘画走向群体创作。离开学校十多年来，霍建起为《遭遇激情》《出生入死》《大撒把》等多部影片担任美术设计。谈起他从美工到导演的转变时他是这样说的：“进北影我当了 10 年美工，和我的这拨同学合作得非常愉快，当时我特别安于现状。但有一天我突然有一种强烈的表达欲望，特别想从整体上去把握一部电影。这个念头一闪出，我就再也坐不住了。结果整整有一两年我没好好干事，成天想的是当导演。当时我们一家三口，虽然物质生活清贫，但和和美美。记得我们住在一个筒子楼里，节假日我就蹬三轮车，载着妻子、儿子到王府井去玩

78 班美术系同学返校，左三为霍建起

霍建起获华表奖，谢晋拥抱他

2003 年 11 月 9 日，第 16 届东京国际电影节落下帷幕，中国影片《暖》获得东京国际电影节金麒麟大奖，霍建起举起金麒麟

儿，到公园去疯，那种日子也挺滋润的。再说我的性格比较内向，也不善于表达，平时喜欢一个人独处，画画、看书、听音乐，并不适合当导演。但一个人心中有了梦，就会让你全身心燃烧起来，不由自主地要往那条路上奔。有一段日子我被这个念头搞得失魂落魄，干什么都没劲。”在跟随剧组做美工的 10 年间，他觉得，自己有很多想法，但却无法表达出来。渐渐地，他有了想做导演的念头。但他从未做过导演，对自己有些不自信。他的妻子苏小卫鼓励他说：“国外有许多优秀的导演都是美工出身。你有这么多年美工的基础，拍出影片来一定会更漂亮。我觉得你一定能行。”苏小卫的话增强了霍建起的自信，但好剧本却很难找，另外，找投资更是一件难事。1993 年，苏小卫将自己的一个剧本递到霍建起的面前，说：“你看看吧，我已经把剧本写完了，题目叫《赢家》。”霍建起是抱着怀疑的态度开始读剧本的，没想到，他竟然一口气读了下来，爱不释手。剧本写得太精彩了，深深地吸引了他，也激发了他的创作热情。他决定拍这部影片。可是投资方实在太难了找了。通过熟人、朋友介绍，找了无数家，签了无数的合同，最终是一堆废纸。差不多有大半年的光景他都是在一次次的打击和失望中度过的。最后在他和妻子的不断努力下终于完成了他的第一部影片。完整而充满戏剧性的故事、流畅优美的镜头、个性鲜明的人物、生动幽默的语言，使该片获得大学生电影节最佳影片奖，并且获得第十六届中国电影“金鸡奖”最佳故事片奖提名，霍建起也因该片而获得了第十六届中国电影金鸡奖的导演处女作奖。

1996 年，霍建起开始导演自己的第二部影片《歌手》。影片具有质朴凝重的现实感，对当代青年在社会转型期处于人生和价值两难选择的矛盾心态进行了认真触及。1998 年执导影片《那山、那人、那狗》，荣获金鸡奖最佳影片奖、“五个一工程”奖、蒙特利尔电影节“最受公众欢迎奖”、印度电影节“金孔雀奖”、上海影评人奖以及大学生电影节最佳演员奖等。1999 年执导影片《九九艳阳天》，2000 年执导影片《以刑警的名义》，之后又相继导演了《生活秀》《暖》《情人结》等影片。

霍建起是个对金钱概念很淡的人，更不会为了五斗米折腰。在剧组当美工时，他的收入不高。后来做了导演，如果没有他喜欢的剧本，他也宁肯不拍。生活中的霍建起不善于表达自己，他把自己对生活的观察、思考与感悟全部融入了他所热爱的电影之中。

与学子说

“我们在读书的时候，说实在的，对电影一无所知，只是喜欢看电影爱电影，喜欢到电影院里面，没完没了地去看电影这么一个神奇的东西。当然今天的环境不一样，娱乐越来越多了，那么我想今天对于电影有这种追求的年轻人，他们的机会和条件会越来越好，但今天的年轻人，除了对于电影的喜好之外，还要对人生对艺术有自己的认识、有自己的感悟，这样才有可能在今后的创作道路上，可以再学习其他东西，可以在这四年当中不断地丰富自己，这一点在创作道路上是非常重要的。另外，不管是对于没有入学，还是已经入学的同学来说，其实每个人都不是一个个体，电影学院是一个整体，从老师到学生，大家之间的互动是非常重要，当年这些同学，除了老师教完课之外，剩下的就是同学在一起，同学不仅是生活在一起，更多的是之间在专业上、人际交流上互相学习，互相影响，这些其实也是非常重要的。同学们在一起合作，其实是在培养一个学生在今后进入这个行业之后，是否能够跟这么多人有一个非常好的合作，这个也是非常重要的。在实习当中，那时候我们拍片子，比如《田野》，还有很多同学拍不同题材的影片，这个合作使我们真正懂得，电影是这样一个方式，就是我们不仅要学习所需的专业，还要学习怎么去合作，怎么去共同创作，怎么处理人与人之间的关系，因为电影是一个综合的艺术，是一个集体的项目，它不是一个人能够完成，所以我想这个过程也是非常重要。我们合作的时候，当时我们那个组，我印象中有顾长卫，有穆德远，还有肖风、王小列等等，当时我是美术系的，我印象中我们那时出去就像一张白纸一样，真是有一种激情，在我们拍《田野》的时候，是在东北，看景时，东北雨中的白桦林，给我留下很深刻印象，摄影系的穆德远老师，他膝盖有点关节炎，而东北的春天很冷加上下着雨，可景色特别美特别像俄罗斯的电影，看到斜倒在雨中的白桦树，穆老师就高声大喊起来，啊，之后开始激动，就是年轻人的这种影响，这种激情和热情，给我们留下特别美好的印象，在我们这么多年的学习和互相影响中，这样的环境中，太难得了，这四年对我们的人生是非常重要的，我们不仅有很好的同学，也有特别值得尊敬的老师。在电影学院这么好的环境中，所赋予我们人生道路中最理想的锻炼和给予，作为电影学院的一名学生是非常庆幸的。”

“年轻的朋友们，如果你对电影有理想，如果你爱电影，那么你一定要考北京电影学院，因为在这里你可以学到专业知识，它有中国乃至世界上最好的学电影的环境，我预祝你们能够实现自己的梦想，实现自己的理想。”

霍建起，北京人，美术师、导演，北京电影学院 1978 级美术系学生。主要代表作品有：《赢家》《歌手》《那山・那人・那狗》《蓝色爱情》《生活秀》《赢家》《九九艳阳天》《暖》《情人结》《愚公移山》《台北飘雪》《秋之白桦》《萧红》等。《赢家》获 1997 年第 4 届北京大学生电影节最佳处女作奖；《那山・那人・那狗》获 1999 年第 19 届中国电影金鸡奖最佳故事片奖等，1999 年第 23 届加拿大蒙特利尔国际电影节观众投票奖，1999 年印度电影节“金孔雀奖”等；《蓝色爱情》获 2001 年第七届中国电影华表奖优秀导演奖，2001 年第 21 届中国电影金鸡奖最佳导演奖等；《暖》获 2004 年第 10 届中国电影华表奖优秀导演奖。《秋之白桦》获 2011 年第 14 届上海电影节电影频道传媒大奖之组委会特别奖和 18 届北京大学生电影节的最佳导演奖。

李少红：摄影机背后的女人和她的人生“加减”

王岩菲

李少红，关于她的“关键词”有很多——电影协会首位“女掌门”、影视公司老板、女导演……在中国“第五代”的学院派氛围中，男导演们力扛着影视大厦的钢筋铁骨，而他们的同学、好友和同行——李少红，则以女性特有的视角注目着人生，以女性独有的力道雕琢着世界。在她的影视道路上，她收获过，也失落过；踏至过塔峰，也深入过沟渠。现在，在这个健康的、多元的、包容的、文艺争鸣的时代，无论你知悉她否，赞赏她否，她始终在展露着属于她的独特“声线”，将自己的生命悄然埋藏于镜头的最深处。

行走和飞跃——永远不老的影视生命

1969 年，14 岁的李少红正在北京第十一中学读初中二年级，那年她有了第一个弟弟，少时的她认为父母的关注都被弟弟夺走了，负气之下便走出了中学校门“闯荡”。对未知世界的无限憧憬给了这个小女孩一股莫名的勇气和远飞的羽翼，她毅然奔赴四川军区独立第 2 师，成了一名“宣传口”的年轻女兵。

14 岁至 23 岁的青春岁月，她在部队中度过，怀着对校园时光的留恋，她时刻准备着重新投入学习。

这是 1978 年的一个秋日，李少红决定用行动拥抱自己 9 年来的“入学梦”。

你要跟你自己谈一次恋爱，然后知道什么是你最爱的东西；什么是你这一生中，你觉得丢掉它，你就活不下去的东西。

——李少红

23 岁的李少红做了一个影响她一生的决定——上大学。李少红坦言，自己最初的想法是去学医，但阴差阳错，《人民日报》上的一则广告打动了她：北京电影学院招生。因为艺术院校的考试是在高考之前，抱着“可能有两次考试机会”的想法，她踏入北京电影学院的考场。同年，这个稚气未脱的南方女孩凭借自己的灵慧，带着行囊迈入了电影学院导演系的大门。

大学的校园，聚集着一批怀梦的青年；大学的生活，让这批志同道合的青年集体更加富有凝聚力。“全班 28 个人打成了一片，在争取最好的机会的同时互相提携”，李少红如是评价当时的“78 级导演班”。

通过不懈的努力，1982 年，她终于拿到了北京电影制片厂的录取通知，作为了她步入社会、踏入影视圈珍贵的第一步。初入电影行业的她，在前辈的提携、指导下，相继做了《包氏父子》《出门挣钱的人》《清水湾，淡水湾》等影片的副导演。

1988 年，她独立执导的首部影片《银蛇谋杀案》上映，让观众注意到了这个集朝气与才情于一身的女导演；1990 年，挖掘深层人性、剖析人物内心的力作《血色清晨》引起了专家及评论界极大的关注，影片获法国·南特三大洲电影节大奖；1992 年，李少红执导的影片《四十不惑》，获瑞士洛迦诺国际影评人奖；1994 年，她的影片《红粉》，通过对女性不同身份、性格的诠释，剖析了人物内心世界，该影片获西柏林国际电影节银熊奖，第 27 届印度国际电影节最佳影片奖金孔雀奖，大学生电影节最佳导演奖；1996 年，她的电视剧《雷雨》被搬上荧屏，这盘被数度加工的“老菜”被李少红加入了新时代的精神力量；1998 年，她的电影《红西服》荣获 1998 年中国电影华表奖“最佳故事片奖”，上海影评协会“最佳导演奖”；同时，《大明宫词》的上档也成为了李少红影视生命的一个高峰，这部广受好评的电视剧不仅内容生动深刻，同时还捧红了饰演太平公主的演员周迅，也为二人之后在2002年成功合作《橘子红了》奠定了基础；2004年，执导电影《恋爱中的宝贝》上映，周迅仍是当中一名力将；2005年，电视剧作品《绝对隐私》与观众见面；2006年执导惊悚题材电影《门》；2010年，她翻拍经典，呈现了全新的《红楼梦》；2012年，57岁的她成就了作品《花开半夏》……

李少红在央视的节目《开讲啦》中曾有表述：“人生的路十年一步，你最有效的有生之年大概为五十年，实际上我们都在‘五步一生’地行走。每十年就是一个进程，这十年的进程怎么规划它，是非常重要的一件事情。”

李少红给自己走出校园的第一个十年做了一个规划——用三年的时间，参与跟拍几部戏。她的前四部都是做副导演，进入剧组、参与学习和实践。这四部戏的副导演做完了之后，有了一定的积累，她才开始潜心成就自己的作品。与此同时，她没有忘记自己人生的另外一个使命——组建家庭，育养儿女。

平凡与伟大—— 一个女性导演的真实人生

在中国第五代的男导演们，用民族和仪式感宏伟架构影片的年代，她以女性独有的“绕指柔”注射影片的灵魂，细腻而不失大气；当影视作品中频频“过度消费”一些出道多年广受欢迎的戏骨级演员时，她却敢于启用一些生面孔的少男少女，一手发掘了周迅、陈坤等银幕精灵；当《红粉》唱响女性灵魂之歌，当《大明宫词》的词句哀婉贴耳倾诉，当《橘子红了》的爱情萦绕我们心畔，当新版《红楼梦》再番轻抚绵延千年的女性命运脉络——李少红，和她对女性视角的坚守，已经成为了一杆独树的旗帜。用李少红自己的话说：“女人以感性的视角介入以男性为主体的影视艺术，是既有艰难，又有优势的。”在李少红执导的影视作品里，女性意识清晰坦荡。

她的标签还有很多，电影协会第一位“女掌门”，荣信达影视公司老板，

1982年4月20日，杭州龙井村茶山上，78班联合实习拍摄《见习律师》，导演指导教师韩晓磊，摄影指导教师鲍萧然率场记李少红，导演助理江海洋、蒋卫和现场分镜头

1982年5月5日，李少红摄于78班联合实习拍摄《见习律师》现场海军招待所

李少红在电影学院举办的学术研讨会上发言

李少红、曾念平回母校学院大讲堂交流

中国著名女导演……许多人认为，像李少红这样强势的女人应该是男性化的。但生活中的李少红，恰恰是个传统的“小女人”。李少红的“女人味”是从她爽朗大气的举止中弥漫的，这种内敛、传统的气质既成就了她的事业，也成就了她的幸福家庭。无数的光环下，她还是一个“普通”的女人：丈夫的妻子，女儿的母亲，闺蜜的老友……

“不管怎么样，我是一个女性，我怎么处理好我的感情生活，我的家庭，还有我做女人的责任，这是做导演之前要做出一个选择。所以我自己定了一个计划，就是前三年一定把全部的精力放在我自己的孩子身上，然后等到她上幼儿园以后，我再出来拍戏。”

李少红毋庸置疑是幸运的，她的幸运人生，与一个叫曾念平的人枝蔓缠绕。丈夫曾念平可谓是李少红的“御用摄影师”，李导导演的作品中，清新隽永的画面都是出自丈夫曾念平之手。“永远在恋爱”，这是圈内好友对这对携手 30 余年的“明星夫妻”的评价。1982 年，北京电影学院导演系学生李少红嫁给了自己毕业作品的摄影指导老师曾念平。1988 年，李少红与曾念平合作了第一部电影《银蛇谋杀案》。接下来，夫妻搭档拍摄了《雷雨》《大明宫词》《人间四月天》和《橘子红了》等一系列经典作品。在儿女情长里注入相互扶持的革命情谊，这份坚固、踏实的感情确实令人艳羡。

李少红和曾念平有一个宝贝女儿，之前女儿在意大利求学时，李少红曾经为了影片拍摄投入巨资，险些交不上女儿的学费。说到这里，李少红导演露出了对女儿的一丝愧疚和深切的关爱，“女儿是上天给我们的礼物”。

李少红和李小婉的“双李搭档”，也是圈内津津乐道的模范搭档。李少红是部队大院里闻号角“起舞”的军二代，李小婉是在电影厂里从小织梦的“幻想少女”；9 岁的相识，一个感性、一个理性的两个女孩，竟产生了伯牙子期式的友谊，相识、相知、相惜，过程中也有女孩间常有的争吵、质疑和和好、帮助，一系列的化学反应过后，成就了两人之后数十年的互相扶持和合作，共同制作出了一系列极具艺术气质和创新意识的电视剧。

厅堂与厨房——十年一步的“人生加减”

每个心怀梦想的人都经历过黑暗的蛰伏时光，李少红的“幸运”其实是她通过努力耕耘而铸就的必然之路，这条道路因为有爱人的携手而显得没有那么艰难。而在通往成功的路上如何做好事业和家庭的平衡量度，其实是困扰当下人群的一个重要问题。

1982 年，李少红毕业后分配到北京电影制片厂，曾念平则考上北京电影学院“文革”后第一批研究生。这一年，他们携手步入了婚姻的殿堂。李少红在回忆中提到了自己一生中最难忘的一次决定，“怀孕是我人生中最大的一次触动，当时第一个念头是肯定要做掉。那是我一生最脆弱的阶段，天天哭，哭了好几个月。”然而一个可爱女孩的降生证实她这次的决定没有错。李少红在家带孩子的 3 年中，同代导演已经纷纷扬名。到 1988 年，李少红独立拍摄的影片才初度上映。“那个阶段最初是很不适应的”，李少红跟曾念平从以家庭为主的生活关系，逐步进入了以“导演 - 摄影”身份为主的工作关系。“那时候一部戏几乎是从头吵到尾，连续吵了好几部戏。两人都觉得自己很委屈，也不知道矛盾出在哪儿？我后来仔细想想，就是大家在工作中跟生活中的角色是混乱的。有时你不知道是该把他当作丈夫好还是把他当工作人员好。”这个时候的李少红是无助的，本性温婉的她难免质疑自己，在对于家庭和事业的平衡上是不是出了什么问题，“有一次，我的合作伙伴李小婉对我说：你不在剧组时，对你先生讲话，能不能不用导演的而是用妻子的口气？”这句话猛烈地震撼到了初陷迷茫的李少红，让她感到了辛酸同时让她醒悟：自己无意中险些失去的，正是女人最天性的东西。

于是，一番思考过后，对于在“厅堂 - 厨房”中的双重角色她有了新的认识。现已在两个角色中灵活穿梭的李少红，袒露了她自己的处世之道：“你的事业和你的生活是你人生不可分割的一体两面，是要同时考虑的，你要有自己的规划。”

“你可能会觉得我不闯一下就不甘心，你可能会觉得我一定要尝试一下激荡的人生。其实年轻时正是这样一个最好的时机，但是你要把这个时机放在前十年。”李少红主张勇于逐梦，但更要勇于承担。“你可以给自己三次犯错误的机会”。人生没有坦途，有多高的追求就要承担多大的风险。在竞争激烈的影视圈，在观众投票的名利场，你犯一次错误，可能要付出两到三年甚至更长时间低谷的代价。这时候不能够消沉，你要重新再来整理和规划，再重新起航。”李少红的拼搏是一部生动的进阶史，听从梦想指引去闯荡，在与社会的碰撞中快速成长，在实践中创造……这些其实都是追梦人们认识自己，与自我灵魂对话的一个过程。“这十年可能是最浪漫的十年，你要跟你自己谈一次恋爱，然后知道什么是你最爱的东西，什么是你这一生中，无法释怀、不能离开的东西。”每个人的生命中都可能出现无数道风景，但属于梦想的港湾只有一个。在李少红的表述中，我们可以得知她心目中的“勇士”形象——敢于冲锋，为自己的理想披荆斩棘；也要敢于转身，放下那些不是归途的景致。在这为梦想努力的十年当中，可怕的挫折要悉数斩碎，可贵的经历要珍惜蕴藏。

李少红 1982 年进入了电影学院，而到 1987 年才开始拍了自己执导的第一部戏，也就是 1988 年上映的，她和丈夫曾念平合作的《银蛇谋杀案》。怀着扬鞭驰骋的凌云壮志，带着对实现梦想的迫切渴望，再苦再累的剧组生活都没能让她感到疲惫。结果刚刚开机第七天，贾宏声刚拍了第一场戏，就由于事故摔断了腿。刚刚对剧情做了调整，解决了演员的问题后，婆婆又突然入院抢救……这些磨炼也曾让李少红苦恼，但是，在苦涩的坚守后，真正尝到了首个胜利果实，她才意识到电影就是她的那片“精神港湾”。这其中，感情生活和家庭生活是她一直以来的慰藉和支撑。

接下来的一个“十年”，李少红把它定位在 30 岁至 40 岁之间，这是人生中用于创造的黄金年华，拼搏的成果最明显，同时失误的代价也更大。愈加成熟的逐梦者会在这十年尽量减少走弯路的机会，这时的迷茫往往不再是该不该“入这行”，而是在众多的机遇里择取最合适的，在家庭和事业两个阵地中做调和与平衡。

1996 年对于李少红而言是平凡而又重要的一年，那一年她做了两件事情：办了自己的公司，以及选择拍电视剧。那一年，李少红 41 岁。

40 岁至 50 岁，李少红把它定位成了“人生的升华”时期。站在人生的十字路口上，她开始思考家庭和工作以外的东西，开始尝试发觉世界的广义意义，于是，她生活态度的改变由此而始。“你不但为自己活着了，还为了更多的人。”这一时间段，人的“超我”追求开始昭显——这是回报世界、总结旧时光的十年。

在李少红的人生里，名和利都是可以做加减法的。当李少红自己谈到新《红楼梦》的拍摄时，她曾坦言：“从追逐名利的角度来看，我其实不需要这次机会。但是对于一个创作者来讲，一次改编名著的机会和挑战，太难得！”在这样一次忠于自己的“冒险”上，无论结果如何，逐梦人都是赢家。

李少红，1955 年出生于江苏，1978 年考入北京电影学院导演系，1982 年分配到北京电影制片厂任导演。

主要个人导演作品有：《银蛇谋杀案》《血色清晨》《四十不惑》《红粉》《红西服》《恋爱中的宝贝》《生死劫》《门》《雷雨》《大明宫词》《橘子红了》《买办之家》《红楼梦》《花开半夏》等。其中，《血色清晨》获 1991 年上海影评协会最佳影片奖、1991 年台湾《中时晚报》优秀影片奖、1992 年法国·南特三大洲电影节最佳影片金奖、1993 年德国柏林国际电影节青年论坛奖；《四十不惑》获 1992 年瑞士洛迦诺国际电影影评人奖；《红粉》获 1995 年西柏林国际电影节银熊奖，1995 年全国大学生电影节最佳导演奖、1995 年上海电影协会、文汇电影时报十佳影片奖、1996 年第 27 届印度国际电影节最佳影片奖金孔雀奖；《红西服》获 1998 年中国电影最佳影片华表奖、上海影评协会文汇电影最佳影片奖、最佳女演员奖；《生死劫》获 2006 年美国迪伯伦电影节最佳故事片奖金胶片奖、2006 年意大利米兰亚、非、拉美电影节最佳影片奖、2005 年印度喀拉拉邦国际电影节最高奖项金雀奖、2005 年美国翠贝卡国际电影节最佳故事片奖；《门》获第 26 届金鸡电影节最佳摄影奖；《大明宫词》获第十八届中国电视金鹰奖最佳电视剧奖，最佳摄影奖，最佳照明奖，最佳男演员奖，最佳女演员奖，最佳美术奖；第 21 届飞天奖最佳电视剧奖，最佳美术奖……李少红以其细腻不失大气的女性视角和娴熟、灵动的镜头运用共同建筑了她独特的影视风格，为她赢得了国内外的广泛赞誉和无数大奖。

陶经：“第五代的耳朵”

王超

陶经毕业于北京电影学院录音系，首次参与的作品《孩子王》即获得中国电影金鸡奖最佳录音提名，之后与同样毕业于北京电影学院导演陈凯歌和张艺谋合作亲密，凭《荆轲刺秦王》和《英雄》两次荣获中国电影金鸡奖最佳录音奖。在国际奖项方面，陶经多次获得各种提名，并以《十面埋伏》和《金陵十三钗》获美国电影声音协会大奖——最佳声音金卷轴奖。

北京电影学院“78 级”，是中国电影人中个性最鲜明的一个群体。他们阅历丰富，心怀天下，入学前经历过“文革”、上山下乡，毕业后赶上了改革开放、中国电影市场化。他们既叛逆又传统，一边眺望西方艺术思潮，一边在本土文化中汲取营养。这一群体因为出产了中国电影的“第五代”导演而闻名世界，陶经也是“78 级”的一员，被誉为“第五代的耳朵”，更有着“中国电影第一录音师”之称。

考入“78 级”，是“一场误会”

从 1957 年出生到去往星火农场之前，陶经一直生活在上海。他从小学到下乡之前的整个过程，正好处于“文革”期间，但那段时间父母把陶经保护得很好，让他度过了无忧无虑的童年时代。当时上海人认为文艺时髦又实用，年

> **电影是视听的结合，我很坚持不能让声音露出来，声音部门不能穿出来。一定要镶在这个电影感里面，点点滴滴地渗透，给电影整体感。电影一定要回归于本质，不管有如何的创造力，不管怎么创造新的东西，还是要回归真实的音色和画面，是能引起观众对生活有欣赏、思考的东西。**
>
> ——陶经

轻人只要有条件，就一定会学一学。陶经曾经学习过唱样板戏、口琴、二胡、唱歌、朗诵、表演……还拜师学习小提琴，以及各种可以用于文艺宣传的技艺。

1975 年，在上海远郊的星火农场，陶经凭借多种多样的才艺，进入了宣传队。在宣传队，陶经排演小合唱、样板戏，在《审椅子》里扮演的老地主让全农场的人都印象深刻。回忆起那段时光，陶经说：“宣传队里精神生活好，比较兴奋，平时排练、演出，也能脱离一些艰苦的劳动，但最艰苦的一定跑不掉：开大河、三抢、摘棉花，平时干活少，但这个时候是要带头的，都是咬着牙，一定要表现好。”历时三年，脏、难、苦的农场生活，让陶经得到了历练，后来到了剧组，那些脏活儿和累活儿就全都不在话下了，“甚至可以给农村来的助理做榜样。”

1977 年，国家恢复高考。当时农场里一个连队 400 多人，每个人都想调回上海，但是每年只有六七个回城指标，如今终于可以靠自己的努力来改变命运，全农场的青年都沸腾了。当时有 16 本数理化教材，每一道题陶经都认真作答并订正。“睡觉的时间很少，连上厕所都在背化学方程式。全农场的人都互相比着，有一点偷懒就会被人看不起。”

陶经最初填的高考志愿是同济大学的地下工程系，但宣传队的导演陈子度热心地建议他报考北京电影学院录音系。当时陶经还从没听过有电影录音这么一个行当，再想到全国只招二十几个人，他压根没觉得自己能考上。因为艺术院校招生在高考前，陶经就权当练习去试了试，不料就此顺利地通过了一轮轮考试，考入北京电影学院。

现在，陶经依然把这次重要的人生转折形容为“一场误会”。就是这个误会，让陶经蜚声国际，并为他赢得了中国电影金鸡奖最佳录音奖、中国电影幕后英雄大奖（BTCA）最佳音效奖、香港电影金像奖最佳声音奖、澳大利亚电影金像奖最佳声音奖、戛纳电影节最高技术大奖、美国电影声音协会大奖金卷轴奖……

与“第五代”同行

1978 年，是北京电影学院在“文革”后第一次招生。“那时北京电影学院许多老师都是苏联的电影学院毕业，很懂苏联电影的理论体系。同时，社会已经开放，很多优秀的老师自己做了一些欧洲电影和美国电影的研究，都在讲课的内容里。特别是法国新浪潮和意大利新现实主义，和我们这代人是一拍即合的兴奋点，直到今天拍的，能拿大奖的，都有这两个东西的影子和美学追求，也就是电影的真实性，这些电影理论体系的最基本的标准后来一直贯穿了我的创作和教学。”

在电影学院学习期间，陶经在老师的指导下阅读理论书籍，知道了电影是什么，要传递给观众什么，而且懂得了声音在电影中的地位。“电影本来就是视听语言，声音是非常重要的。”

毕业后，陶经去了天津电影制片厂录音车间工作，后来还在计划生育委员会工作了十来年。当时联合国教科文组织与中国合作普及生育健康与性知识，建立了录音棚来录制宣教、文艺等节目。陶经在那期间录了 3 年的音乐，民乐、交响乐，包括毛阿敏、韦唯、崔健、那英等明星的专辑及歌曲，“这让我对音乐录音有了很多技巧和表现力的感受，来表达最根本的魅力。”

陶经第一次在电影里担任录音师，是陈凯歌的《孩子王》。当时的电影基本都是后期配音，《孩子王》却是全部同期录音，“同期录音是我们这一茬人当时的追求，从电影美学的角度来说我们反感配音的虚假，那时技术条件所限，而用同期录音的方式才能达到最好的真实感。”伴随着中国电影的市场

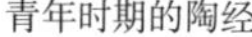
青年时期的陶经

石建都为陶经所绘的素描

陶经（后排右六）和 78 班录音系同学在一起

化，电影声音的技术一直在发展。在电影《孩子王》的声音制作中，还是单声道，后来有了四声道，《霸王别姬》时使用了 SVA，《荆轲刺秦王》已经发展到 Dolby5.1，《金陵十三钗》的时候是 Dolby7.1，到《归来》是 DolbyAtmos（杜比全景声）。

中国电影的市场化进程不但推进了电影技术发展，对电影创作理念也产生了影响。在陶经刚刚从北京电影学院毕业的时候，电影生产还在计划经济体制下，把握在各大制片厂手中。那时很多的文艺青年受到学院教育和西方艺术电影的影响，更多地专注于电影的文艺情怀，希望从电影声音的理论出发，传达艺术观念。但是随着电影的市场化，中国电影迅速进入商业时代，投资者和创作者看到好莱坞影片在中国市场大卖，也越来越希望创作出具有视听震撼的商业大片。这个时候，陶经的思维也随之转变，针对中国的大片，尽力满足观众对声音创作力和表现力的要求。

技术的不断革新并没有影响陶经创作的核心理念——真实，是他在创作和教学中最基本的标准。例如电影《金陵十三钗》，影片还没开拍前，陶经已带领声音团队开始研究不同的枪支。大家分工合作，先是确定需要的枪支牌号，在国内外的枪械库苦苦寻觅合适的枪支。最后，他们在澳大利亚的一个枪械库找到的“枪声”能满足他们的所有需求。于是，剧组花了几万美金在澳洲录制了所有枪声，前后耗时七八个月，出动了 25 个麦克风。但陶经还是坚持这种费劲是必须而且值得的，为的就是还原最真实的枪声：“像南京这样的题材涉及的日军、国军，所以那个时代配备的枪支一定要让观众有真实感。我是花了点工夫在枪支发出的枪声上面，同时在枪声的时代感上面也做了不少设计。”

除了对真实性的追求，陶经还致力于表现声音的美感和震撼力。在《英雄》中，万箭齐发，射穿瓦片，钉在柱子上、地上、人身上等等各种声音极为细致，甚至能让观众有种疼痛的感觉。同样对于声音美感的追求还出现在《十面埋伏》《金陵十三钗》等影片中。在《金陵十三钗》中，教堂的彩色玻璃经过陶经亲自挑选，他认为，那个教堂用的一定是来自外国、用罗马技术烧出来的玻璃。他说：“凭玻璃含碳度来判断它能发出怎样的声音，这需要我对教堂有认识。我们要考虑，这些玻璃碎的声音，到底要传达一种什么样的感情。它掉在地上的声音要有作用的，必须是能传递情感的。”他希望玻璃掉在地上那一瞬间的声音能传达出残酷的美。对此，陶经也比较得意，认为自己把控的声音部分具备了相对独立的娱乐性和叙事性，甚至可以单独挑出来进行欣赏。

从生活中汲取灵感

虽然有着无上的艺术追求，但陶经极力反对把工作和生活混在一起。“这样做的人只有两种人：第一类绝对属于脑子坏掉的人，已经人戏不分了，这种人很危险！第二种就是缺乏精神寄托的人。”陶经将生活和工作分得很清楚，这种态度也让其身边的工作人员受益良多，录音组的工作人员最有效的请假理由往往是，“我今天必须在家陪我女朋友！”或者“我现在必须回去陪爱人吃饭！”这样的假条肯定能批。

在陶经看来，生活在他的世界里永远都是第一位的，其次才是工作。他是一位典型的居家男人。他不觉得男人爱家有什么不好，而且认为承担家务是一种生活享受。唯有如此，才能够体会到生活的真实，而且作为艺术创作工作者，很多工作灵感都会源于生活。“你要让声音做好，一定要让眼睛好，鼻子好。每次我去各地游览，比如在巴黎，我不会上哪个音像店，听哪个最新的音乐，看哪个器材，我一定去看画。《罗丹艺术论》告诉我，某某雕塑说好像看到了这个雕塑底下的血在流淌，这种质感，只有你真的去看了，你从这里边发现理解了这种质感。在日后的创作中，你才会将类似这种不同的发现体会，真正运用到声音上。生活，是一种心灵体会的过程！不断去开阔你的眼界，让视觉和听觉有一种真正的碰撞，最终将之合为一体。”

源于对生活的观察和感悟，在陶经的声音制作里总是有创新，并经常成为影片的亮点。例如《英雄》中脚步踩过水面的声音，《十面埋伏》中章子怡击鼓的声音，《金陵十三钗》中雾的声音，以及《归来》中街坊邻居生活过日子的各种声音，都会让观众和电影人觉得新奇。

对于每个人而言，现实生活都会有不如意。在陶经看来，任何事情都无法规划，所谓的安全体系有时会瞬间崩塌，这种心理打击令人难以接受却无法逃避。所以，面对生活中的诸多磨难和考验，陶经都坦然面对，就像他曾引用《洛奇》中的台词："不要老想着怎么击倒别人，要坚决做到任何时候不要被击倒……你最后一定赢。"

——

陶经，国家一级录音师。1957 年出生于上海，1982 年毕业于北京电影学院录音系。现任北京电影学院研究生部兼职教授、中国传媒大学录音系教授、中国电影高新科技委员会副会长、美国电影声音协会（MPSE）唯一亚洲会员及评委、中国电影家协会会员、中国电影制作人协会理事。北京电影学院 78 级出身的他，被称为第五代电影人的"耳朵"，更被誉为"中国第一录音师"。1987 年，他在陈凯歌导演的电影《孩子王》中，首次担任录音师，并获得中国电影第八届金鸡奖最佳录音提名。随后他作为录音指导相继参与了《黑楼孤魂》《哦，香雪》《边走边唱》《霸王别姬》《活着》《摇啊摇，摇到外婆桥》《有话好好说》《荆轲刺秦王》《英雄》《美丽上海》《十面埋伏》《满城尽带黄金甲》《白银帝国》等影片，并因《十面埋伏》和《金陵十三钗》两次获得美国电影声音协会最佳声音奖——金卷轴奖。陶经还担任 2008 年第 29 届奥林匹克运动会开、闭幕式的音效设计及 2010 上海世博会北京馆宣传片《北京的声音》声音设计。除了担任声音设计外，陶经还策划了电视剧作品《G 弦上的咏叹调》，他担任导演的电视剧作品《假如有明天》获 2003 年国家中国人口奖。在创作之余，陶经坚持在北京电影学院等国内影视院校进行讲学，并多次赴国外进行研讨交流。

田壮壮：电影取决于信仰

郭稚兵

对艺术家而言，信仰不一定是特指某个具体的宗教神灵或组织纲领，而是被诠释为对人文精神的崇尚，对艺术品质的坚持，对灵魂深处的探索和对高尚境界的追求。尤其在一个信仰匮乏的时代和一个精神稀缺的圈子里面，这种对信仰的追求就显得更加可贵。信仰有时会迷茫，但对信仰的追求不能迷茫。在许多功成名就的电影人不同程度地放弃时，田壮壮却始终恪守着。从早期的《猎场札撒》《盗马贼》，到复出后的《德拉姆》《吴清源》，从气质婉约的艺术片《小城之春》，到风格彪悍商业片《狼灾记》，尤其是代表了其最高艺术成就的作品《蓝风筝》，都能感受到导演对人性深处的思考和对艺术精神的恪守。

“每个导演都有他的前史”

田壮壮出生在20世纪50年代初，年龄段和成长背景与《蓝风筝》的主人公铁头很相近。按说，父母都是著名的电影演员（《英雄儿女》中王文清的扮演者田方和《烈火中永生》江姐的扮演者于蓝），少年时的田壮壮应该是有优越感的。有一次他与发小陈凯歌一起不小心进了“局子”，陈凯歌求田壮壮：“就说你妈妈是演江姐的，这样公安就把我们放了……”

然而，这一切到了1966年完全走向了反面……

人有很多次的困惑，最后还是取决于自己是不是有一点信仰。

——田壮壮

目睹曾是别人心中“英雄人物”的父母被红卫兵批斗时的心情是不言而喻的。此后，田壮壮一度不与任何人来往，将书籍当作自己最亲密的伙伴。（田方曾就读过辅仁大学，家中具有良好的文化氛围和藏书。）

两年后，和许许多多“毕业”的中学生一样，田壮壮在“轰轰烈烈”的上山下乡运动中到农村插队落户。后来，他通过家人的关系到了部队，在一位《解放军画报》记者的帮助下喜欢上了摄影。当时中国刚刚发生“林彪的坠机事件”，“激情燃烧”过后的中国人开始沉重地思考了。信仰？理想？目标？这些疑虑和振荡波及了中国每一个有思想的人……

田壮壮说：“每个导演都是有前史的，这个前史非常重要，决定他的一生……”

对于生命进程几乎与中国60年来的坎坷命运同步的“第五代”来说，这一“前史”就显得更加意义非凡，它不仅影响了他们的艺术气质，也决定了他们的作品内涵，更为他们今后创造辉煌积淀了雄厚的精神底蕴。

无聊促成的抉择

虽然电影是父母辈的事业，但这并不意味着田壮壮从小就有做电影的梦想。相反，经历过电影带给他们的大喜大悲之后，家人是不愿意让下一代也从事这个负担过重的行业的。

田壮壮当初也觉得父母的事业与他无关。“在部队的时候，曾经有人听说我是田方、于蓝的儿子，开了几十公里路的车来看我。我觉得那是对我的一种侮辱，父母的事儿和我没有关系。”

探究人为什么要从事文艺事业是个很有意思的事情。据说村上春树是在一次棒球比赛的激情体验中产生了创作的冲动。而田壮壮的这一抉择却是在大寨这个极度“无聊”的地方做出的。

田壮壮第一次到大寨是“文革”初期，当时他以“红卫兵小将”的身份来此串联。由于身带军刺，被怀疑企图暗杀陈永贵而遭逮捕……

田壮壮参军入伍后，又曾来大寨军训。

“文革”结束后不久，当时转业到了农影厂的田壮壮为晋升摄影师被派到大寨。由于前两次经历，田壮壮当时对大寨自然没有什么好感。当时大寨的生活是早起读《毛选》，然后下地干活，夜晚收工，天天如此。这种比军营还要枯燥无聊的生活将田壮壮的情绪推向了一个极致。

这时，一个在北影厂工作的哥们正好也在大寨，他劝田壮壮试一试报考电影学院，因为当时的中国刚刚恢复了高考制度。在“实在是无聊”的大寨生活中，田壮壮终于做出了试着报考北京电影学院的决定。这一试，果然改变了他的命运。

难忘的 1978

吉人自有天相。不想受长辈恩惠的田壮壮最终还是得到了父母的福荫。考试的时候，影评考的是《英雄儿女》，田壮壮清楚地记得导演武兆堤当年到他家与其父（主演田方）畅聊此片时的情景……政治考的是“双百方针”，此题正好被哥们何平的父亲（原科影厂长）压中……于是，因“文革”辍学而担忧文化课考试的田壮壮以良好的成绩进入了北京电影学院。

那一年是 1978 年，对田壮壮来说是难忘的。

那一年对所有中国电影人来说都是难忘的。“文革”后北京电影学院第一批录取的那一级学生被称为“78 班”学员。除了田壮壮外，在“78 班”学员名单中，还有张艺谋、陈凯歌、张会军、张建亚、胡玫、李少红、顾长卫、侯咏、谢晓晶、戚健……

这些在当时名不见经传的人物谁也不会想到，以他们为主体构筑的“第五代”成了一个划时代的电影名词，这批电影人后来将中国电影事业推向了一个巅峰，

田壮壮为毕业生颁发证书

田壮壮在导演系研究生论文答辩会上

田壮壮凭《吴清源》获 2007 年上海电影节最佳导演奖

导演系首届学生导演奖交流会，田壮壮和陈凯歌与师生交流

创造出了中国电影史上前所未有的辉煌。

“七八级”学员们当时同样不会想到，“北京电影学院在 1978 年恢复招生”这件事后来竟被由巴赞创立的法国权威电影杂志《电影手册》收录到“二十世纪百件电影大事记”中。

从此，北京电影学院进入了一个灿烂的黄金时代，成为中国电影界无与伦比的“黄埔军校”。

“电影应该跟人文的思考有一个结合”

当才气遇上机遇，就像野马遇上草原，箭鱼遇上海洋，雄鹰遇上蓝天那样，其生命力是无法遏止的。

田壮壮天赋的艺术品质终于在电影学院这片热土上得以发挥。在学生期间，他拍摄的短片《我们的角落》就受到了国内文艺界的广泛好评。毕业后又与同学共同导演了儿影厂的电影《红象》。

然而，真正体现田壮壮风格的第一部长篇电影，是他作为北影厂导演独立执导的内蒙厂电影《猎场扎撒》。因为这个剧本开始的时候并没有让北影厂看好，却一直被田壮壮喜爱。终于，内蒙厂给了田壮壮这样一个机会……

“实际从《猎场扎撒》开始……对电影的创作有了一个根本的改变……不应该拿表象的真实作为电影最本质的东西，而且觉得电影应该跟人文的思考有个结合，有个认识。开始关注人类自身命运，想得多了，想得广了，想得远了……”

“扎撒”是蒙语法令和规矩的意思。“我很想表现猎场上规矩的破坏和草场规矩的破坏，人们内心的认识和醒悟等等。”

这正是“文革”亲历者眼看着几千年的行为规范和道德底线惨遭浩劫后的反省。在这个风格剽悍，充满蒙古草原壮观的跃马和骑术画面的影片中，导演赋予的却是更多的精神层面的内涵。

这种人文关怀同样更深刻地体现在田壮壮的另一部影片《盗马贼》中。这部同样没有被北影厂看好的小说改编剧本，在吴天明的帮助下终于被西影厂垂青。

“其实我有一个‘文革’情结，就是想弄明白宗教的意思……人活着干吗？”“那时候主要想表达关于人的本体、信仰、生死的东西……”

《盗马贼》的故事发生在20世纪20年代的西藏。主人公罗布尔一心想要洗尽罪恶，却无法摆脱做贼的命运。于是，他始终纠结在信仰与背叛，善良与邪恶，守节和破戒之间。生活没有给罗布尔留下“答案”，影片也没给观众留下“答案”，却造成了深深的震撼。

有一名北大女生被问及为何给这部电影鼓掌时，她说：“我们从里面感受到一种情绪……”而这种情绪，唯有经历过“文革”那场信仰危机之后的中国人才能更深刻地体会到。

这部影片很容易让人联想到伯格曼大师的《处女泉》。而田壮壮所要表达的东西，实际上正是那个时代整个中国人的迷茫和纠结。

《盗马贼》荣获了“瑞士第三世界电影节大奖”。这也是田壮壮导演第一次因长篇电影获得的国际电影节大奖。

永不飘落的《蓝风筝》

田壮壮曾把导演归为两类：“有一些导演是职业导演，有一些是完全视电影为生命的导演。”显然，田壮壮属于后者。

然而，拍完《猎场扎撒》和《盗马贼》后，田壮壮一度在压力下放弃了自己的原则，把电影当作自己的“职业”。“谁能出钱就拍什么……没追求了……”

这段时间，他拍摄了由陶金、马羚、朱迅主演的歌舞片《摇滚青年》和由姜文、刘晓庆主演的历史剧《大太监李莲英》等影片。用当今概念来衡量，这些电影既有“青春时尚”，又有“宫廷心计”，既有大腕明星，又有当红偶像，算是具足商业元素且不失文艺品质的“主流”“大众”电影，而且当时票房成绩不俗。

这说明田壮壮做一个一线商业片导演完全不成问题。

然而，田壮壮却丝毫没有感觉到快乐。因为他觉得这段时间里，他“没什么自己的立场。很痛苦，拍电影也不觉得幸福了。”

后来，姜文、刘晓庆等人对艺术的认真态度鼓舞了田壮壮。特别是在田壮壮做了一个关于“死神”的梦之后（这不由得让人联想到伯格曼的《第七封印》），他更加感受到时间的宝贵：“到了 40 岁，就真的不惑了，想得挺明白，觉得不能再糊弄自己，得坚持一个态度……”从此，田壮壮决心回归真实的自己。

“在我们成长的过程中……1966 年以前非常单纯的，环境好，政治运动到不了我们身上，大人把它挡住了……到了‘文革’的时候，这个保护伞起不到作用了，被整个给摧毁了以后，我们进入到社会，见到最龌龊的东西和最灿烂的东西……这些东西又使你产生思考，对家国命运和自身未来的一种忧思。”

在他最喜爱的导演库斯图里卡所拍摄的影片《爸爸出差时》（描述铁托时代政治恐怖前南斯拉夫故事片，曾获 1985 年金棕榈奖）的启发下，田壮壮开始考虑用一个童年的视角讲述那个时代中国人的故事。而田壮壮的童年恰好生长在“17 年”时期（1949—1966 年）。

“我觉得中国真正出现危机应该是在新中国成立这 17 年……‘文化大革命’只是在这一积累下的大爆发……而这 17 年的事儿，几乎没有人拍过。”

田壮壮想起了童年生活在四合院时，隔壁家的叔叔每年秋天带着他去屋顶放风筝的情景。于是，他找到了同样出生在 20 世纪 50 年代，成长在北京四合院里的女作家肖矛，讲述了他的创意和目的……

一年后，剧本成熟了，田壮壮开始了“自己的电影里面最细腻的一次拍摄”。就这样，具有“第五代”标志性意义的电影作品《蓝风筝》诞生了。

这部浸透着汗水和使命的影片出自崇尚信仰的第五代导演田壮壮之手完全是一种必然。《蓝风筝》的主人公，出生在 20 世纪 50 年代初北京四合院中的“铁头”，就是田壮壮本人时代视角的化身。整部电影以凄婉、哀伤的格调讲述了一家普通的北京人悲欢离合的故事，折射出的却是那一代亿万中国人的共同命运。

著名导演谢飞老师说过这样一句语重心长的话："相比第三代导演和第五代导演，我们第四代导演缺乏一部分量重的'文革'片。"这里提到的所谓"分量重"的"文革"片，包括第三代导演谢晋的《芙蓉镇》《天云山传奇》，还有第五代导演陈凯歌的《霸王别姬》，张艺谋的《活着》，田壮壮的《蓝风筝》。这几部影片都具有跨越时代的壮观和震撼人心的力量,所以被称有"分量"的"史诗作品"。

《蓝风筝》被公认为体现田壮壮最高艺术成就的代表作，问世以来广泛受到国内外文艺界同行们的高度赞扬，并荣获了1993年东京电影节"金麒麟大奖"和夏威夷国际电影节最佳影片奖。

这部巅峰之作为田壮壮带来了前所未有的荣耀和声望，也使田壮壮付出了沉重的代价，以至于他在此后长达十年的时间未能拍摄自己的作品……

历史终会证明，田壮壮为《蓝风筝》付出一切都是值得的。《蓝风筝》为那个时代的中国人留下了一部生动而真实的生存状态档案，她必将与《芙蓉镇》《霸王别姬》《活着》等作品一样，作为中国电影人良心和勇气的标志，永远地闪耀在中国电影沉重的史册上!

"当殉教徒的潜意识"

在拍完《蓝风筝》之后长达十年的"韬光养晦"期间，田壮壮始终没有放弃对电影事业的关心以及对青年电影人的扶持。他一直努力通过自己的人脉和经验来协助王小帅、路学长等"第六代"导演拍片。在路学长导演的《长大成人》当中，田壮壮不仅担任监制，还"本色"地出演了朱贺来这个灵魂人物。

后来，在"78班"老同学，北京电影学院院长张会军的邀请下，田壮壮回到母校导演系教书，继而担任了系主任和研究生导师。转行当导演的著名女演员赵薇就是田壮壮门下的研究生。

距创作《蓝风筝》十年之后，田壮壮终于重新开始执导自己的作品了。然而，这时的中国电影的市场与制作环境与十年前相比已是大异其趣。

就在那一年，田壮壮的老同学，被奉为“第五代”领军人物的张艺谋制作了中国的第一个商业大片《英雄》。而后，另一位领军的老同学陈凯歌也拍了一部商业巨制《无极》……在巨大的票房收入刺激下，许多电影公司和导演纷纷开始玩大投资大回报的商业制作，中国进入了一个大片的“繁荣期”（或称“泛滥期”）。

而此时田壮壮的选择却与他的两位老同学大相径庭。他复出后的第一部作品是临摹费穆先生的艺术经典《小城之春》。而后又用高清拍摄了一部探索信仰的纪录片《茶马古道·德拉姆》。接着田壮壮又制作了一部著名围棋大师的传记片《吴清源》。这三部影片曲高和寡，与商业运作下的中国院线格格不入。

虽然几年后田壮壮拍出的《狼灾记》在形式上完全符合商业大片的“范儿”（巨额投资、壮观视听、国际明星），而在内容和主题上，仍是鲜明的人本风格：探讨生存与死亡、人性与兽性。这些太沉重的元素是大多数商业片的忌讳，却是田壮壮的“命根”。

“我内心里有一种奇怪的东西，一种当殉教徒的潜意识。”正是内心深处的这种无法改变的潜意识决定了田壮壮对任何电影都是“一拍就往文化上想”。

追求信仰的人，永远都是“本质先于存在”。

田壮壮非常欣赏忘年交吴清源先生的话：“每个人生到这个社会都从社会上拿东西，有责任还给社会。”而田壮壮还给社会的东西就是电影——严格地说，是电影人的精神标准。

田壮壮明确表明了他的态度：在电影的人文价值标准和经济价值标准之间，“我首先选择人文价值标准。”

于是，田壮壮有这样的美誉——“第五代”最后的尊严。他与老同学张艺谋、陈凯歌并称“第五代”的“三面旗帜”。如今，“三面旗帜”中，唯有田壮壮始终还是田壮壮。

无论市场如何“票房至上”，无论风气如何“娱乐致死”，作为人类被恩赐的第七种艺术，电影本质上的精神属性决定了她永远不能摒弃维护人类灵魂的功能和使命。所以，总会有电影人以殉教徒的勇气来坚持自己的信仰。

这就是电影的脊梁!

——

田壮壮，中国著名电影导演。1952 年出生于北京，1968 年赴吉林镇赉县插队，后参军。1982 年毕业于北京电影学院导演系，曾任北京电影制片厂导演，北京电影学院导演系主任。田壮壮是中国第五代导演的代表人物之一，执导过《我们的角落》《盗马贼》《蓝风筝》《小城之春》《德拉姆》《吴清源》等影片。获得过上海国际电影节最佳导演，华语电影传媒大奖最佳导演，东京国际电影节最佳影片等电影荣誉。

夏钢：难得的艺术热爱者

李安祺

夏钢是1982年北京电影学院导演系毕业生，自1988年首次执导《一半是火焰，一半是海水》，1990年执导《遭遇激情》，1991年执导的《我心依旧》，1992年执导《大撒把》《无人喝彩》等。短短5年间，可称得一部部作品从他手中脱颖而出，大有一发不可收拾之势，且一部比一部精彩，一部比一部更吸引人。在他的作品中，看不到“色情+暴力”所谓娱乐片必备的调料，更无故作艰深地睁圆“乌鸡眼”颤抖“如簧舌”高谈留作后世揣摩之“经典”，他要让每一部作品问世后均能获得叫座，并久蕴众心。

难得的“智商”

夏钢出生于戏剧之家。从小就招人喜爱。胖乎乎的小圆脸蛋儿，笑眯眯的大眼睛，甜蜜蜜的厚嘴唇，一张嘴脸蛋儿就现出俩酒窝！他喜欢莎士比亚的剧作和中国的古典小说，尤其《三国演义》中“董卓进京”“诸葛亮空城计”等智慧拼搏的故事，给他留下深刻印象。“文革”中父亲被打成“人艺”的“走资派”，他也受到“红小兵”们的“无产阶级专政镇压”，常常被“踏上千万只脚”后再加上“油煎”和“炮轰”。久经“磨炼”使他开始了思考，莎士比亚说：“胆小鬼到了无路可逃的时候也能打一仗，鸽子被抓在老鹰的利爪之下的时候也能反啄几下。”我为什么不能反抗？于是，他在孤身无援、凭武力难

艺术是什么？艺术是人类最美好、最崇高的追求。

艺术的美好在于艺术本身，而不是在于艺术所能带来的名誉、地位和金钱。

——夏钢

以自卫的情况下，便学“董卓进京”和“诸葛亮空城计”动用起了智慧。在一次突遭“围攻”时，他勇敢地向全宿舍楼发出高声呼叫：“实话告诉你们，我也是无产阶级司令部的红小兵。我们头头说了，以后谁要再欺负我，我们就提着汽油桶去‘火烧’谁家的房子！”不曾想这群红小兵竟被他的精神战术折服，再也不敢欺负他了。

难得的“追求”

凡同夏钢接触较多的人无不承认，他是位不因受到好评而喜形于色、不因一时受挫而怨天尤人者。他性格内向，外表看似乎有些平淡，其实内心深处在时时滚动着蓬勃欲发的炽热激情与坚韧。记得他曾对笔者讲过这样一句话：“艺术是什么？艺术乃是人类最美好、最崇高的追求。艺术的美好在于艺术本身，而不在于艺术所能带来的名誉、地位和金钱。”是的，在他的艺术追求中，一直将名誉、地位和金钱置于艺术之下。即使当今商业大潮将许多艺术品也变成商品，他仍保持自己的艺术纯真。

众所周知，他在大学临近毕业时就爆过冷门。他与同窗王宜芹、耿小展合作，编导出《我们还年轻》，参加了 1982 年由 50 多个国家高等电影学府组成的第十二届世界大学生优秀影片大赛，竟荣获了奥斯卡青年奖提名。该作品还被美国洛杉矶电影学院列入学生必修教材。这在当时的中国影视界无疑是属首次创举，但他从未以此作为捞取名利的资本，哪怕在艺术道路上遭遇许多非难，也能默默忍受。在那改革初期法律还未健全时，他因照顾一位将被分配至外地的困难同学，自己竟被沦落到“市政工程局”当了建筑工人。整日地抡锹、推砂、拉砖，有时请假几个月被某电影厂邀去拍片还被停发了工资！许多朋友深为夏钢的艺术才华遭受压抑而惋惜，纷纷伸出援助之手——找剧本、成立摄制组、拉资助，然后请他上任当导演。其结果却屡让援助者失望：他先是看剧本，看着看着便皱起了眉头，最后竟摇起平顶头，“不行不行，这本子我不能接！”许多朋友对此大惑不解。有人说他在“拿糖”，也有人说他有钱不赚是个纯粹“傻瓜蛋”。而他却在一连推辞掉四个剧本后对一位知心者说：“我是看这些剧本的艺术水平实在太低，才推的。因为我不愿，也不能拿艺术当儿戏！”事实确是如此，他对艺术一丝不苟的精神，使得凡跟他合作过的同仁无不由衷称赞。例如荣获 86 年中央电视台喜剧展播奖的《小杨征税记》，荣获 87 年华北优秀电视剧展播二等奖的《没有水的河流》从剧本修改到导演摹本是由他承担，中途自己几次发烧打点滴加之孩子住医院，但从未撂挑，而在这些片拍竣署名时，夏钢竟不让自己的大名攀露片头！

难得的“肺腑之言”

夏钢在“成长成才”北京电影学院校友会上跟同学们谈了许多，首先关于大家来到电影学院到底是为什么这个问题。电影本身是一个梦，电影会带来很多名、利、荣誉等各种各样的东西，甚至是金钱。但是你到底要什么，你到底是奔什么来，不是每个人来之前都想清楚的，因为电影的吸引力太多，不光是夏钢，来到电影学院的人，大部分在年轻的时候，也都对这一个光环充满了梦想。能够进入电影学院的同学是幸运的，你们能够通过考试来到了电影学院，但是你们想到没有，可能当时觉得很幸运，而过后你们也可能觉得是一个误会，这个误会不是今天说什么，因为来到电影学院可能就决定你一生的道路，你一生道路可能是平坦的，也可能是崎岖的，可能是坦途也可能是歧途，所以你们没进电影学院的时候没想清楚不一样，但是进了电影学院，这个问题就要认真地想一想，因为今天的电影，和我们入校时不同了。现在的电影已经不是一个东

78 班导演系陈凯歌和夏钢在进行表演课话剧片排练

2005 年的夏钢

西已经不是一样的概念了。今天的电影出现的东西是像今天的吴毅校友所说，大家都是奔着艺术来的，但是到了学院以后老师讲的是，电影第一是技术，第二是精神，第三才是艺术。受到了很多打击，现在大家看到的电影跟老师讲的又不一样了，现在的电影应该说，从表面上来看第一是经济，第二是艺术，最后是技术，但是实际上到底怎么排这个位置，还要看我们每个人 4 年学习的收获和体会，夏钢来电影学校的时候是“文革”刚结束，他们实际上是没有别的选择。夏钢他们是第一届，汇集了 12 年的没有机会考试的考生，考上的机会是微乎其微的，但是那个时候考试没有像现在的高考这么严格，这么苛刻，夏钢说他们能考上应该说是很幸运的，但是他们有一点和现在的电影学院学子不同，因为现在的学生大部分都是从高中毕业以后直接考上，因为现在的教育是比较系统比较正规的。他们那届同学大多没有上过重点的高中。有人说第五代是辉煌的一代，做出了很多的贡献，而夏钢玩笑道，“依我看我们是最悲摧的一代，我们是没有受过系统教育，我们是先天不足的一代，我们在做电影院之前已经有了一定的社会经历，像我自己在上电影学院之前，都做过修路工人，我们每个人都有不同的经历，不同底层的生活。我们这代人在人生这方面是忧虑的，所以我很羡慕你们这种受过系统教育高中的经历，但是我也希望你们能够利用在电影学院的这 4 年时间把电影艺术学好，也要上人生的一课，因为人生一课，对电影的导演和电影的层面人来讲是非常重要的，电影它不仅仅是一个商业的产品，它更多还是有文化，一种文化建设，如果电影只有经济只有技术没有文化，那这电影就落到一种杂耍的电影，其他的东西都是用钱可以买来，文化是买不来的，文化是要靠你一点点学习，一点点积累，一点点培养来积累自己的文化，来增加自己的文化。”

其次，夏钢提到：“我们在电影学院的时候，整个的电影还是有国家投资的，还是由各个电影专场来制作的，虽然你争取到做电影的机会，也是很困难的，也是要经历坎坷的，但是毕竟也是一种有趣的。我们从总体来看，电影确实是繁荣的，电影市场大了，但是中国电影的层面可以说，就是这些机会能不能落到我们这些同学的头上，这个是有着更激烈的竞争，有着更恶劣的环境，有着更无序的市场。所以我很理解现在学生对未来前途有着更多的忧虑，有着更多的不确定，但是既然大家是怀揣电影的梦想来的，我们就应该把这个梦想变成现实，梦想怎么才能变成现实，就像我们徐萌校友说过，在学校里更多地读书，更多的积累，更多地听老师的讲授，更多地进行实践。

你学习这些东西的同时，要认清自己在电影中间最终要的是什么，因为现在你可以看到电影的市场，看起来非常浮躁，非常混乱。因为中国的观众确实是比较容易满足于低级趣味的，而要改变低级趣味，是我们电影学院毕业学生应该做的事情，我们的责任应该是引导市场向健康的方向发展，引导观众在更高的层次去进步，而不是迎合这一切。作为一个好的电影人，作为一个优秀的电影人，要耐得住寂寞，要用自己的能力，用自己的技术来争取更好的地位，更好的经济收入，但是这些是不能以牺牲自己的追求为代价。中国电影现在缺的不是技术，也不是资金，中国电影学院缺的是思想，是文化，是真诚。电影学院的老师、是非常优秀的，他们可以保证你们只要认真去学，都可以成为不同专业的专家，甚至是顶级的专家，但是他不能保证你的一生都能够有优越的生活和好的生活环境，这些东西是要靠你自己去争取的。我离开电影学院已经很多年了，也拍过了很多的电影，拍了一些电视剧，我感到现在的创作环境，给艺术留的空间越来越少。所以我们要在这种困境中挣扎，要建设才能够使电影学院有继续生存下去的必要。实际上现在很多热卖的片子在我们看来都是比较无聊的，所以我们电影学院的校友们应该有一种责任，我们应该是中国电影的良知，如果中国电影没有了良知，那是行尸走肉，别看现在热热闹闹的，没有他们是可以的，但是没有电影学院是不行的，希望大家都能够有自己坚定的信心，有自己的追求，实现自己进入电影学院之前的梦想。”

夏钢，1953年出生于北京，中国电影导演，1978年考入北京电影学院导演系。其代表作品有《一

半是火焰，一半是海水》《无人喝彩》《大撒把》《遭遇激情》《与往事干杯》等，作品以现实风格著称。获国内外奖项无数，1985 年曾以毕业作品《我们还年轻》荣获在洛杉矶举行的第十二届世界大学生电影作品学院奖优秀影片提名；《遭遇激情》获中国电影金鸡奖最佳编剧、最佳导演等；1992 年《大撒把》获得当年金鸡奖的最佳导演奖；1994 年拍摄的《与往事干杯》被选中参加 1995 年在京举行的妇女题材国际影展，并在当年葡萄牙菲格拉达福兹国际电影节获得国际电影联合会评委会特别荣誉奖；1998 年，获得了美国查尔斯敦国际电影节银奖和东正教斯拉夫国家金勇士电影节特别奖暨俄罗斯国家奖金。

张丰毅：演员的天职是塑造人物

白云

从《骆驼祥子》到《霸王别姬》，从《和平年代》到《历史的天空》，张丰毅用他黝黑的皮肤、魁梧的身材，塑造了一个又一个严肃的硬汉形象，几乎成了不苟言笑的代名词。戏外他也是很少接受采访，低调的行事方式给人留下了不好接近的印象。

但是，倘若真的听他接受访谈，就会发现张丰毅其实是一个有着独特幽默感的“顽童”。对表演他始终保持着一颗赤子之心，传递给我们的是一份温和绵长的内心热度。

小个子走进了文工团

说起自己的出生，张丰毅的语气有些戏谑：“我是出生在半道上的。”原来他的父亲是河南人，在湖南当兵，转业后被分配到云南东川。所以张丰毅是出生在湖南，满月以后才被带到东川，成了一个地地道道的云南人。

张丰毅自小聪明，6 岁就上了小学，接着成绩优异的他还跳了一级。这让他比同班同学小了整整两岁，身量不足的张丰毅自然成了被欺负的对象。谈起往事，张丰毅笑说这就是他后来锻炼身体的原因，为了不受欺负。

张丰毅上初中的时候正值“文革”，眼看着同学们在学工学农的浪潮下，

最希望拥有的才华，当然就是自己的演技能不断提高，塑造人物的能力不断提高。表演这门艺术也是与时俱进的，以前是表演准确就行，但是现在还需要好看。原来是塑造一个人物要真实可信，但是现在还不够，要生动可爱。标准在不断地变化，我就希望自己能不断地进步。

——张丰毅

一个个都被招工招走了。快毕业时，文工团也来招学员，知道没指望念大学的张丰毅，抱着去部队锻炼身体的想法进了文工团，成为一名舞台演员。

说起文工团的日子，张丰毅就打开了话匣子，那段宝贵的经历，为他以后成为影视演员打下了扎实的基础。

初进文工团，张丰毅被分到了专业性很强的京剧队，整天练习踢腿翻跟头，一练就是两年。但最终还是因为柔韧性不足，被“淘汰”到了歌舞队。正是这一次的“淘汰”，让他接触到了更多样式的舞台艺术，包括话剧、歌剧、相声、快板、小品等等。

舞台的磨砺，聪慧的悟性，让张丰毅没几年就成了文工团的台柱子。既是歌剧、话剧的主演，又在京剧大戏里担任重要角色，还是文工团里唯一的青年创作员，经常写快板词、诗朗诵等等。

“我演《霸王别姬》的时候，我脑子里有形象的，京剧队老师就那样。”说起文工团经历对自己的影响，张丰毅如数家珍。正是京剧队的训练，让他练就了一身京剧功底，并且熟识了众多京剧老师。京剧演员特有的神态动作，早已成为形象素材深入他的脑海，所以才能将段小楼一角演绎得如此鲜活。

而担任歌剧、话剧的主演，以及创作员的写作经验，则帮张丰毅打下了坚实的台词基础。在拍摄《赤壁》时，张丰毅每拿到第二天的拍摄剧本，都会对台词进行整理修改，这已经成为吴宇森导演所认可熟知的习惯。“当时有句台词，是‘大家不要害怕，开个玩笑啦。’我也觉得太现代了一点，于是我就改成‘大家不要害怕，一句戏言而已。’”谈起给曹操改台词，张丰毅如此举例。

直到现在，张丰毅依旧坚持每天晨练，这是他在文工团里练功养成的习惯。文工团的经历早已浸入了他生活的每一处，也成了他表演功底不可或缺的一块基石。

险些与北电擦肩而过

张丰毅14岁进文工团，在里面一待就是7年。到了1977年，国家恢复了高考，身边不少人考上了大学，而张丰毅仍旧在文工团里工作。当年教过他的老师们，都为这个成绩最好的孩子感到惋惜，每每遇见都会对他叹气“哎呀，可惜了了。”

老师们的态度，让心气高的张丰毅很是难受，由此下决心一定要考大学。但是，数年的文工团生活，让他把文学以外的功课都落下了，只能报考文科大学。同时，心里又放不下热爱的文艺表演，所以张丰毅不愿就读普通的文学专业。

正当他踌躇迷茫的时候，报纸上刊登了一份北京电影学院的招生启事，不过豆腐块大小的一个小框，引起了他的注意。这不正是他想读的搞文艺的大学吗？报名截止日期是5月3日，而此时已经是4月30日，张丰毅没有多想，飞快地踏上了前往北京的路。

那时的东川还不通汽车，张丰毅走了整整一天的山路才到达公交车站，坐着颠簸的大巴前去乘火车。等到他辗转来到北京时，已经过了报名时间。面对这个逾期数天的考生，老师们询问他是否有5月3日以前的邮戳凭证，此时的张丰毅只能翻出一张5月2日的火车票。

最终，张丰毅这份不远千里而来的执着感动了老师，破格让他报了名。那一年是1978年。

具有劳动人民气质的演员

有丰富表演经验的张丰毅，顺利通过了考试，成了北京电影学院表演系

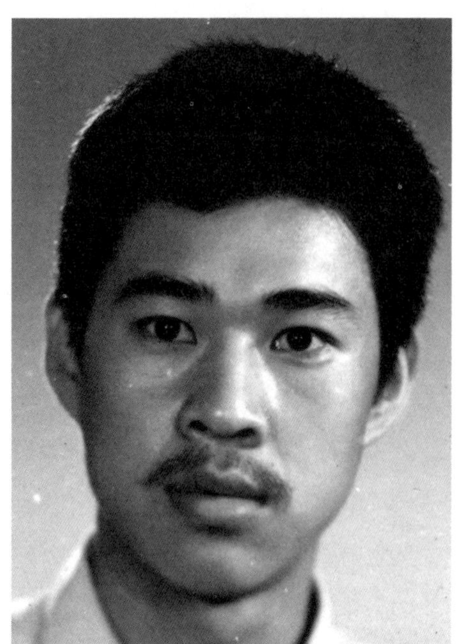

上学时候的张丰毅

获得表演学会奖的张丰毅

张丰毅在《骆驼祥子》中

张丰毅在影片《赤壁》中的造型

78 班的学生。他们班与导演系 78 班一样，是领军当代电影的第五代电影人。

说起学校的日子，张丰毅的脸上总是洋溢着孩童般的笑容。学校里单纯的学习环境，至今都是他心中珍贵的记忆。他说，在文工团里，他对于表演一直是处于边实践、边摸索的自学阶段。而到了电影学院之后，才让他有了专业的理论修养，能够站在理性的高度，去总结自己的感性经验。

可以说电影学院表演系的学习，是他表演功底的另一块基石，与文工团的经历相辅相成，构成了他日后精湛的演技。

而电影学院同样也是他演艺道路的起步阶梯，正是在这里，他得到了老师的赏识，出演了凌子风导演的《骆驼祥子》，从此确立了他表演生涯的高起点。

《骆驼祥子》是一部筹拍颇为波折的影片，20 世纪 80 年代初，大陆风靡浓眉大眼的奶油小生，这为挑选车夫祥子的扮演者增加了不少难度。为了找到合适的演员，剧组在报纸上专门刊登征人启事，忙忙碌碌了半年多，依旧没有结果。

据张丰毅回忆，由于不习惯登报招人的方式，以及启事中有“北京口音”的要求，起初他就没想过要去报名，而是选择接拍了香港武打片《塞外夺宝》。让他意外的是，等他拍完《塞外夺宝》回来，剧组还在选演员。而这一次，是老师推荐他前去面试的。

皮肤黝黑、身板结实的张丰毅，被凌子风导演一眼相中，觉得他正是苦苦寻找的“具有劳动人民气质”的演员，当即拍板定下他出演祥子。

面对一部光寻找演员就花了半年的大制作，年轻的张丰毅的心里非常不自信。剧组事事都要讨论的一丝不苟的气氛，无形中给了他极大的压力。害怕自己出错会影响集体，张丰毅就本着认真负责的态度，坚持信仰“心里有多少演多少，心里没有的绝对不做作”的表演方式。正是这样的想法，让他越是认真，表演就越是放不开，后来甚至把导演急得大喊：“祥子，你给我演哪，你不演我找演员干什么？”

《骆驼祥子》是一部制作精良的大戏，拍摄花了整整一年，张丰毅的整个大三都在片场度过。如今回想起来，张丰毅感慨万千，直叹恍如隔世。而这部电影史上里程碑式的影片，也让张丰毅从此走进了观众的视野，走进了他至今热爱的表演事业。

几乎不接受采访的“大牌”

看张丰毅的履历，不难发现他拍了30多年的戏，作品数量甚至不如一些出道十年的青年演员。然而不同的是，几乎他塑造的每一个角色，都在观众心中留下了深刻的印象。这就是张丰毅对事业、对表演的态度，宁缺毋滥，数十年如一日地坚持每年只拍一到两部戏，坚持每部戏都认真挑选剧本。

张丰毅坦言，起初自己也走过一些弯路，但是到了1990年之后，他就觉得，自己哪怕是不挣钱，哪怕过得清贫一些，也要选一下剧本了。但是后来，影视剧的商业大潮来袭，他又犯了老毛病，真正坚持原则是在2000年之后。作为一个老演员，演好剧既是对观众的一份责任，也是对自己“招牌”的一份爱惜。

张丰毅会挑剧本是圈中出了名的，从接拍第一部戏《塞外夺宝》开始，他的每一部戏都能通过审查得以发行放映。曾有朋友戏言，说他神，就没有看走眼过。但张丰毅觉得这不是神，而是一个演员鉴别剧本的能力，是他能做出成绩的前提。因为只有一个已经包含丰满人物的剧本，才能为演员提供一个高度，以此塑造出一个让观众印象深刻的荧屏人物。

因为这份对表演艺术的认真态度，让张丰毅看待表演的眼光非常苛刻，即使对昔日的同窗好友也不放松标准。

一次，张铁林让张丰毅观看他主演的《乱世英雄吕不韦》，张丰毅看了两集就直接打电话找张铁林“算账”，问他除了瞪眼还会干什么。张铁林倒是乐呵呵地回答：“那都是我演《还珠格格》养的毛病！”张丰毅听了便不乐意了，直问他知道是毛病为什么还不改。谁知张铁林的回答是：“我已经改了很多啦，不然你就更看不下去啦！”

虽然张丰毅讲述的是一件他与同学的趣事，但是透过他那独有的幽默，我们看出的是他对表演的那股戏痴般的执着。也正是因为这份热爱，让他一直和媒体保持距离，极少接受采访。

在张丰毅的心中，演员应该有神秘感，演员的身份就是作品，就是所有作品中的人物。所以他认为，在传媒发达的今天，每年有一到两部剧和几个广告播出，就已经能让观众天天看见你，为什么还要上访谈节目呢？

这个作品至上的老演员，“耍大牌”地不爱接受采访，不为别的，只因为他不愿意在电视上“津津有味地讲那点儿私事儿”。不愿意用自己的恋爱史、成长史来分散观众对他作品的注意力，他只在乎观众是否看到了他的表演。

在这个行业里，时常有人一夜爆红，也时常有人一夜过气。而张丰毅却能在 30 年的时间里，一直保持着为观众所熟知的状态。这看上去很难，但在张丰毅看来却是顺理成章的事。因为他只用作品说话，每一部作品都是他的代表作，正是这份对每部剧都认真的态度，让他能一直活跃在荧幕上。

“真正的演员是什么呢？演员的天职就是塑造人物。”说到自己的职业，张丰毅如此形容。在他看来，每隔一两年能拍部好戏，让观众熟悉喜欢，同时自己也在每部戏中获得进步，一直保持着一种学习的状态，这才是实实在在的演员。而如果只有一部好戏，红了之后就一直用恋爱结婚的私生活炒作，不过是浮躁的“虚火”，看似跃居一线，其实早已名不副实，只会让自身变得狂妄。

但是张丰毅也并非谢绝所有的采访，几年一次地也接受过一些。他说，一个演员应该尊重影迷，偶尔接受采访，是为了给关心自己的人一个交代，告诉大家自己的近况。

从影 30 年，张丰毅信奉的一直是顺其自然的人生哲学。他曾说，他像他的父亲，是个随遇而安的人，别人安排什么就是什么，自己这一生只走出过一步，那就是考电影学院。

正是这份顺其自然，让张丰毅将名利看得很淡，尽管大三就与大导演合作了，但是他却从未狂傲过。他把炙热的执着留给了表演，只用平淡的心态面对世俗。所以影视剧中的张丰毅，是一个个性格鲜明的极致人物，而生活中的张丰毅，却是一个内心温和的普通人。

或许这就是观众喜欢张丰毅的原因，顺其自然，宠辱不惊，一个朴实的硬汉，一个执着的戏痴。

张丰毅，1956 年出生于云南，1978 年考入北京电影学院表演系，在校期间即参与多部故事片的拍摄，有作品《塞外夺宝》《骆驼祥子》《城南旧事》等。1982 年毕业后被分配至成都峨眉电影制片厂演员剧团任专业演员。现在北京中国青年艺术剧团任专业演员。1987 年因主演影片《鸽子迷的奇遇》获第二届童牛奖最佳成人表演奖。1990 年因主演《龙年警官》获第十一届中国电影金鸡奖最佳男主角提名。后与陈凯歌、张国荣合作《霸王别姬》获得广泛好评。1996 年因主演《和平年代》，荣获第十五届“大众电视金鹰奖”最佳男演员奖。在 2001 年，获得第一届电视节“双十佳”“十佳”演员奖。因成功出演《历史的天空》中姜大牙一角，获得 2004 年中国电视剧飞天奖优秀男演员奖。2009 年更是张丰毅的收获年，不仅获得电视剧飞天奖的突出贡献奖，并且因《赤壁》中的曹操一角，获得第 28 届香港金像奖的最佳男配角提名。2013 年因出演《白鹿原》获得第 13 届华语电影传媒大奖最佳男主角提名。

张铁林：锲而不舍，天道酬勤

陈锦墨

“有个装卸工，每次考试都是第一名”

张铁林原是河北人，小时候随父母工作调动到西安。与当时大多数电影学院78级的同学最初的人生轨迹一样，张铁林经历了“上山下乡”、招工回城的几次人生动荡。早年，张铁林是西安的一名装卸工。由于在此之前有几年下乡插队的艰苦岁月，所以在回城当装卸工的日子里，张铁林感到自己很幸运，也很幸福。相比以前种地来说，至少可以在城市的马路上骑自行车，这已是人生很大的进步。能够在光洁平整的马路上骑自行车，能够成为一名城市里的工人，对于当时的张铁林来说已经是非常满足的事情。

1977年全国开始恢复高考，1978年北京电影学院也开始恢复招生，经历过艰苦岁月，已经现世安稳，从来不知道自己的命运还会如何安排的张铁林，在这种复杂的心情中，在这个改变命运的机会面前，抱着从小对电影的热爱，心中沉睡了多年的文艺之梦苏醒了。于是张铁林把目标放在了北京电影学院，他要做一名演员。他早早准备好了自己的报名材料，开始复习，装卸工张铁林很快就融入了那场轰轰烈烈的备考大战中。当北京电影学院开始报名招生时，张铁林成了陕西省第一位报名的学生。就在这种忐忑不安的心情中，张铁林走入了想象已久的考场。

0001 这个非常特殊的考号，让前来报考的许多人都认识了当时还是装卸工的张铁林。回忆起当年考学情景，张铁林如是说：“当时冒着大雨去考试，有一、二、三试，每一次考试完了以后都发榜，贴到西安音乐学院的院里头，每回告示出来之后，我都排第一，0001 号，所有那些考生都在底下说‘这西安城南有个装卸工特厉害，每一试他都第一名’，其实那是我的报名号，按那报名号排着我老是第一，所以都是这么误传的。”

跌倒了，爬起来，继续跑

然而张铁林实际考试的情况却并非一路顺利，他一试考试的题目是十个人一组，做一个名为《火车进站》的小品，这让张铁林顿时懵了，他没想到电影学院的考场竟然是这阵势。据张铁林回忆，当时考场上来一堆考生，个个都疯了似的拼命在台上演，他那时候还受过所谓的准备训练，可上台以后想好好演都没机会，有的考生甚至捣蛋地拿着笤帚在台上扫地的，可张铁林在台上却只是傻傻的“深沉”着，在台上都没来得及表演，就被刷下去了。

因为想要表演深沉状态而被刷掉的张铁林实在是不甘心，自己又那么喜欢电影，不愿意就这么放弃，于是他决定去找找考官，看能不能再给个机会。于是在一个大雨天，张铁林又去了考场。

那天是二试了，西安市下的大雨都到了齐腰的深度，那年下水道系统不好，也没有公共汽车，张铁林背着画夹子，从西安市区到当时音乐学院的考点，路程有二十站地那么长，可张铁林却硬是一路冒着雨跑着去的。当时看到全身已经湿透的张铁林，面试的老师们决定再给他次机会。

张铁林回忆起当时考官老师给他的命题：“老师跟我说：‘你看你跑得跟落汤鸡似的，你做个小品吧，规定情境是你考电影学院，不知道考没考上，回家后你一进门就看到桌上放着你录取通知书，老父亲在睡觉。然后我就演吧，小心翼翼地进了门，脱衣裳什么的，看到录取通知书很激动，很有起伏，演得

78 班学生张铁林与教师李苒苒演出《雷雨》

毕业典礼后，表演系宿舍里张铁林和朱晓鸣正在端详着学位证书

与拍摄《夜上海》的 同学在一起（由左至右）沈丹萍、周里京、张铁林

78 班表演系入学合影，最后一排右二为张铁林

挺好。”

凭借着这次“补考”精彩的表现，张铁林顺利地得到了老师们的肯定，一个多月后，他接到了北京电影学院的录取通知书。1978 年的冬天，张铁林终于给自己的装卸工生活画了一个句号。他带着自己的演员梦，来到了北京，来到了他已经想象过无数次的北京电影学院。

起点决定不了终点

考入北京电影学院后的张铁林，终于开始和电影有了联系，也就是在这一年，北京电影学院迎来了张艺谋、陈凯歌、张丰毅等众多日后的影视界大腕儿级的人物，1978 年也由此被称为电影史的新元年，而当时刚刚入学的张铁林并不知道这个年份对于日后的电影界意味着什么，这一年 21 岁的张铁林只是单纯地对班上有过拍戏经验的同学羡慕不已。

当时与张铁林在表演系同窗的梅兆华，在入学之前就拍了《火红的年代》，方舒早就以童星的身份参演《烈火中永生》，刘佳也拍了《黑三角》，都已经是小有名气的演员。当时的张铁林对他们非常的羡慕。就这样他的大学生活也就在这种茫然与艳羡中揭开了篇章，同时也时刻盼着能有接拍电影的机会。

回忆在学校中的时光，张铁林不无感慨：“到我们一二年级，有个别同学早一点有机会出去拍电影的，比如张潮，到上海去拍谢晋导演的《马背上的摇篮》，他写封信回来，说他今天拍了个近景，那信大伙儿传着看着羡慕啊，一般就是能做个大群众，能在老远的地方看见你就不错了，都没有台词。”

虽然张铁林在影视作品中总是带给人硬派、威严，气场强大的印象，但他却并不是天生便是这种气质，据同为 78 级表演班的张丰毅回忆，自己当时在学校认识张铁林时，第一印象觉得他怂，当时张丰毅与班里几个同学跳木马，用的木箱都最高，轮到张铁林，却给抬掉好几层，只能跳矮的，当时他们就特看不上张铁林，觉得他特别怂。但是张铁林却不气馁，别人说他气质弱，他就拼命地往阳刚方面去努力，晚上总去健身房练功，把自己练得擞壮，很见效果。也就是张铁林当初这股不服输，拼命努力的劲儿，才能在多年后的多部影视剧中，给观众们呈现出一个个生动的形象，深入人心的“帝王”。

张铁林回忆起当年的学习环境，可谓是条件恶劣，设备不全，然而在这种环境之下，张铁林却并没有“安于现状”，而是灵活地“改造环境”，据同窗沈丹萍回忆：“有一年我们住在小西天，是中影公司废弃的办公室给我们表演系的，条件特别差，住的宿舍夏天别说空调了，什么都没有，就一很薄的板搭在房顶上遮阳，睡上铺的人热得简直受不了，张铁林就特别聪明，把一堆烂草席铺在楼顶上，往上面浇水，席子湿的，尤其他们那屋特别阴凉，当时就觉得这男孩子挺聪明的。”

艺术探索的道路永不停歇

在张铁林和他的同学们学习表演的第二年，电视剧《有一个青年》开始拍摄。这个机会仿佛来得太快，以至于老师和学生还不能把它当作一个正式的表演工作，而只是一个课外的实习作品。而当这部电视剧播完之后，在全国的影响非常大。他一天能够接到四五十封观众来信。大学的课堂学习和课外实践，使他逐步具备了一个演员应有的素质。

在以后的几年中，他又顺利地拍摄了《大桥下面》《火烧圆明园》等多部影片。1987年，就在张铁林的影视表演事业蒸蒸日上之时，他却选择赴英国留学，在艺术探索的道路中继续深造。4年半后他留校任教。演而优则导，此后他还曾为bbc拍摄纪录片，给好莱坞导演乔治·卢卡斯当副手。

到了20世纪90年代，张铁林又进军港台，与徐克签约合作，在《黄飞鸿》中演孙中山，后又出演《仙鹤神针》等。演戏的同时，他还写剧本，《山不转水转》《孙子》《椅子》三个剧本5年拿了三个奖，珠海电影节上，作为第五代演员的张铁林，终于将《椅子》搬上银幕，以参赛导演的身份出现。

在香港打拼期间，英国的一个朋友介绍他认识了StarTV（凤凰卫视的前身）当时的台长，台长让他做节目、做主持人。现今提起张铁林，鲜有人知这位“皇帝专业户”竟还是凤凰卫视的开台元老之一。

20世纪90年代末，一部《还珠格格》成就了“小燕子”赵薇，“紫薇”林心如，也让张铁林成为观众心中无可代替的“皇阿玛”。随后张铁林又主演了《铁齿铜牙纪晓岚》系列、《吕不韦传奇》《五月槐花香》等电视剧，剧中他生动传情、雅俗共赏的表演深入人心，与张国立、王刚一起，成为影视界名副其实的“铁三角”。

2005年起，张铁林担任暨南大学艺术学院的院长，十分敬业地致力于学院的建设，面对艺术教育工作，他依然把自己的艺术理念贯穿其中。

“电影学院决定了我的命运”

2010年，张铁林的母校北京电影学院迎来了她60岁诞辰，张铁林在校庆为母校祝寿时发表的演讲中说道：“我相信所有从电影学院走出去的人，如果今天或者说10年以后，20年以后还在这个行业里面，大家一定都会异口同声地说电影学院改变了他的命运，电影学院决定了他的命运，人生的色彩和轨迹，像我30年没有离开这个行业，我认为电影学院使我一生都和电影结下了不解之缘。”

重归母校，张铁林在怀念在校时的峥嵘岁月的同时，亦表达出自己对于母校带给他的精神力量的深刻理解，他认为，电影学院不仅是一个学习电影知识的环境，非常重要的是，有几代电影人的信息、思想和做电影的精神融汇在这一个比较相对局限的环境中间，大家来到这个学院的4年当中，在学习知识的同时，能感受到电影发展的历史，电影人是怎样的一群人。

“以我的经验而言，当年在电影学院，我觉得重要的除了学到的电影知识之外，更重要的是这一群学电影的人，这一群有志于做电影的人的互相感染，这个信息的力量是巨大的，这个信息的力量能够一直延续，像一个电影的生命一样的，延续你一生从事电影的工作，而且这些专业的同学们在一起学习电影，成为电影工作者之后，变成一个巨大的社会网络，一个人才网络，这个人才的网络支撑着整个电影工业的生产，而且最重要的是，大家互相鼓励着为中国的电影做事，不断地往前走，这个跟你单枪匹马一个人拍电影，石头扔出去没声响感觉完全不一样，所以我觉得电影学院最最重要的一点，除了教学知识之外，是这一群人所凝聚出来的这种电影精神和电影力量。”

对有志报考电影学院的同学们，张铁林表达了自己的希望和鼓励：“报考电影学院的朋友们，你们都准备好了吗？你们一定要了解，电影学院除了是一个培养人才的平台之外，其实也是一个大社会，在电影学院学习的过程当中，你们将可能改变你们的人生态度和你们的世界观，因为今天的中国电影和今天的世界电影，已经不简单的是一个电影的梦想，因为它通过电影的传媒，传达了全世界人的意识形态，全世界人对于真正社会，全世界人对生活的要求和梦想。”

——

张铁林，河北唐山人，演员，暨南大学艺术学院院长。1978 年考入北京电影学院，1979 年首次参演电视剧《有一个青年》，受到当时一致好评，20 世纪 80 年代时他又顺利拍摄了《大桥下面》《火烧圆明园》等多部佳片，他主演的《大桥下面》曾获得文化部故事片一等奖。让张铁林家喻户晓的，是他在《还珠格格》系列、《铁齿铜牙纪晓岚》系列中对皇帝形象的成功塑造，成为观众心中名副其实的“皇帝专业户”。1987 年张铁林赴英国留学，凭借学生时代自己制作的短片《外国人》获得英国皇家电影学院“青年导演奖”。2001 年凭借主演的《乱世英雄吕不韦》获得浙江省第十一届电视“牡丹奖”。在 2005 年度南方盛典颁奖典礼“最具魅力演员奖”。

张艺谋：为了那个永远值得纪念的年代

刘小磊

1978 年，是中国改革开放的起始年代。这一年，也是张艺谋人生的一个巨大转折点。

我们通常会讲，成功的人都一定会有过人的能力。但是，面对一个人的成功，同样不可忽视的是人生的机遇。因为家庭出身问题，在“文革”中，张艺谋去农村当了 3 年农民，后来在陕西咸阳国棉八厂做了 7 年工人，多少苦累是可想而知的，最后才辗转到厂里的工会做宣传工作。或许正是这些经历，让张艺谋一直是自卑和沉默寡言的，他内向、不善于表达，当遇到不顺心和不公平的待遇时，他不会抱怨，甚至会“委曲求全”地认为这是应该的。

即使这样，他骨子里仍然有着一份执拗和要强，他希望自己能够做好，比别人做得更好。但是，随着年龄的增长，随着社会和家庭的实际情况不断变化，他意识到自己可以发展的机会越来越少了。那时的张艺谋对自己的未来也不敢有太多的奢望，除了平时的工作，他也会打打篮球，学习画画，拍拍照片。

学习拍照片是 1974 年开始的，那时工厂的工作很累，也很无聊，工作以外似乎没有什么其他事情可以做。但是又觉得自己精力旺盛，应该做点什么。后来，逐渐喜欢照相，就开始学习，在学习摄影基础知识中，经常是到处去问，再看书理解，然后再去拍摄。在学习暗房技巧的时候，借人家的书来看，因为要还给人家，一本非常厚的摄影暗房技巧书，张艺谋差不多把整本书都抄下来，这种无目的性的自学带给他巨大的精神安慰。逐渐地，他也能拍摄出了一些可以被称为摄影作品的东西了，并且会有杂志和报纸愿意刊发。这在 20 世纪 70 年代是非常光荣的。

1976 年，“四人帮”被粉碎了，中国社会出现了重大的历史转折，社会的发展出现了生机，随后 1977 年开始恢复了高考。在那个时候，能够参加大学入学考试，对于当时的年轻人来讲是一个很遥远的梦想，但也是一件非常振奋的事情。张艺谋也开始动了考大学的念头。因为，这是那个年代给所有人的一个看似公平的机会。

张艺谋爱好体育，因为篮球打得不错，他曾想过考体院。张艺谋会画画，所以也曾动过念头考美院，但是，最终内心的自卑心理又占了上风，他觉得这不算什么专长，水平也没有非常高。美术学院考试要画素描，他觉得自己没有正经地画过几张素描，只会在工厂写写标语，办办展览，写写毛主席语录，出一些黑板报，做一些工厂的宣传工作。那年张艺谋已经二十六七岁了，没有什么太多的优势，考学是有很大的困难的。

或许是报纸和杂志发表的摄影作品给了他最后的自信，张艺谋下决心考北京电影学院摄影系。这在他看来，纯粹是为了找出路。后来，争取上学的过程，遭遇了太多的坎坷和曲折，也受益于太多人无私的帮助。踏入北京电影学院大门的那一刻，他并不知道他的命运从此改变了。

对于张艺谋来讲，最难忘的是改革开放年代。他经常说自己是中国改革开放的最大受益者，这 30 余年是永远值得记忆和纪念的。其实，仔细想一想，一个人的命运，确实在每一个阶段，都是和国家的命运紧密联系在一起的。我们的父辈和我们都是这样经历过来的。在今天看来，谁也没有想到改革开放对我们国家的未来如此的重要，也没有想到，对一代年轻人的成长是如此的宝贵，有如此大的意义和推动力。那一年，一个最大的机会，让诸如张艺谋者，从生活的最底层走了出来，直至改变了命运。

北京电影学院，是张艺谋一生中最重要的一步。那时的教学条件比较差，

摄影系 78 班毕业合影

拍摄《小院》时的张艺谋、吕乐和侯咏

张艺谋手捧金熊奖

张艺谋在《千里走单骑》中，和高仓健在一起

没有完整的教材，缺乏比较多的影片，敬业的老师们是自己边学、边恢复、边教学生的，手把手地教。这是人生的重要一课——感恩。所以无论走到哪里，张艺谋永远在提，要学会感恩。

或许是经历，或许是年龄，张艺谋想问题永远是实际的。他早早给确定好了先当摄影师，后当导演的目标。带着这样的目标，恢复高考的第一届学生毕业了。1982 年，还是毕业包分配的时期，即便每个毕业生不用为自己“是否有工作”而着急，但却会为“到哪里工作”而暗自较劲。电影，是一个特殊的专业，能够接受这批毕业生的单位除了各地的电影制片厂似乎别无他路。各专业的学生都为能留在北京电影制片厂、八一电影制片厂这种国营大制片厂而奔忙。张艺谋从来没有过高的要求，他觉得能回到老家陕西的西安电影制片厂，已经是足够好了。从咸阳到西安，在当年的张艺谋眼中，甚至是一种飞跃。想得更实际一点，在他入学那年，他跟女朋友肖华登记结婚了。在他毕业那年，肖华腹中有了他们爱情的结晶。他是老张家他们这一辈唯一的大学生，他憧憬着新生活在陕西的省会西安展开。但是，命运似乎又没有垂青于他。他分配的归属地是广西，一个在大家眼中“电影绝迹”的地方。美术系的何群、摄影系的肖风和导演系的张军钊是他的同行者，每个人都带着极大的愤懑，但是张艺谋坦然接受了，因为他知道，每一次，他都是抓着头发丝一样细的机会一路勇往直前地走到了今天。即使去了广西，也可以这样继续走下去。在那里，他们见到了他们电影事业上的“贵人”“校友”兼“前辈”郭宝昌。在那里，他们铆足了劲，顶着压力，带着对电影最初的赤诚，成立了青年电影摄制组。1983 年，青年电影摄制组的第一部作品《一个和八个》公映了。

这一年，距离 78 班毕业仅一年时间。

《一个和八个》在电影造型和构图上不啻为一次强烈的反叛，反传统的观念，不平衡构图，画面的雕塑感，给当时的中国电影几乎带来一次美学的巨变。张艺谋是这部电影的主摄影。用他自己的话说：“《一个和八个》就是针对当时那种造作的、娘娘腔式的电影的反抗。它的思想内涵不见得有多深刻，故事叙述也不那么独到，人物塑造也不那么突出，但就以那么拍电影来造反！”于是我们看到如同黑白版画般线条分明如刀刻的却隐藏在黑暗中难以辨认的人物的脸。大量封闭的环境中，如地窖，用广角镜头拍摄，用碾子等物品做前景，占据画面近 2/3，背景多为平面，使人看上去失去空间感且造成让人窒息的挤压感。这种压抑不光是影片中人物的心境反映，更是第五代刻意营造的一种内心盘旋的氛围。《一个和八个》在成片过程中遭遇重重困难：为争取公映送审长达半年，共修改 107 处。公映 3 年后，收回拷贝重新剪辑发行。

但是即便如此，当银幕被那颗诡异的子弹划破的刹那，人们仍然纷纷呼喊：一个幽灵诞生了。更重要的是，第五代诞生了。

作为摄影师续曲的《黄土地》让更多人知道了第五代，让中国电影站在了世界电影的舞台上。带给张艺谋最“实惠”的好处是那个 3 年前的梦想终于实现了，他成了陕西电影制片厂的一员，带着摄影师的光环，并且能够单独指导一部电影的“橄榄枝”。似乎张艺谋的人生哲学再次应验了：带着感恩的人，抓着头发丝一样的机会，勇往直前地走下去。

1986 年，张艺谋单独指导的第一部电影、根据莫言的两部中篇小说改编的《红高粱》诞生了。1987 年，《红高粱》获得了第 38 届柏林国际电影节金熊奖。这是中国电影第一次在世界 A 类国际电影节中获得最高奖项。《红高粱》在国内被评为当时年度最佳华语片、被法国最权威的影评刊物《电影手册》评为年度世界十佳影片第一名，在 2005 年被香港国际电影节票选为华语电影百部华语片第一名。这是一部具有神话意味的传说，整部影片在神秘的色彩中歌颂着人性与蓬勃旺盛的生命力。张艺谋说：“我就是要通过人物个性的塑造来赞美生命，赞美生命的那种喷涌不尽的勃勃生机，赞美生命的自由、舒展。”或许，在很多人眼中认为这幸福来得太快了，第一部处女作影片。但是，这一年，张艺谋已经 37 岁了，一个接近“不惑”的年龄。也是从这一刻开始，他才真正可以自己去主宰命运和际遇了。

接下来的张艺谋一发不可收拾，沿着这种蓬勃的生命力，以每年一部的速度接连拍摄出了《菊豆》《大红灯笼高高挂》《秋菊打官司》，斩获了威尼斯国际电影节金狮奖、银狮奖等一系列国际大奖，延续着那风格化的造型、大色块的色彩运用所形成的独立电影美学，直到 1994 年的那部《活着》。

《活着》可以看作张艺谋创作生涯中继《红高粱》之后的又一个里程碑。不仅仅因为他获得了第 47 届戛纳国际电影节评委会大奖，并且让葛优凭借“福贵”一角摘得了戛纳国际电影节最佳男主角，更因为这部电影回归现实的一种沉郁。很多人认为这是张艺谋最好的一部影片，它是一部活生生的中国现当代史，透过一个人的一生遭遇，涵盖着人在历史中的命运无法掌控的生命之痛，衍生出对死亡的苦笑。福贵的一生从最初的纸醉金迷，到五颗枪子的恐惧，到儿子夭亡时的悲痛，再到女儿意外去世时的无奈接受，个人命运随波逐流，被历史牵引。这种史诗性被包装在个人和家庭的命运之下，隐隐露出一股的悲悯情怀和伤感的黑色幽默。个人生存状态和苦难，在经过精简的历史背景里，体现出小人物的悲欢离合和时代的荒谬。这里面也包含着张艺谋对自己人生过往的沉淀与思考。《活着》已经没有了之前作品中的张狂突奔，一切似乎都在学着“放下”，从内心深处真正的淡然与放下。

《活着》像张艺谋创作生涯的一个休止符，因为筹备建组的这一年，中国电影体制改革了，我们开始面临着每年十部好莱坞电影进入中国电影市场的竞争与考验。当我们都在讲第五代是改革开放后中国电影的“领头羊”时，当我们都在讲他们是赶上新时代好时候的一代人时，当我们都在讲这代人的头上的光环时，往往忽略了他们也是这个时代遭遇任何变动与可能的使命承担者。电影体制改革，让枕着法国新浪潮概念，沉浸在艺术创作表达的第五代要面向市场了，作为急先锋的张艺谋似乎更是责无旁贷的。尽管他喜欢长镜头，尽管他将《四百下》《野草莓》奉为经典，但是他要代表中国电影跟好莱坞竞争了。《有话好好说》只是一个竞争的前奏与序曲，让这个带着陕北汉子气息的张艺谋要走向都市了，一路摸索着、寻找着、跌跌撞撞地走到了《英雄》的 2002 年。这一年，是中国加入 WTO 并且扩大好莱坞电影在中国电影市场份额扩大化的第二年。

这是一部真正意义上的中国电影大片，因为它的投资达到了3000万美元。这部电影缔造了国产电影的全球票房神话，内地票房达到2.5亿元人民币，占当年全年总票房1/4，这是国产电影第一次在本土打败好莱坞商业大片。2004年8月在北美上映后，《英雄》连续两周夺得票房冠军，并在全球票房达到1.77亿美元。美国《时代周刊》将其评为2004年度全球十大佳片第一名，并且提名美国奥斯卡金像奖和金球奖最佳外语片。之后的《十面埋伏》《满城尽带黄金甲》《金陵十三钗》沿袭着中国电影大制作的规格一路走来，有褒有贬，各路声音，但张艺谋都泰然处之。当我们用各种方式去研读他及他的作品时，或许更不该遗忘的是，他是中国电影大片时代里程碑的缔造者，他拉开了中国商业大片的帷幕，他为中国电影产业的发展起到了重要的推动作用。遥想当年对特吕弗、安东尼奥尼的热爱，如今的创作既是与时俱进的尝试与实践，也是一种使命使然下的割舍与牺牲。

2008年，是张艺谋最繁忙的一年。在奥运会开幕式筹办的过程中，他一直都处在一种紧张的状态。奥运会、残奥会的开闭幕式总导演对张艺谋的意志是一个很大的考验，他也知道这个工作意味着什么，我们不能在奥运会中像朝鲜那样搞人海战术和众多的大型团体操式的表演节目，也不能像希腊雅典的那种纯机械的大型舞台形式的表演，我们应该搞自己的东西。这个工作与电影导演的工作完全不同，于是张艺谋领导的团队在中国的元素上进行了大力的挖掘：四大发明、文房四宝、传统文化、中国历史等都进行了充分的表现，发挥了团队自己每一个人的智慧和想象，突出运用现代影像技术，来丰富体育场环境和整个的表演内容，用数字技术手段来丰富现场效果，并帮助演员表演。最终，奥运会开闭幕式取得了巨大成功。

2012年，张艺谋先后获得第14届孟买电影节终身成就奖、韩国大钟国际电影特别贡献奖、马拉喀什国际电影节杰出成就奖和开罗国际电影节终身成就奖。面对着一片赞誉之声，张艺谋低调反馈的仍然是那两个字“感恩”，以及回首过往，他所记得的那个永远值得纪念的年代。

张艺谋，1950 年生于陕西西安，1978 年进入北京电影学院摄影系，中国“第五代导演”代表人物之一，美国波士顿大学、耶鲁大学荣誉博士。1984 年第一次担任电影《一个和八个》的摄影师，获中国电影优秀摄影师奖；1986 年主演第一部电影《老井》夺三座影帝；1987 年执导的第一部电影《红高粱》获中国首个国际电影节金熊奖，从此开始实现他电影创作的三部曲，由摄影师走向演员，最后走向导演生涯。1987 年至 1999 年执导的《红高粱》《菊豆》《大红灯笼高高挂》《秋菊打官司》《活着》《一个都不能少》《我的父亲母亲》等影片令其在国内外屡获电影奖项，并三次提名奥斯卡和五次提名金球奖。2002 年后转型执导的商业片《英雄》《十面埋伏》《满城尽带黄金甲》及《金陵十三钗》两次刷新中国电影票房纪录、四次夺得年度华语片票房冠军。此外曾任第 18 届东京国际电影节评委会主席和第 64 届威尼斯国际电影节评委会主席，2008 年担任北京奥运会开幕式和闭幕式总导演，获得 2008 影响世界华人大奖和央视主办的感动中国十大人物，并提名美国《时代周刊》年度人物。

尹力：想把电影做成人生至高至上的目标

李凡

尹力，出生于1957年，是北京电影学院82届美术系的学生，也是传统意义上“第五代”导演群体的一员。1989年执导的首部影视作品电视剧《好爸爸、坏爸爸》夺得“飞天奖”。《我的九月》《杏花三月天》早已成为很多人记忆中不可抹去的经典作品。从事电影电视创作20多年来，尹力和《云水谣》中的主人公一样，始终坚持自己的创作理念，以小人物和小人物平凡的生活来折射大的历史背景，揭示背后蕴涵着的深刻而动人的思想和情感。2004年，尹力导演的电影《张思德》不仅囊括华表、金鸡、百花、金鹿国内四大电影奖项，同时也取得了8000万的不俗票房。2006年，取材于革命时期爱情故事的《云水谣》包揽了华表奖、金鸡奖、百花奖等几乎所有重要奖项。

让平凡的故事不平庸

尹力与许多电影学院非导演系的同学一样，也想扛一扛导筒，于是他导演了六集儿童电视剧《好爸爸、坏爸爸》，不料一炮打响，夺得了电视剧“飞天奖”。电视剧的成功坚定了尹力执导筒的决心，也得到了电影、电视界的瞩目。1990年，儿影厂准备拍摄反映亚运会准备活动的儿童故事片《我的九月》，于蓝厂长点名要尹力执导该片。尹力将《我的九月》拍得十分精细，洒脱而又内涵丰富，影片充满了浓烈的生活气息以及尹力对纪实美的强烈追求。《我的九月》将中国儿童片的品位提高了一个层次，影片不仅获得了 1991 年第 11 届中国电影金鸡奖最佳儿童片奖，广电部 1989—1990 年优秀影片奖，而且还参加了苏联莫斯科电影节。《我的九月》标志着尹力的思想、艺术、风格都已经成熟了。

1992 年，尹力导演了青年电影制片厂的故事片《杏花三月天》，这是一部描写晋西北贫困地区的农民在商品经济的大潮下脱贫致富的故事。为真实表现普通农民的生活生存，尹力带着他的主创人员深入生活，体验生活，并将外景地平面图，录音，摄影，化妆等程序都做了详细记录，绘制成图表。就是凭着这股认真劲儿，尹力拍的作品不多，但拍一部是一部，拍一部成功一部。

尹力的作品都是反映平民百姓的，因此，也有人称其为“平民意识”，但他所反映的“尽精微，致广大”，可以说是尹力的创作原则，他痛恨那些虚伪、做作、无病呻吟的“伪贵族”艺术，因此，他的作品中注入了许多清新的血液和空气。并不是那种浅薄、平庸的平民生活状态，而是提炼出人类生活最本质的精华。1995 年，尹力执导的电视连续剧《无悔追踪》在中国大地上引起了很大的反响，这也是尹力的一个新起点。

让观众哭的主旋律电影

2006 年 12 月 1 日，一部由导演尹力执导的国产大片《云水谣》在大陆、香港、台湾三地同时公映。故事由 20 世纪 40 年代两个台湾年轻人的邂逅开始。年轻俊朗的青年陈秋水因做家庭教师而来到王家，与王家千金王碧云一见钟情并私订终身。但适逢台湾局势动荡，陈秋水为躲避迫害从台湾辗转来到大陆，自此两个相爱的恋人被无情的现实分隔两岸，唯有坚守着“等待彼此”的誓言相互思念对方。然而海峡两岸之间这段等待了 60 年的感情却在 21 世纪被下一代所延续。很多观众在看完电影《云水谣》后表示，这是一部能让人鼻头发酸，能在嘈杂的生活有一瞬感动的电影。

在《云水谣》开场长达3分钟的镜头里，尹力将20世纪40年代台湾特有的民俗风情景象——街头小商贩、国民党士兵、传统闽南戏、台湾布袋戏、当地的婚嫁进行了一一展示。很多人都很惊讶，这么长的镜头尹力是如何拍摄的?其实，这是尹力运用数字技术将上天入地、穿堂入室的8个镜头不落痕迹地连接在了一起。尹力实际上是用“小米加步枪”的办法做了别人“非常大炮”做的事情。

“我拍悬空那个镜头是在两条街上，支了两个25米高的吊车，中间牵上钢丝，这样子镜头其实在《谍中谍3》当中，他在乌镇用过。这套设备我们去咨询，在美国大概来一天要8万美金。这我肯定是花不起的。我们特技摄影，和包括华龙数字公司的这样工作人员，真是开动了很多很多的脑筋。为这个影片，专门做了一套，能够把大炮上面的云台拆下来，把摄影机架上来。用钢索吊起来，然后用吊威亚的方式拉着摄影机走。所以说这是小米加步枪。但是，最后的效果，我觉得还可以。”

与以往我们看到的大片不同的是，尹力并没有运用数字技术在影片中营造刀光剑影和视觉冲击力超强的爆炸场面。而是让凄婉唯美的爱情故事通过数字画面的处理变得更加深沉感人。尹力说：“我总觉得这种狭隘化的一种认同的说法。似乎所谓大片，就是大投资，大制作，大的明星阵容，或者是大的场面，加了给更多的特技镜头。《云水谣》当中，所有这部分东西，我们做得含而不露的。基本上没有让观众觉得，在炫耀，在表现。都是跟着影片的内容，跟那个时代，跟展现整个影片的精神内核相辅相成的于它互为补充。如果触摸到普通人心里最柔软那一块，仍然是我们中国电影的希望之光。”

为了让影片中的角色更加真实可信，贴近观众，尹力带领摄制组成员从福建到西藏，从台湾到北京，行程2万多公里进行拍摄。2005年10月23日，在前往那木措拍摄的路上，摄制组不幸遭遇大雪，被困3个多小时。而就在要撤离的时候，竟然发现了合适的外景，尹力立即带领摄制组人员进行抓拍。正是这样的拍摄成就了电影《云水谣》的华彩段落。

美术系 78 班尹力和何群在学校

尹力携片《云水谣》回母校与师生交流

尹力获华表奖，田壮壮在为他鼓掌

尹力在拍片现场

为了能够让观众有相同的感受，尹力选择了将陈秋水入藏后的段落全部在西藏海拔 4200 米以上的地方进行实地拍摄。所有的人都在挑战身体极限，“陈坤、李冰冰都非常的优秀。但是，驾驭这样的人物，作为一个偶像演员，他一定要通过更多的间接积累，来支持，来补充，让他能够去塑造人物，而不是简单地表达本我。陈坤演一个台湾的青年，在前半部分，小桥流水，那种罗曼蒂克，我觉得可能还容易驾驭。尤其到了后半部分，怎么从一个俊朗的、阳光的年轻人，经过生活的磨砺，变成一个真正的男子汉，有沧桑感。不光是开机就到了海拔 4000 多米这么一个高度，上来就拍终场戏。也是最后影片将近结尾，最重要的高潮戏，上来就拍这样的戏，我其实是有意而为之。就是在只要到了高原那个感觉，就是他的步态，他的形体，他脸上的抽搐，我相信只有到了海拔 4700 米、5200 米的感觉，你才能演出来。回想，如果这段戏放北京搭景拍，能不能演呢？照样能够完成，但是不像这样来得真切。”

致语校庆：当导演得益于通识教育

2012 年 10 月 23 日，在母校六十周年校庆大会上，尹力分享了自己从学习电影到如今功成名就点点滴滴的感悟。

“电影学院成立六十周年了，我想可以把这 60 年分成前 30 年和后 30 年。我觉得七八班跟今天最大的不同在于它记录了那个年代，七八班的经历构成了整个 20 世纪 80 年代一代人求学、求知、渴望读书的历史。当时国门一下子打开了，很多新鲜、闻所未闻的东西，绘画、音乐、美术、戏剧等各种艺术门类扑面而来。我们都是大口吸吮，觉得时间远远不够。很多人已经超越了电影专业本身，去接触哲学、接触更多的社会科学。我想今天的学生他们在很大程度上能够去表达，一定不是在学校期间学了某一个单独的艺术门类技巧，而是得益于电影学院的通识教育，他们能够举一反三、融会贯通。我觉得这是我们电影学院教学最大的特点，它能让你打开眼界，有一个非常自由的学术气氛和空间，让这些从学院毕业出去的学生会受益一生。”

“当时按照规定，学生毕业后要先当助理、做副美术，经过 7~8 年的实践才会获得正式在剧组独立工作的机会，才能够成为主创。但我和我的同学王鸿海在大学三年级时就有机会参与电影《邻居》的创作，我们的名字也赫然出现在《邻居》的主创名单中，这部电影最后还得了金鸡奖。现在很多美术系的同学都在一线做导演，我想这跟电影学院的教学体系有很大关系，美术系在很大程度上是培养学生的一种方法，比如画素描的过程，培养的是大脑的辩证思维和实际的表现能力，整体、局部、大小、方圆、曲直、黑白、均衡、质感、空间，所有概念贯穿在画素描的过程中，这对今后不管从事什么类型的艺术创作，都会有很多收益。”

“现在来回眸 30 年前我们在朱辛庄的时候，一个白薯、一块馒头加一块酱豆腐几乎是每天的早餐，萝卜豆五分钱一份，节省下来的钱我们都会去买书。当时我们班 12 个同学分好工，这个月你买月票，下个月他买月票。大家从拷贝台拷贝完了轮廓，写字、做旧、铺上蜡。不光美术系，导演系的学生也做，因为太穷了。其实一张公共汽车票、月票就几块钱，但是几块钱对于那个时候的学生来讲都是非常珍贵的。一个宿舍泡一包方便面，可能都是一件很奢侈的事。说起来这是青春的回忆，同时也给每个人留下了苦涩。今天的物质环境早已跟过去不一样了，但是电影学院求知、求新，保持个性、勇于创新的品质，就像我们那些白发苍苍的老师，学院现在中流砥柱的教师、领导，包括更多青年老师一样一直在薪火相传，一代一代的，在把这种求学精神、求知精神传给未来的电影创作者。”

推动电影产业发展

尹力是从拍摄儿童作品开始的，《好爸爸、坏爸爸》和《我的九月》都是他早期的作品。自然而然的，尹力一直都在关注国内儿童电影的制作。“现在市场化的电影市场中，儿童电影生存的空间越来越小，我们也不断地提出能否建立公益的儿童电影的放映，或者是建立校园的公益院线，从而提供更多的影片，因为确实每年虽然小观众看不到这样的电影，但是每年生产的儿童电影应该说是有相当数量的。在全世界范围内，中国每年生产的儿童电影也不在少数，关键是怎么让这样的影片直接面对它的受众，让小观众能够看到这样的电影。实践证明包括我们的动画片像《喜羊羊》连续几年取得了很高的票房，家长带着孩子共同走进影院成了这类儿童电影的奇观。关键不是怎么样拍电影，除了观察和注意儿童现在的欣赏趣味的变化外，我相信宣传、营销能够更多地开拓现有的放映渠道，包括建立校园公益院线不乏是一个出路。”

以全国政协委员、中国电影家协会副主席、中影集团导演身份出席两会的尹力在肯定中国电影产业高速发展的成绩同时，也常向记者表达了他对现状的一些不满。“当下的电影艺术家还应该贴近现实，表达时代，让电影变成一个当下的文化读本和文献价值的影像存在。中国电影全面产业化 8 年以来，取得了令人瞩目的成绩：2010 年，526 部的年产量已跃居世界第三，票房逾百亿元，比 8 年前增长 10 倍，年均增幅超过 35%，2010 年新增银幕数 1533 块，平均每天新增 4.2 块银幕，总数突破 6200 块。我们在全世界电影受到好莱坞市场不断挤压的情况下，依然快速发展，票房增速已经超越了 GDP 增速。但是这些是不是已经是一个电影强国的标志呢？显然还不是。我国电影产业发展极不均衡，绝大部分票房集中在东南沿海和成渝等经济发达地区，而在广大西部地区、二三线城市，人们看电影还是一个奢望；此外，国产电影的海外影响力还微乎其微。”

尹力认为主旋律电影也要回归艺术，以人为本才是中国电影的希望之光。他认为，国产电影的另一个问题是，很多创作者狭隘地理解了商业片、娱乐片，认为就是很外化的、动作的、古装的、武打的，这在很大程度上限制了国产电影类型的多样化。“20 世纪 30—40 年代以及 80—90 年代中国电影的辉煌，都是由现实主义创作奠定的:《一江春水向东流》《乌鸦与麻雀》《风云儿女》《高山下的花环》《老井》《人生》《芙蓉镇》中，那种对于中国社会现实的洞察，贴近时代，贴近现实，针砭时弊，为民代言，那个时候的电影具有中国电影史最有标志性的意义，与时代同生。中国电影在快速发展的过程中，除了多建影院，让其辐射更广以外，还应该潜心于如何创作更多满足当下人们多样的审美需求和娱乐需求的作品。“当下的电影艺术家还应该贴近现实，表达时代，让电影变成一个当下的文化读本和文献价值的影像存在，我觉得我们责无旁贷。”

尹力，北京人，导演，1978 年考入北京电影学院美术系，毕业后分配到中国儿童电影制片厂。电影作品有《我的九月》《杏花三月天》《司马敦》《张思德》《云水谣》《汶川 168 小时》《铁人》《雨中的树》。电视剧作品有《好爸爸、坏爸爸》《鲁冰花》《老师新年快乐》《无悔追踪》《罪证》《你的生命如此多情》《葛定国同志的夕阳红》《母亲》等。其中《张思德》获 2005 年第 12 届北京大学生电影节评委会特别奖，2005 年第 11 届华表奖优秀导演奖等；2006 年第 26 届大众电影百花奖最佳故事片、最佳导演奖等。《云水谣》获 2007 年第 14 届北京大学生电影节最佳影片奖等，2007 年第 10 届上海电影节特别奖，2007 年第 16 届上海影评人奖最佳导演、十佳影片奖 2007 年第 12 届华表奖优秀影片、优秀导演奖等，2007 年第 26 届金鸡奖最佳影片、最佳导演奖等，2008 年第 29 届大众电影百花奖优秀故事片奖等。

韩三平：阴差阳错走进制片厂，敢作敢为成就中影霸业

周强

从四川大学毕业后，韩三平决定去电影学院学习进修，为什么要去北京电影学院，韩三平给出的解释是：“这是一种人的本能，你看电影里面照明不是最好的选择，导演是最好的选择。我也没有艺术上的造诣，到了制片厂只有一条，人往高处走。”

出身干部家庭的韩大胆

韩三平 1952 年 2 月 11 日出生，四川省旺苍县人。韩三平的父亲韩正夫是一位老革命家，14 岁时参加红军，新中国成立后历任四川省自贡市副市长，内江专署专员、四川省林业厅厅长等职。韩三平有姐弟四人，哥哥韩江有先天性心脏病，姐姐大他们许多，他实质上成了家里的“孩子头”，既要照顾哥哥，又要呵护弟弟，很有“责任感”的他努力地保护哥哥和弟弟而不得不与孩子们打架时，渐渐养成了敢打敢闯的大胆子。韩三平出生在这样老革命的家庭，开始是社会的最高层，优越感很强，到了“文化大革命”，就成了走资本主义道路当权派的崽，打到社会最底层。在韩三平 14 岁时，父亲韩正夫一夜之间被打成“走资派”关进“牛棚”，母亲也被揪斗，自顾不暇，姐姐又已参加工作去了远方，平常家里就只有他们兄弟三个。韩三平享受着姜文所说的阳光灿烂

吴宇森他也困难，张艺谋一样有困难，但是你不要老是抱怨，猪往前拱找食，鸡往后刨它也是找食。找食是什么？生存。光是当怨妇有什么用。

——韩三平

的日子：偷车、打群架，没有什么理想，但是充满了激情和乐趣。

一天韩三平发现林业厅图书馆里有一本《敌后武工队》，很想借来看，可图书管理员就是不借。次日，他趁管理员去参加批斗会的空隙，偷偷溜进图书馆将盼望已久的《敌后武工队》拿了出来。由于母亲常教育他要做光明磊落的人，所以韩三平在拿了这本书后，留下一张纸条：“叔叔，我很喜欢看《敌后武工队》，可你骂我是狗崽子，不肯借给我，我才趁你不在时拿走了这本书。但请你相信，我看完后一定还上！韩三平。”没想到图书管理员迅速将这张纸条交给了造反派头子，造反派到处抓他们，吓得韩三平兄弟三个连家也不敢回。几天后，风头过去，韩三平哥仨才敢回家。母亲比较体谅他，认为儿子留了纸条就不是偷书，并且看的是抗日的故事，所以支持他的“胆大”，韩三平很诧异，也很感动。

阴差阳错走进峨影厂

1970年年初，韩正夫的冤案得到平反，但这时已经18岁的韩三平因为家庭复归荣光却变得有些叛逆了：留着一头卷发的他不时与人打架，还时常跟父亲斗气。怎样将这个桀骜不驯的儿子变成一个有追求的青年，韩正夫伤透了脑筋。后来，韩正夫觉得部队是一所锻炼人的好学校，想送韩三平去当兵。韩三平听不进父亲的话但能听进母亲的话，于是在母亲的教诲下，韩三平在1971年参了军，当了4年兵。

虽然在部队受到很好的锻炼，但韩三平胆大、敢探索的性格却一点没变。复员后在等待分配工作的日子里，他依然喜欢邀朋结友，经常不归家，跟父亲的冲突也是时有发生。

其实韩三平进入电影这个行业完全是阴错阳差。到了分配工作，韩三平跟所有人一样，都是“共产党的一块砖，组织东西南北随便搬”。第一次组织把他分配到茶叶厂。“如果没有命运的偶然，我就是茶叶厂的厂长。”韩三平经常这样对别人形容自己——厂长这个职位在他看来，并不是难事。但是一场交通事故把他去茶厂的分配给耽搁掉。一天，他趁着别人午睡偷偷把茶厂的车开出去，结果翻车摔断了手，3 个月的住院带休息，错过了茶厂招工。因为听说进入峨影可以分个单身宿舍，一想这样就能不再住家里，就立刻去报了名，不顾一切就进了峨影，成了峨眉电影厂的一名照明工。

为当导演进北京电影学院

随着时间的推移，韩三平觉得照明工这个活儿挺没意思，很羡慕演员的风光。得知他有这个想法后，母亲便开导他，每个人的命运都把握在自己手上，成功人士有一个共同特点就是执着和坚持，成功往往就在努力和坚持中到来。记住“心在沼泽，身在沼泽！”照明工可以是你事业的起点，然后再干导演，再干其他。你说万丈高楼没有坚实的地基能行吗？母亲的话让韩三平豁然开朗，于是他便踏实地做起照明工作来，并从普通照明工一步步做到照明组长、文学编辑、艺术中心主任。之后他又考上了四川大学中文系。

从四川大学毕业后，韩三平决定去电影学院学习进修，为什么要去北京电影学院，韩三平给出的解释是：“这是一种人的本能，你看电影里面照明不是最好的选择，导演是最好的选择。我也没有艺术上的造诣，到了制片厂只有一条，人往高处走。”

到了电影学院，韩三平跟黄建新同班，两人基本上就是同睡一张床，同吃一锅饭。他的“本能”一步步实现：副导演、导演。在电影学院学习期间，韩三平与米家山联合执导了他的第一部电影《不沉的地平线》，之后又拍了《顽主》、《避难》等电影，取得了不错的票房。1989 年，导演韩三平还在电影学院读书，突然收到电影厂通知，让他立刻回来——当时邓小平主张提拔一批年轻干部，韩三平就是被提拔的年轻干部之一。

韩导演又开始了“本能”选择：“一个厂有几十个导演，但只有一个厂长，当导演我也不是最优秀的。”那一年，韩三平36岁，被党和组织任命当了峨眉电影制片厂的副厂长，副厅级干部。

从峨眉厂到北影厂

刚上任不久，厂里通过立项准备拍摄的片子有4个类型接近，故事大同小异。各种权衡之后，最终保留两个。面对依然可能同质的两部电影，韩三平连夜做了决定。在其中一部开机前一天，他来到了剧组。

那部片子名叫《峨眉飞盗》，导演张西河是峨眉电影制片厂一位很有资历的老导演，所以他那个肯定不可能砍掉，但是韩三平不会就这么让他拍，卖不掉的话还是要厂长负这个责。

新任副厂长来到剧组，张西河非常高兴，他带领剧组欢迎新厂长讲几句。韩三平一脸严肃：“这个片子改成动作片。”话一出口，张西河都有点傻了。“我明天开机，这哪儿来得及？”

“你给我加7场动作戏，怎么加，周力帮你弄。”说完韩三平就走了。

当年，一部影片的拷贝卖到70个，基本保本；100个，就是值得庆功的盈利。这一年，动作片《峨眉飞盗》在全国的采购拷贝达到300个，与北影《神秘的大佛》一起，跻身当年最卖座的两部影片，也创下峨影拷贝发行纪录。

1991年，韩三平导演了电影《毛泽东的故事》，这部电影倾注了他很多心血，获得了“五个一工程”奖、金鸡奖最佳演员奖。当时，中国电影已经非常困难了，但这部电影取得了不错的上座率，票房大概有300多万，影响挺大，古月还因为这部片子再拿了个大众电影百花奖最佳男演员奖。

一次各大电影厂开会，峨影厂正厂长病了，韩三平副厂长代表正厂长去了。

韩三平上学时的照片

1994 年 45 周年校庆，导 83 进修班同学与老师合影，前排左起：黄建新、江世雄老师、张欣，后排左起：薛宜昌、曲建平、米家山、韩三平、鲁晓威、于晓阳

韩三平（左五）看望摄制组

会上所有人都在叫困难，到了韩三平这里，一句苦都没有喊，这也出自他的“本能”：“吴宇森他也困难，张艺谋一样有困难，但是你不要老是抱怨，猪往前拱着找食，鸡往后刨也是找食。找食是什么？生存。光是当怨妇有什么用。”那次会议上，韩三平讲了一点建议，就这样“出类拔萃”的副厂长韩三平被调去了北京电影制片厂当副厂长。

刚到北影时，韩三平举目无亲，背着包去了招待所，没房，就一个人住在厂区的院子里，但自觉对电影懂行，对未来充满信心：“如果到北京来当钢铁厂厂长，那我还有点后退，峨眉厂是电影企业，北影厂也是电影企业，只要懂电影就行。”

然而，现实是严峻的，当时正是中国电影最艰难的时候，艰难到拍 100 部电影有七八十部赔钱，北影厂那时有将近 2000 人，穷得几乎发不起工资。

改革北影厂

当时北影全年拍摄的经费大概需要七八千万，但是每年国家的拨款也就只有 500 万左右，其他的就只能靠自己去筹集。于是，韩三平只能带着导演去四处化缘。

在冯小刚电影《不见不散》中，曾经出现过这样一幕：葛优饰演的刘元被徐帆饰演的李清斥为没有追求，刘元当场就着那块给老外警察上中文课的黑板，描绘起了自己的伟大抱负：这是喜马拉雅山脉，这是中国的青藏高原，这是尼泊尔，山脉的南坡缓缓地伸向印度洋。受印度洋暖湿气流的影响，尼泊尔王国气候湿润，四季如春，而山脉的北麓陡降，终年积雪，再加上深陷大陆的中部，远离太平洋，所以自然气候十分的恶劣。如果我们把喜马拉雅山炸开统共一道 50 公里的口子，世界屋脊还留着，把印度洋的暖风引到我们这里来，试想一想，那我们美丽青藏高原从此摘掉落后的帽子不算，还得变出多少个鱼米之乡！

这个桥段来自冯小刚参加韩三平组织的一次“化缘”的亲身经历。那些年，冯小刚在电影梦即将走上绝路的时候遇见了韩三平，直到现在，他依然宣称：是韩三平让我重新回到了队伍中来。

炸掉喜马拉雅山的桥段来自于牟其中。20 世纪 90 年代中期，这位盛极一时的商人正在谋划他的宏图伟业：他打算投资 100 亿，在北京或者上海，建一个 118 层的大厦，楼下的广场名为“邓小平广场”；他提出出资 31 亿美元，给中国海军购买一艘航母；他还曾设想：将喜马拉雅山炸开一个口子，将干旱的中国西北地区变成降雨区，采用定向爆破，投资 570 亿，在横断山脉筑起一座拦截大坝，为黄河引入 2017 亿立方米的水量；他还对外公布投资总造价为一亿美元的“国际卫星 8 号”……

在韩三平组织的一次融资见面中，冯小刚终于见到了这位传奇人物，他后来回忆：老板那天穿得很朴素，一件白衬衫，挽着袖子，脚上一双布鞋，看上去不像大财主，更像参加“四清”的机关干部，此人就是牟其中。

那天，牟其中问韩三平，你们每年需要的经费是多少？答：“8000 万。”

“那给你们两个亿。”

“用不了。”

“我说的是美元。”

几经催促，牟其中给了钱，有八十多万，人民币。后来再无音信。再后来，他成了阶下囚。

1995 年北影厂的几部电影《孔繁森》《红樱桃》《赢家》入围华表奖的各种奖项，韩三平记得自己坐在吉普车里，后面放了将近 10 个奖杯。

后来每年韩三平主持拍摄的北影电影，可以占到全国当年拍摄的电影总数的 1/4，有时候甚至占了 1/3，这些影片包括著名禁片《扁担，姑娘》《巫山云雨》，也包括创下中国贺岁档期纪录的《甲方乙方》。“咬着牙也要挺过去，没有挺不过去的。”副厂长变成了厂长。

1998 年，也是冯小刚的《甲方乙方》到处找投资找不到的那一年，北影拿出 100 万，后来紫禁城影业也拿出一些钱，一共 300 万，拍了贺岁片《甲方乙方》。韩三平说："贺岁片其实没那么神，人消费要有两个东西：有钱、有闲，这是鲁迅说的。中国人的习惯过年的时候都要吃顿饺子，再穷的人也要吃，也就是说过年前后是消费高峰，不光是物质产品的消费高峰，包括精神产品的消费高峰，像穿身新衣服出去公园玩玩，看场电影。"

韩三平还记得当时的情形：他把冯小刚叫到办公室，对他说，咱们做部戏，别的戏咱也拍不好，像《生死时速》那种动感，那种跟拍、那种枪战、那种把摄影机随意地挂在飞机上，我们不知道怎么拍的，我们就只能拍一个喜剧，不要悲悲苦苦、凄凄惨惨的就行。

冯小刚很快做出了《甲方乙方》，小人物、低成本，300 多万的投资，编剧、导演加演员一共 40 万，冯小刚一分钱不拿，第一次试行分账——这种国外的分账方式倒是不难学，最后影片拿到 3000 多万票房，冯小刚分了近 900 万。

有了《甲方乙方》这丝曙光，韩三平更加投入地对电影制作进行改革和融资，之后路越走越宽，一部部佳作经过他的手奉献在观众面前，他每年主持拍摄的电影甚至占到全国当年电影总量的 1/3，还屡屡获奖。就这样，他咬着牙带着北影厂挺到了中国电影的春天。

掌舵中影集团筹建中影基地

韩三平到了北影厂之后，厂里创作人员的地位明显提高。

通过和国土资源部和统战部的土地置换合作，韩三平在北影院内建起家属楼，解决了那一批所有职工的住房问题。厂里院内原来有一排小平房，被一些闲杂人拿来做点小生意。为了盖房，那一片必须拆掉。一天一群小混混冲进韩三平办公室问道："谁是韩三平？你就是吗？我告诉你，那房你要敢拆，你试试？"

话音刚落，韩三平暴跳如雷，拍着桌子说："我就是韩三平！都给我滚出去！"

还有一次，一位职工因为分房问题跑到办公室扬言要砍厂长，韩三平来到自己的办公桌前拉开抽屉，那里也有一把刀。

其实韩三平自己的房子才两居，楼层和朝向都不好。他做到这样，别人没什么可说的。

韩三平首次涉足国产商业大片是在1998年，协同陈凯歌拍摄《刺秦》。《刺秦》在由中日美联合投资，制片成本超过8000万，是陈凯歌戛纳登顶之后又一次出手古装史诗，备受外界关注。张丰毅、李雪健、王志文，各路明星云集一堂。当时秦王宫图纸已经设计完毕，但是还没找到筹建场所。韩三平找到了浙江的老朋友，那位朋友了解情况后，一口答应片子的置景工作交给他，并要求影片拍完之后场景要留下。这个人，就是横店影视城创始人徐文荣。

看到恢宏的秦王宫，韩三平又想起了另一大业：筹建基地。1999年，中影集团成立，韩三平从厂长变成了副总经理，随着中影的不断壮大，韩三平的身份也慢慢变成总经理、副董事长，一直到中影集团董事长。

中影基地在2008年奥运会期间开始试运行，占地53万平方米，各种功能齐全的摄影棚一共16座，是亚洲规模最大、设施最先进的电影制片厂，支持从置景、器材、人员、制片拍摄、后期制作整个生产流程的全产业链运作。

“集中华语或者集中大陆、香港、台湾的优秀电影人，制作大型商业电影或者大型艺术电影，向全世界销售发行，这是我们制片业的第一个努力方向，我们正在做这种努力。”2007年11月23日，站在北大百年讲堂，韩三平对台下的年轻学子们讲起了自己的“大片战略”，这也是他上任中影以来兴趣最大的工作之一。

到现在，韩三平已经成为中国电影圈明星级的制片人，他直接参与影片超过400部，票房超过30亿。掌舵的中影集团拥有14家全资子公司、34家控股或参股公司和1家直属事业单位，在业内，直呼其名的人不多，同行一般尊他为“三爷”。

——

韩三平，导演，中国电影集团公司董事长，生于 1953 年 10 月，毕业于四川大学中文系。1983年到北京电影学院导演系进修班学习，毕业后回到峨眉电影制片厂，任导演、副厂长。其间，与人合作导演了故事片《不沉的地平线》和《避难》等，并于 1985 年成功地主持操办了第五届中国电影金鸡奖和第八届《大众电影》百花奖的颁奖大会，从此在电影界有一定的声望。

1991 年，韩三平编、导了反映毛泽东 1947 年东渡黄河到 1975 年会见美国总统尼克松的女儿，这近 30 年的生活片断的故事片《毛泽东的故事》，影片从生活出发，用大量平凡的、普通的、日常的生活画面展示毛泽东活生生的鲜为人知的性格和亲情，力求用真实的态度来表现毛泽东作为普通人的喜、怒、哀、乐。在影片的拍摄过程中韩三平要求剧组全体人员以严谨的态度，一丝不苟地来创作该片。《毛泽东的故事》构思奇特，创作态度严谨，公映后，受到各界人士的称赞。

1994 年，韩三平调任北京电影制片厂厂长，他积极支持鼓励年轻人搞创作，以出品人身份组织、创作生产了 100 多部影片。涌现出了诸如故事片《孔繁森》《赢家》《民警故事》《非常爱情》《红西服》《不见不散》《春天的狂想》《荆轲刺秦王》《张思德》等优秀作品。

1999 年 5 月，中国电影集团公司成立，韩三平出任集团副董事长兼副总经理，主抓集团制片环节，任务是让中影按照现代企业制度发展要求，进行业务重组、资产整合和产权制度的改革。

2007 年，韩三平出任中影集团董事长。从《无极》《投名状》到《赤壁》《梅兰芳》，由韩三平领导的中影团队推出一系列高成本高回收的商业电影的运作，使得中国电影开始进入成熟的大片时代。

王志文：这颗独特的星

陈霄漪

当提到王志文的时候，人们脑海中会浮现出许许多多荧幕上令人印象深刻的经典角色，这些角色或善良，或专情，或理性，或性急，或崇尚自由，或嬉皮笑脸，在王志文的塑造下，每一个角色都拥有着独特的魅力。在大浪淘沙的演艺圈之中，王志文却能够在其中保持着独特的一股锐气，犹如星空中那一颗独特的星，独自闪耀，从不消失，驻留在人们的心中。

有情有义的青年王志文

当回忆起自己考上电影学院的经历，王志文记忆犹新。家里好不容易凑齐了 200 元钱的旅费供他去成都参加北京电影学院的面试，由于自己的天赋与刻苦，王志文顺利地通过了面试的考核。得胜归来后，却在这样前景一片光明的情况下突遭厄运。就在高考进行前的半个月，王志文骑自行车被飞速行驶的卡车撞翻，造成了比较严重的骨折，医生跟他说，他需要静养两三个月，而且很有可能以后会变跛。这对当时踌躇满志的仅有 18 岁的王志文来说可以算是毁灭性的打击。

但坚强的王志文对母亲说："我就是爬也要爬进考场。"坚强而有情有义的王志文，在考试的过程中得到了许多贵人的相助。当时北京电影学院负责政

演员的命运掌握在别人的手中。要干好这个职业，需要有绝对的实力，没有相对的，是绝对的。懂得了这样的道理，我就知道我该怎么面对它。

——王志文

审的刘国平、陶福庆老师已到上海，他们特意去看望这位“特别”的考生，并给予王志文许多关照与鼓励。他们专程找到当时上海市马当中学的党委书记朱榴亭，跟她说，不管这考生考得怎么样，我们招定了。朱老师在三天的高考中，给了王志文很多的帮助，破例让别人抬着他进入考场，吊下一块木板，把考卷铺在上面让他答题。又关照卫生室老师，重点照顾，她就拎了铅桶，里面放上冰块，放在他身边给发着高烧的王志文降温。

“照说，这只是一面之缘。讲得难听点，从此也就再会了。但王志文真是个有情有义的人，两个月后，他找到我办公室，说他考上了，要去北京上学了，特地来谢谢我。我这才看清楚他的样子，瘦归瘦，但朝气蓬勃，讨人喜欢，老好白相的。”朱老师说，“我当时就问他，怎么会想考电影学院的，他说初中去译制片厂配过音。我请他表演一段，他就演了一段《王子复仇记》里哈姆雷特怒斥母后的片断，声音很好听。”

自助者天助，王志文的坚持以及贵人的帮助，使得他能在如此困难的形势下以优异的成绩进入北京电影学院表演 84 班学习。

1984 年的秋天，王志文再一次踏上旅程，来到了北京电影学院。在去北京的路上，王志文心中有着一丝焦虑，他了解自己的性格比较内向，不善于和他人进行交流，而自己这种性格会不会让自己不能胜任演员这一职业。

确实，初来北京电影学院的王志文遇到了一些麻烦，由于他当时是班上年龄最小的同学，而且内向、不爱与人沟通，长相也不出众，渐渐地，他产生了一种自卑的心里，觉得自己不受重视。而且，老师告诉他，当初招他进来的目的是让他成为一名老师，这与拥有着一颗演员梦的王志文的初衷是相悖的。种种因素交织在一起，逐渐让王志文有了要放弃的想法。他甚至觉得自己这个梦想是不能够实现的，这个演员梦似乎渐渐离他远去。

所幸的是，班主任齐士龙教授送给他两个字：坚持。“我觉得他的文化感很好，声音很好，文化功课也好。他会的东西很多，有次他送了把扇子给我，自己画的扇面，题的诗。”谈到王志文的时候，齐士龙说王志文身上有一种豪气，一种难以言表的不恭，一种逆向生长的力量。

王志文自己回忆刚进入大学的那段时期，“当时我第一次来北京，非常害怕，你喜欢的东西，不一定能够去做，不一定适合去做，因为我面临着很多选择。需要面对陌生人，面对我不认识的人。表演工作，都是不认识的，要与他们交流，我生性比较内向，但我的老师和我的同学们能够帮助我跟别人交流，能够肆无忌惮地与别人交流。”

王志文说，4 年在北京电影学院的生活，基本上解决的是一个心理的问题，而不是一个技术问题。王志文自认为学习不算刻苦，晚上学得比较晚，起得也比较晚，与常规的作息时间不甚吻合，当时学校要求早上 7 点起床去练晨功，去跑步，他能躲则躲，以各种理由请假，特别是形体课，他只要没兴趣就会称病请假。王志文在上学过程中很有自己的想法，汲取自己需要的东西，对其他事情从不做表面功夫。

在校的期间，王志文与葛优、濮存昕这三个影视界的未来之星一同参演了张建栋导演的电影《老三届》，同台竞技，演绎了一段佳话。

在北京电影学院学习期间，对王志文最大的触动就是看电影。刚刚看电影的时候，他跟一般观众看电影的方式没有两样，就是觉得有兴趣就看，没兴趣就不看。电影学院的同学们对任何一部电影都有一个比较直白的态度，不喜欢就离开，或者睡觉。这样，放同学们喜欢的片子时放映厅往往人满为患；如果是大家不喜欢的片子，很可能整个反应厅观众寥寥无几，甚至还在打着瞌睡。

这段宝贵的经历给了王志文极大的启发：“其实这个时候开始告诉我，什么东西是我想要的，或者什么东西是我不要的。我希望我拍的东西别让人睡觉，别让人离开。有这么一个愿望，今后工作的时候，应该先别让自己睡觉，然后

王志文在电影《秘密采访》中

王志文在《芬妮的微笑》中

王志文在电影《风声》中

王志文在拍摄中

才能做到让别人也不困。”

王志文进入电影学院源于一种热爱，由热爱产生了一种需要，虽然不知道未来会怎样，但是他义无反顾。通常只要认准一件事儿，王志文就会矢志不渝，从心出发。但即便如此，大学时代的王志文的表演之路并不被人看好，包括他的老师也建议他当老师而不要当演员。但是，王志文的骨子里有一份倔强、一份坚持，他认为表演的实践与教授学生这两部分是不能独立的，理论与实践一体，这不同于形而上与形而下的关系，涉及许多操作的领域。是这样的一种执着让他踏上了表演的道路。

挫折中的起步

1988 年，即将毕业的王志文踌躇满志，为自己的演艺之路做好了准备。

年初，王志文应邀担任张军钊导演执导的电影《弧光》的男主角，演绎一个大学的心理系教师。王志文自然是非常高兴，毕竟快毕业了，如果在一个很不错的电影里面做男主角当然是一件极好的事情，这可以使自己未来的演艺之路有一个良好的开端。王志文踌躇满志地投入到了表演之中。但万万没有想到，拍了一个月以后，导演告诉王志文说他根本就不会演戏，他不适合演这个角色，最后请他“下课”。

大学期间不被人看好，在即将离开校园的时候就遭受到了一个如此惨重的闭门羹，这无异于在王志文的表演道路上是一件火上浇油的事情。在这样一个重要的十字路口上，王志文并没有太多的彷徨，他没有费尽心思去想“自己是不是不适合当演员，是不是应该安心去当个老师”，而是把自己的精力集中在对表演道路上第一个挫折的思考之上，他不抱怨，更不争执，而是潜下心来深入地对自己进行思考与反省：“那时我知道，演员的命运是掌握在别人手中的，从考学我就知道，是他们选择你，你没有选择。你可以选择，但他不一定使用。要干好这个职业，需要有绝对的实力，没有相对的，是绝对的。如果是这样的话，我就知道我该怎么面对它。我面临的事情都要以比较开朗的心态去面对它，去迎接它。这件事对我触动比较大，我心里直较劲，我就觉得我能做一个好演员。”

是的，王志文骨子里的这份倔强的自信让他不会轻易放弃，给了他前进的动力。他不希望自己对不起自己大学 4 年的努力，既然选择了，就要努力对得起自己的选择。

同时，也有一个人，一个和王志文一样比较沉默的电影学院 84 级进修班的王冀邢对王志文说：“你们班也就你不错。”这句话对当时的王志文来说，非常重要。

带着自信与坚持，王志文重新上路，对于自己今后的表演之路，王志文对自己的表演风格定义了一种真实的色彩，无论什么样的角色，芸芸众生，不论正面反面，都是简单而又复杂的个体。简单是因为这些角色都是人，拥有最基本的人性，有一些东西是本质的、相通的，表演的出发点是相同的，所以拿到了剧本的时候，只要想着把他当成一个人来演就可以了；复杂是因为人性本身让人捉摸不透，不同的人对于同一个目标可能会有不同的表现，而如何通过自己的表现让观众拥有一种共鸣，这是很困难的，而这也就是一个演员对角色的塑造成功性的重要体现。带着这样的一种思考与反省，王志文继续实现着自己的表演之梦，并在这个过程中不断地进步，将自己的表演水平一步步完善。

毕业以后，王志文前往中央戏剧学院报到，放下行囊就赶到了王冀邢导演的《秘密采访》电影片场，饰演一个记者。虽然没有走红，但是王志文在剧中的表演可圈可点，当时正身兼三部电影监制的黄建新导演看了《秘密采访》，记住了王志文，“他很有特点，能让人一下子记住，这也是我用演员的习惯。”

在得到了认可之后，紧接着，王志文又先后饰演了《南行记》《柳亚子》《吴敬梓》等一系列知识分子的角色，逐渐开始崭露头角。但是王志文是一个主动求新求变的人，只有逐渐在变化中提高自己，才能使得自己的表演能力得到不断地提升。

1992 年，王志文在赵宝刚的电视剧《皇城根儿》中出演都市落后青年王喜，有着放荡不羁的性格。王志文一改之前的荧幕形象，赋予了这个角色栩栩如生的感觉，这个角色也赋予王志文在人们心中的深刻印象。也是这次的出演让王志文对自己的表演生涯有了更高的期许与自信。

可以说，演员这个职业具有很强的不确定性。有的时候，运气，或者说，适时地把握住转瞬即逝的机会，是最为重要的。而想要把握住机会，就需要夜以继日地努力与思考，完善自我、提高自我。而王志文恰恰是做到了这一点。

王志文过了把“飞天奖”的瘾

对于王志文来说，他所主演的赵宝刚导演执导的电视剧《过把瘾》是意义重大的。王志文凭借这一作品获得了第十四届全国电视剧“飞天奖”优秀男主角。这一权威的电视剧奖项彰显了王志文的表演才能，也让这个当时离开校园仅仅几年的青年演员从此如日中天，走上了一个新的平台。

王志文对于赵宝刚非常感激，“是他把成功的机会送到我面前。”确实，赵宝刚是中国电视剧界不可忽视的一个人物，可以说是一个“偶像制造者”，王志文演艺生涯的转折也得益于赵宝刚。赵宝刚发掘了王志文身上更多层的特质。对于王志文来说，他开始有能力赋予角色更多的性格层面。

从两人第一部合作的电视剧《皇城根儿》开始，赵宝刚这个“伯乐”就发现王志文身上对于表演后很强的领悟能力，表演的效果自然，整体感强。每次王志文都能很快地理解赵宝刚导演想要达到的效果并把它表现得淋漓尽致。比如，在《过把瘾》最初的拍摄中，赵宝刚导演需要的方言这个角色是一个特别踏实的男人形象，但是他很忧虑王志文身上有的一些痞气不能够很好地演绎这一角色，但悟性极高的王志文很快地理解了导演的担心，将身上的痞气打磨殆尽。

电视剧中的方言各个方面都让人觉得很舒服，产生强烈的认同感。而且在表演过程中，王志文不时产生了一种幽默感，而这样一种幽默感来源于一种反差，分布在王志文表演得严肃、愤怒，甚至是玩世不恭的很多细节。王志文的表演首先不是为了表演一个角色，而是将自己与这个角色合而为一，用方言的视角进行思考与演绎，将这个角色表现得淋漓尽致。他与塑造的人物内心世界融合在一起，让平淡的生活产生了略带苦涩的轻松的笑意。他赋予了方言这个小人物丰富的性格层次，让人物具有了生活的质感。

可以说，《过把瘾》这部作品在中国电视剧的历程中是具有里程碑意义的。王志文在“过了这把瘾”之后，片约不断。他坦言，他曾经为此膨胀过，而这也是再正常不过的事情。在那一刻，他告诉自己，他需要回到起点。于是王志文就待在中戏那间 20 多平方米的宿舍里，看看录像带，邀请一些亲近的人到北京来玩儿两天，这样过了一阵，看到的人、谈的事儿都是原来的，那么现实就变得比较容易正视了。就是王志文这种正视自己的性格让他能够在之后的表演道路上不迷失，有着正确的方向，继续给观众呈现更多精彩的作品。

王志文在中国的影视界有着很重要的地位，然而这一颗明星却在群星之中显得极为独特。他给人的感觉总是孤傲、倔强、不合群，但是真正和他熟识的人却都觉得他率真、执着、有情有义，而且很有幽默感。明星可以被包装，可以一茬茬换，但好的演员必须以一生的修为来达到那个境界。王志文用时间以及对于表演的坚持证明了他是这样一个好演员。

其实，王志文对于表演的坚持从他大学生活之中的体会就可管中窥豹，他希望自己的作品在放映时能够有很多的围在周围欣赏，让人们去细细品味，而不是让放映室只有寥寥无几昏昏欲睡的几个人。他对于表演的热爱是执着的，是质朴的，他最大的愿望，就是将自己喜欢的作品和观众去分享，在观众心中产生共鸣。

这颗独特的星，静静地，照亮了一片不一样的天空。

王志文，1966 年生于上海，中国实力派男演员，1984 年考入北京电影学院表演系，毕业后

分配在中央戏剧学院研究所工作。王志文出道较晚，电影《超导》《荆轲刺秦王》《和你在一起》《墨攻》等，电视剧《东边日出西边雨》《无悔追踪》《刑警本色》《黑冰》《天道》《DA 师》等，一部部经典影视剧见证了他的成长和成熟，尤其是《无悔追踪》，堪称是他演艺生涯中标志性的作品，他在该剧中精彩绝伦的表演，实现了从偶像派到实力派的华丽转身，该剧也成为王志文本人最喜欢的作品，他对人物的深入把握使他的成名水到渠成。1991 出演电视剧《皇城根儿》，由于对于王喜这一角色的出色演绎，一举成名，1993 年的电视剧《过把瘾》更是让他的演艺事业如日中天。凭借这两部影视作品荣获第十一届大重点是“金鹰”奖最佳男配角和第十四届全国电视剧“飞天奖”优秀男主角；2002 年凭借《和你在一起》获得第十一届中国金鸡百花电影节“金鸡奖”最佳男配角。

王小帅：电影是生命最初的旅行

刘小磊

1981 年，王小帅来到北京，成为中央美术学院附中的一名学生，然后 4 年当中，让他想要成为一名画家的愿望却在与日俱减。

20 世纪 80 年代，是中国电影全面复苏的时期。对生命、生活际遇的表达似乎通过单纯的绘画已经难以实现了，如何才能真正表达出自己对周遭世界季节和温度的变化，如何才能展现那一份难以言说的微妙和复杂？附中毕业的时候，王小帅没有继续学画，他选择了北京电影学院导演系。这一年是 1985 年，当时的中国影坛第五代导演正在全力出击，《一个和八个》《黄土地》《猎场扎撒》相继问世，这些影片震撼了被革命浪漫主义加革命现实主义熏陶的国人，也引起了世界对中国的兴趣。

第一次来到北京电影学院是很难忘的，王小帅曾经这样自述过：从德胜门还是积水潭，记不得了，可能两者都不是，上 345 路公共汽车。还是 435？也记不得了。一路向北京的正北走。昌平方向，现在是八达岭高速。在朱辛庄站下来，往东走一条不大的路，左边开始有围墙，右边是一排什么树，外面就是田野。几百米？500 米可能，左手就是一个大门，门左手竖挂着那块和现在那块一样的牌子，上面写：北京电影学院。从当时二环坐那个车——唯一可能的交通工具，到目的地要个 45 分钟。大约一堂课的时间。纯郊区。临校的农业大学证明了这一点。因为是求学，加上那六个字是心中的圣土，再远也不算什么了。冬天脚冷是真的。那个车上没空调，进一次北京，再回来，一路冻脚。那个年纪十八九吧，总爱冻脚，现在没了。很奇怪，侯克明接的我们这些新生，好像他还带了一阵我们班主任。在那个狭小的宿舍里，人基本上挤齐了。侯老师跟我们说事，也记不得说的什么了。但印象中有一分兴奋，有一分神秘，有一分默契，好像有一个密码在传递，心照不宣：我们这 16 个人是最棒的。我们是未来的导演。

这个班我们一直叫它“85 班”。

其实，在考电影学院之前，王小帅就曾悄悄来过，来闻闻那里的空气，看看那些特像艺术家的在校生。甚至周四看片也偷偷蹭过，知道有个特著名的导演在那里当老师，叫谢飞，还是副院长。每周四的电影学院都会放西方的片子，人多得挤破门，很多都不是本院的学生。最难忘的一次是跟着美院附中上届考进电影学院美术系的同学往里混，挤来挤去，惶恐至极。那天放的两部片子影响了王小帅的一生，它们分别是《失去平衡的生活》和《放大》，虽然那两部片子，对于没有入门的学生来讲门槛太高了，但是有种一棍子被从此打蒙的感觉。就连当初两部中国横空出世之作《一个和八个》和《黄土地》都立刻被抛到脑后了。那一年，王小帅 18 岁。

考进导演系，才知道班主任是郑洞天老师。当时还没有看过《邻居》，但考试时就知道郑老师的名字，只觉得这个名字好听，直到现在还觉得好听。郑老师手把手教给学生每一个关乎电影的细节，似乎对于电影他什么都知道，同时把他的发现和大家分享。有同学拍作业，有一个镜头是河马冲着镜头张开大嘴。那个同学配音的时候自己学河马叫，神形兼似，大家很是佩服。郑老师课堂上问是谁配的音，同学说是自己，言行间很是骄傲。郑老师说对不起，河马是没有声带的，不可能发出那样如狮虎般的咆哮。大家乐翻了，成了日后班级的集体记忆。王小帅的另一位恩师是韩小磊老师。韩小磊是课堂上侃大山，分他的烟抽：短前门，后来搬新地方了就把大家叫到他家吃涮羊肉。二锅头也是一块常喝。在学习和生活中感受到一个导演兼老师的点点滴滴。大课有周传基老师，上来就在黑板上用一个大叉把好莱坞三个字给毙了，大家就血液沸腾，猛鼓掌。但是现在的周老师好像与时俱进地开始分析好莱坞了，却真是“害了”王小帅，用国产电影市场的话来说一直顶着周先生的那个大叉叉，被视为另类。倪震先生也是另类典型，明明是要讲中国电影，可每次都放西方电影和苏联电影，大家高兴得闹成一团。那时候对国产电影不怎么“感冒”，总有点崇洋媚外，直到 1986 年，85 班转到了蓟门桥北的新校区，猛然看到了《小城之春》，立马给镇住了。从此改道，从西转到东：日本、中国台湾成为更贴近的抚慰。至今如此。

说起二年级搬新校区，王小帅也是记忆犹新，他曾经这样回忆：“一天损失惨重。这里登个寻物启事，哪位同学看到快和我联系，必有重谢。情况是这样的，搬来时几个行李里包括了我的一个大夹子。是用木版做的，里面夹了我在中央美院附中学习时画的所有画，特别是一大堆速写，宝贝。都运到现在的宿舍 5 楼电梯口，然后一件件往 515 宿舍搬。第一件搬完转回，也就两分钟不到，回来看地上的夹子没了。人多乱哄哄的。到处找不见。就算丢了。后来找了一段终究没有结果，视为悬案，奇案。心疼至今。安慰自己说那是让你和过去真正告别了。只能这样了，虽然美院附中也是一生难忘的启蒙时期，包括初恋。”

那时候，拉片子是北京电影学院的特权。借录像带盒带，照着老师讲的细节在监视机房里倒着看。当时外面没有机会看到那些历史上的经典影片，虽然很多带子都被拉得模糊不清了，但那仍是一份独特的特权享受。20 世纪 80 年代整个社会的开放和西方思想的进入成为了王小帅这代人成长的背景，个性的表达以及对个体生命和思想的尊重成为追求的目标，一直连接到当下社会，形成一个至今还困惑的夹生产物。就这样，大学 4 年过去了。

毕业那年，学院问王小帅是否留校，23 岁的年纪觉得只有拍电影才是最好的，那才是实现理想最快的路径，于是想着要去搞独立制片。攒了几个事，黄了几个事，终于明白了现实是什么，也终于正视了自己的年少轻狂，1991 年，赶在自己的分配令到期之前，王小帅来到了福建电影制片厂。

王小帅去香港参加第三个时期的中国电影学生影像会

王小帅、陆川回校参加活动与校院领导合影

2002 年，王小帅因《十七岁的单车》获柏林评委会大奖

2009 年，王小帅的《左右》获最佳编剧奖

坐了三天三夜的火车，来到了福建电影制片厂的招待所，被看门大爷领着到了三楼，门打开是两个双层的大铁床，一股荒凉感油然而生。王小帅将褥子往床上一扔，下了决心：什么都不能买，无论是家具还是什么，这个地方必须尽快离开。从此以后，每个月领完工资一定会预留出 250 块钱，这是坐一趟回北京联航的机票钱。没本子可拍，就只能自己写剧本，前前后后折腾出来五个剧本。每个剧本最后都附上了很厚的申请书，阐述自己想当导演，希望从一个联合编剧，从文学策划，从文学编辑晋升为导演，但每次又都不了了之，永远的说辞都是“等消息”，直到没了消息。为了忍耐，王小帅在自己宿舍的墙上写了两个大字“镇静”。直到有一天，电影资料馆的老师从北京到福建讲课，开座谈会，看到王小帅问他为什么还不拍戏，因为都知道他是学生时期很有名的尖子生，并且告诉他们班的胡雪杨在上海拍了《留守女士》，上影厂明确说只要拍得有品质，不需要赚钱。王小帅再也坐不住了，跑去跟福建电影制片厂厂长说道，厂长这次没再说“等消息”，而是明确表态，大学生要先锻炼 5 年，让他端正心态，不要急于求成。王小帅听后撂了一句话“我走了”，再次回到福建电影制片厂时，他已经拍完了处女作《冬春的日子》，他要回来办护照出国参赛了。

西方影评界这样评价王小帅的《冬春的日子》：如果你对中国电影的了解还来自于张艺谋或陈凯歌的话，那么年轻的独立电影人王小帅的作品《冬春的日子》将带给你一份新的惊喜。《冬春的日子》充满了一股狂热而又哀伤的情绪，王小帅以优美的影像和音乐打造了一曲稍纵即逝的爱的挽歌。剧中的两个主人公，由两位青年画家刘晓东和俞红本人出演。更准确地说，这里没有出演，有的只是画家生活和内心的状态。拍戏的钱是凑的，拉一群同学拍个小广告，大家都不拿钱，将钱放到王小帅的剧组里拍戏。胶片是他跟同学刘杰去保定弄的，磕了三天三夜，准备请保定乐凯胶片厂的人吃饭，结果还是对方花了钱。七省八凑地把片子拍完了，碰到了香港著名影评人舒琪先生，受他鼓励参加了一些电影节评奖，还在希腊塞索斯尼克国际电影节得了金亚历山大奖，拿回五万美金奖金，算是收回了成本。

20 世纪 80 年代第五代的横空出世，让电影人开始意识到造型艺术的重要。《冬春的日子》在视觉上则是有一种另类的、承继性的，含而不露的黑白处理，透过情致有度的影调，话语中深含着的人生体味已非彩色所能传达，单色不仅是被作为象征，而是作为人生苦乐的一味咀嚼物，再好不过地表达了主人公经历的悲欢命运。这更像是一部探问画家内心和灵魂状态的电影，是一部真正散发出画家气息和专业素养的电影。不仅因为银幕上的两个主人公本人就是有追求有造诣的青年画家，尤其因为主人公的烦恼和精神分裂是画家生涯中最常见最典型的原因：艺术上不被理解和爱的失落。

从那时起，王小帅的作品关注对象总是停留在漂流的人还漂流的人生状态中，似乎这一群体映照在影像中才能最大限度地体现那份复杂与暧昧不清，而这在王小帅看来，就像一种人生旅程的初体验。《极度寒冷》和《扁担・姑娘》是交错拍摄的，但是《扁担・姑娘》开始，王小帅镜头下漂流的人已经更为大众和现实化，他们更像是在这个社会秩序中被遗忘，但又不应该被遗忘的大众人群。就像《扁担・姑娘》讲述的是“随着改革开放的浪潮，农村人口大量涌入城市。东子和高平是同乡，又是好朋友。东子只身来到武汉，住进了先来闯世界的高平处，并在码头上寻到一份挑担的工作。他们就像成千上万涌入都市的打工族一样，期盼着这繁华的都市能给他们什么。高平说有个城里的胖子骗了他的钱，让东子和他一起去找个姑娘，找到她，就能找到胖子。东子不情愿地帮高平把阮红从歌厅绑回家，结果高平和阮红一夜间成了出双入对的情侣。他们的一举一动撩拨着东子青春的骚动。”这是一个黑社会老大的舞女和一个农民工的爱情故事，但更多的是一份对社会变革下群体身份变化的反思。

这份反思的执着在 2000 年随着《十七岁单车》的出现而让王小帅真正步入第六代电影导演领军人物的行列，因为这部影片获得了柏林国际电影节银熊奖。影片中的两位女演员周迅和高圆圆都已经成为现在炙手可热的一线女演员。“成长”似乎是一司空见惯的创作母题，但王小帅的视点更多的是在讲述外来务工人员小贵和城市居民小坚因一辆山地车而引来的诸多青春琐事。在影片中，王小帅借飞达快递公司经理的话讲出了山地车不再是一种便捷的交通工具，而是一种资本和权力，是农民小贵融入城市生活，为公司赢得良好信誉的资本，更是小坚在同学们面前表现炫耀自己的权力。两个少年，面临的不仅仅是青春困惑，而是对社会制度规范的抗争与挑战。

从此，王小帅的电影似乎有了一个关注当下的确定性标签，无论是《二弟》对偷渡客的关注，还是《青红》对知青子女回城的关注，抑或是关注中产阶级家庭危机的《左右》等，王小帅的坚守似乎是显而易见的。他竭力用自己的镜头让人们看到生活的另一面，带点真实、漂流、不安和不确定感的另一面。只要揭开表象，露出内核，无论是艺术家还是小人物，无论是中产阶级还是底层农民工，他们的感受都是相似的。而这份感受，就像生命最初旅行的那份体验，是永远无法替代的。

王小帅，1966 年出生于上海，1989 年毕业于北京电影学院导演系，中国内地第六代导演之一。执导过多部影片，其中 1993 年独立制片编剧导演处女作影片《冬春的日子》被英国 BBC 选为电影诞生一百周年之百部最佳影片之一，1999 年执导第一部体制内电影《扁担・姑娘》入选戛纳电影节一种注目栏目，2001 年执导的影片《十七岁的单车》入选第 51 届柏林电影节竞赛片单元获评审团大奖银熊奖，2005 年执导的影片《青红》获得第 58 届戛纳电影节评委会大奖，2008 年执导的影片《左右》获得第 58 届柏林国际电影节最佳编剧银熊奖和特别关注奖。2010 年因影片《日照重庆》入围第 63 届戛纳国际电影节主竞赛单元，王小帅也因此获得中国电影导演协会年度导演奖。2014 年 9 月电影《闯入者》入围第 71 届威尼斯国际电影节主竞赛单元。

赵小丁：淡然简单生活，执着电影人生

洪雅文　陈时空

如水生活，从容年华

赵小丁成长在一个宽容安逸的军人家庭中，父亲是负责导弹原子弹任务的军队高层干部，家境的优势使得幼年的他就与影视有着不少的接触，在那个电视台都没有几个的年代，他已经看过不少电视和电影，童年的时光充满了惬意和随性。新侨饭店，是军区大院的孩子聚会打发时光的好去处。赵小丁和他的伙伴们跟服务员们打成一片，当时他们经常去新侨饭店享用免费的红茶和冰激凌，作为回报，他和伙伴们也时不时送出军区放映的电影票。平和安宁的成长环境让他得以自由自在的感受，随着自己心里的触动和感悟顺其自然的发展。谈到儿时的理想，赵小丁轻松地笑着说，自己从来没有什么远大的理想。原来宣武门新街口附近有一家茶叶店，赵小丁的家就住在那边。茶叶店的生意很清闲，特别安静，特别消停。每天，两个年轻的女孩子在那里上班，她们总是说着笑着聊着天。赵小丁从她们的状态中感受到了幸福与满足。所以如果非要说理想，赵小丁向往的不是一件具体的事情，而是寻找这样一种类似的淡定悠然的状态。他对事物本身的观察和欣赏，让他能安然接受和享用命运的安排。这一点上，赵小丁很受用自己的成长环境。他说聪明的父母不会给孩子定远大目标，小孩就应该好好活自己的，上学太早完全没有必要。你就把自己想清楚了，很

每一个认真度过当下，都是足够好的当下。生活中没有刻意的目标和追求，但是每个时刻都散发着生命力和魅力。每个努力生活过的当下连起来，随即变成了自己独一无二的人生。

——赵小丁

安稳，很快乐很充实。每步一个脚印，反而比一次设立远大目标走得远。与其说他是一个随遇而安的人，不如说他对世界的观察和欣赏激发出了世界最好的一面，让他在各种境遇中都能从容面对。

说起来，赵小丁的第一份工作着实与电影毫无联系，他曾经是八一队的滑冰运动员，叶乔波是他的队友。后来因为腿伤，退役后他负责运动研究。研究的工具，是一台摄像机。从那一刻起，赵小丁与摄影结缘。后来赵小丁又跟随命运的机缘巧合做起电影摄影，从此电影届多了一位如水一般从容的摄影师。而他的事业也如一条缓河一般从容踏实，像水到渠成一般顺理成章。这种安宁平和的处世态度随着赵小丁的成长逐渐得到认可和发展，演变成一种强大的精神力量。塑造了赵小丁强大的世界观和心态。

当问到现在过的人生是否是他想要的人生，赵小丁说，他现在很满足。他信奉的哲学是知足者常乐，这个心态有很深层的心理学的内涵。一些有钱的人，没事约个香港尖沙咀吃晚餐，是他满足的目标；路边烤肉串的摊主累了一天，回家就想弄瓶冰镇啤酒一喝，躺在床上看着电视剧嘿嘿一笑也就满足了，人对自己的要求不能超过自己的现实状况之外。女孩子找男朋友也是，你不要自己勾画出来一个标准，不然最后你永远就会失望。随遇而安，就是利用手头有的有利条件。很多女孩心态很好。没有合适的男友就不结婚。比如他的一个朋友自己在精子库申请了一个冷冻的精子，生了一个小孩，有合适的男生的话能接受小孩，就在一起，没有的话就自己带小孩。没那么多痛苦，痛苦是自己自找的。也许对于赵小丁来说，没有什么所谓的想要的人生。

专业摄影，专业态度

作为专业的摄影师，其最关键的职能，就是用自己的眼睛看世界。摄影师把世界采集到自己的小宇宙里加工，然后用摄影机把它输出成一个个画面。所以赵小丁认为摄影师作为艺术创作者，包括美术摄影画家音乐，感受世界能力是第一位的，虽然后天的经验和勤奋也是不可或缺的。正因为每个人对世界的感受是不一样的，这个反过来作用到每个人，才形成了艺术的感觉。这种感觉与生俱来。赵小丁就是这样一位善于感受和表达的摄影师。他对于世界的感受是无处不在的。工作中和生活中，赵小丁无时无刻不在体验和分辨着世界的质感。任何环境和天气都有不同的质感，光影的变化牵连着整个世界的气氛微妙的变化。作为优秀的摄影师，赵小丁会在任何片场的环境下熟练地进入自己的小世界，打开感受的触角，集中精力找到自己的感觉，然后通过摄影机的画面把观众带入到这样的世界中来。他对画面出色的感受和准确的表达赢得了观众和专业人士的一致认可和追捧。

摄影师负责把所有部门的辛勤劳作都通过摄影师记录在案。这个岗位不能犯错，它承载了整个组劳动的心血，所以一点都不能疏忽。赵小丁凭借出色的专业水平备受青睐，所以他所面对的最大的挑战不是技术上的难题，而是更进一步，深入到如何顺畅无碍地与剧组人员沟通合作。赵小丁是张艺谋的御用摄影师，与大导演合作，他依然是那个从容淡然的态度。赵小丁说，摄影师捕捉画面，在现场是主要的创作的部门。从职业规矩上讲，摄影师应该服从于导演。全组人包括摄影师在艺术上都应该听从导演的把握。但是听从当然也不等同于没有自己的见解。自己的创作和导演的创作有冲突，这是一件经常发生的有点拧巴的事儿。比如稍微有点名气的摄影，和新人导演合作，其中就需要把握度量。既不要压制导演，也要尽职尽责地给他们自己的建议。导演和全组的其他创作部门，尤其是摄影部门充满了挑战和微妙的合作关系。怎样处理专业和沟通上的度量，怎样平衡建议和服从是作为一个优秀摄影师必须要磨炼的一个意志品

赵小丁在拍片现场

赵小丁、曾念平在摄影系先力奖颁奖典礼上

赵小丁在《金陵十三钗》中任摄影指导

赵小丁和电影学院的学生们在一起

质。做摄影很累，身体和精神上都要有相当的素质。当你有强烈要表达自己主管诉求的需求的时候，有可能就自己做导演。如果选择做了摄影，就踏踏实实尽好做摄影的职责和义务。赵小丁跟年轻导演有很多合作。像《铜雀台》《决战刹马镇》《大兵小将》都与我们学校的新人导演合作。在赵小丁对职责的明确把握和明确定义下，他们合作得非常顺利，彼此都非常信赖。当然赵小丁对合作也有自己的标准，遵从的原则一是挑选剧本，第二是有合作的愿望和外部各方面条件。作为一个很有名气的摄影师，他首先很尊重这些年轻的导演。而导演也永远想找的是有经验和能力，但是又能跟导演的思路融合的很好的摄影师。新导演在物色摄影师的时候也有各种方面的考量。赵小丁捕捉光线的敏感使他成为一线最前方的摄影师，但在主观上他并没有要转行的特别强烈的愿望。所以赵小丁非常乐于和新导演合作，因为这样比成熟的导演更在意摄影师的想法，摄影师和导演的思路和谐地相加，经常会创造出最大的双赢和最好的作品。

令人钦佩的是赵小丁是鲜有的成功跨广告和电影界的双料摄影。两种类别的作品差别就像硬核摇滚和轻音乐，需要不同的审美思路。广告和电影创作上的巨大区别在于他们的美学构成完全不一样。用广告的方法拍电影观众就累死了。而电影更平和一些，但是更讲究叙事的连贯性和整体性。要做到在两种迥然不同的创作中的转换，创作者内心的丰富程度是非常重要的。不仅在艺术上对两种形式都要敏感，同时创作者必须还具有清晰的理性认识，定义好不同创作的目的和意义，在不同的审美节奏中准确转换。感性和理性是一对矛盾体，完全感性不能驾驭，完全理性有丧失了艺术的敏感。创作是感性和理性的完美结合。在常年的实践中，赵小丁把自己的理性和感性完美地结合到了一起，完成了一个又一个各不相同但同样出色的作品。

情迷专业钟情器材

赵小丁是一个不折不扣的器材迷。成为摄影师后，一连好多年，他每年都去拉斯维加斯参加国际摄影器材展，年头和经历在国内首屈一指。可谓工欲善其事，必先利其器。电影特性和本质一直被不断地讨论，但技术一直是推动电影时代发展的里程碑一般的一个重要的参数。而整个时代的科技发展，用他的话讲，一个摄制组两卡车的设备，你会用就用，不会用就都糟蹋了。所以赵小丁对各种器材的使用都格外上心。

赵小丁刚从电影学院毕业的年代，胶片还是电影唯一的承载方式。用于记录影像的胶片机在片场是一种近乎神圣的存在。而如今，大家都可以随随便便买到一台摄影机。这是一个技术逐渐升级的行业，而摄影师一生子都必须不停地学习新的技术，淘汰旧的技术。近年来 3D 浪潮席卷全球，在电影学院开设的 3D 摄影讲座上，赵小丁怀着极大的热情认真地参加了所有的课程。更新自己的摄影技术，及时掌握最新最先进的设备动向成为他的热情所在，更是他作为摄影师的生命力和本能。对于 3D 技术，他理性地推测了几种可能。比如未来几年 3D 会取代 2D，甚至电影院升级为不需要戴眼镜看的裸眼 3D。虽然 3D 电影风头很猛，但是他的观点还是相信 3D 不可能完全替代 2D。2D 或是 3D 的选择要有其合理性。有的题材适合 3D，有的题材就适合 2D。他尽管热衷最新科技，但是对于 3D 和 2D 技术并没有特别的偏好，如果需要抉择，他也会根据电影的剧本和题材选择 2D 或 3D。

淡泊名利，心如止水

多年的摄影经历，赵小丁收获了许多荣誉和奖励，还曾凭借电影《十面埋伏》获得奥斯卡最佳摄影提名。名和利都是别人提的，赵小丁却看得很淡，只是专心致志地工作，做他的摄影。他说，名利是你在奋斗的过程中对于努力过程的一种回馈，从来都不是奋斗的目标。他追求的永远是一种踏实的生活状态，人生目标也是随着人生发展的状况水涨船高。就如同欣赏茶叶店的两个女孩一样，他的追求是内心的一种境界，无论遭遇是怎样，这个追求始终没变。对于名利，他当然享受其中好处，但从不指向性很强地把它作为目的。在名利面前有些人会迷失自我，电影圈如此，搞体育的也会面临这样的选择。有些运动员五局三胜，二比零领先了还被翻盘，就是因为心中有了杂念。像射击什么的，呼吸粗重点就脱靶。这些小事你从电视上看到了，反过来都对你自己有生活上的指导意义。赵小丁喝着茶淡淡地说：在名利面前人心的深层会显露出来。但有些东西该是你的，想躲也躲不开。不是你的，你挣扎了也不一定能得到。人要对名利以外的人生进行规划。遵循的原则就俩字儿，自然。

心系母校，资深学长

在学校内，我们时常看到赵小丁的身影。论文答辩，先力奖，还有一些活动他都积极参加算下来还真不少。一些摄影系研究生的讲座，有关数字技术的论坛他也混在学生中积极参加，有空的时候经常在学校。但是作为职业的摄影师，一线创作比较频繁，他坦言不能回学校做全职老师，但是他带的徒弟很多都是学校毕业的。在他的带领下，很多人也已经自己独立做摄影师了。

赵小丁很欣赏学校的学习环境，他说学校给人一个能读书的氛围，告诉你怎么看片子以后怎么学习。出了校门不代表学习的结束，学校交给你方法，以后你一生都可以通过看片子学习。

面临现在巨大的就业压力，赵小丁的经验是同学们不要以一时的成败论英雄。比如他将参与的下面一个剧本是一个怀柔武校里做武行的人写的，做替身的人，去写剧本，现在已经 8 万到 10 万一集。他给同学们打气，比起其他专业，电影是一个很宽泛的行业，电影不会埋没人才，尤其是在这样一个黄金的年代。只要潜心磨炼好自己，是金子就总会发光。

——

赵小丁，中国电影摄影师、摄影指导。1989 年毕业于北京电影学院摄影系，拍摄过《英雄》《十面埋伏》《满城尽带黄金甲》《山楂树之恋》《金陵十三钗》等。2005 年更因《十面埋伏》的出色摄影而获得第 77 届奥斯卡最佳摄影的提名奖，他成为征战奥斯卡的又一位华人摄影师，《满城尽带黄金甲》也在当年获得了香港金像奖最佳摄影的提名。除了拍摄电影之外，赵小丁在广告界更是赫赫有名，诸多知名品牌广告如可口可乐、雪铁龙汽车、阿玛尼香水等。同时，北京申办奥运、上海申办世界博览会、北京 2008 奥运会会徽发布等政府宣传片也都出自他手，被人称为当今影视圈的“金牌摄影师”。他还拍摄了大型纪录片《故宫》。

王全安：Stay Real

於梦迪

他出生在红色的革命圣地延安，却天生带有法国式的浪漫；他年轻时云游各地，把恋爱当作主业，也因此与电影结缘；他的电影在国外赢得荣誉，在国内却饱受争议；风风雨雨，他和他的电影相伴走过，回望当年，他发现自己还是最爱电影。他就是王全安，自张艺谋后再次捧回柏林电影节金熊奖的中国导演，人称中国“第六代”导演的领军人物。

他同时爱上了两个东西，一个是电影，一个是女人

王全安算是中国导演中一个不好归类的存在。他自己创作剧本，自己执导，早期强调个性化的自我表达方式，日后又异常重视纪录片式的语言模式，他愿意使用小故事但也乐于寻求与大时代的对接。

1965 年 10 月 26 日出生在陕西延安，幼年喜欢绘画，并希望长大后以此为终身职业。1977 年接受父母的安排，离开学校到一个歌舞团里当舞蹈演员，从此开始了城乡游历的生活。1980 年开始，借中国对外开放的文化交流活动之机，出访众多国家。也许正当青春萌芽的年龄，十七八岁的王全安，在法国结识了一位苏联代表团的法语翻译，正是这位姑娘让他对电影产生了兴趣。

这位女朋友跟王全安说特别喜欢一部名为《老枪》的法国电影，并且告诉

王全安这是一个真实的故事改编的电影，于是女朋友就拉着王全安去与《老枪》有关的博物馆参观。也许是王全安看到女朋友在谈到电影时，眼睛里散发出来的欣喜和眉飞色舞的神态，以及对电影的那种向往，他一下子觉得电影跟自己有了某种联系，他想着拍电影原来能让异性如此的被吸引，那自己为什么不能去拍电影呢？王全安这时意识到电影的魅力，它可以让人如此疯狂着迷，突然萌发拍电影的强烈愿望。

就带着这样子很玩味的想法，王全安他在学校偷走了自己的档案，气哭了喜爱他的老师们，打定主意转行学电影。在 1987 年时，放弃去法国里昂电影学院学习导演的机会，且也就在这一年他考进北京电影学院。

曾经有一位主持人问他，为什么总是拍女性题材的作品？王全安回答说，首先女性本身就很有色彩，给人感觉很祥和；而男性角色剥开层层面纱之后，看到的还是权力。其次，他回想自身，也许就是在法国的时候，他同时爱上了两个东西，一个是电影，一个是女人。其实这么多年来，他还是一直在做这些事情，他只不过是用电影来拍女人而已。

闷头写本子的“闲人”

1991 年的西安电影制片厂，总有个下了班（或者不怎么上班）立马钻在屋子里写东西的家伙。不过不相识的也见怪不怪，这是有着古老文化底蕴的陕西土地上人的性情——在这里比较认同闲人，彼此彼此的人在一起，互不稀奇。

若换在北京，就没有几个人会觉得这是一件很正常的、司空见惯的事情了——一个北京电影学院毕业的人，不想方设法地在毕业之前到处“活动”寻找关系，而是主动要求回到出生地；并且在成为导演之前，恐怕也没有几个人能像王全安一样，并不着急拍片子，而是安然自得地埋头写了整整 4 年多的剧本。

大四那年，身边的同学都忙着为留在北京东奔西走，他却晃晃悠悠地没有丝毫动静。连教务处的老师都急了，跟他说，你也不跑一跑，都快要分配了。

他不急，扔出一句："我是西安来的，你把我分回去不就完了？"

就这样按他自己要求去了西安电影制片厂，分过去当副导演。毕业时他只提了一个条件——只跟一部电影，了解电影的流程就够了。私底下他跟张子恩副厂长（电视剧《宰相刘罗锅》的导演）说了真心话："别的我真的不太想干，我就想一心写剧本……"

在北京当然一样可以写剧本，文艺圈的人或者还徘徊在圈外的人，如果想做成什么事情，都要巴巴地挤在北京。即便不在北京的，后来也都想方设法聚拢过来。可他不这样想。

"必须要离开北京，这个地方已经比较躁动了，如果你就这么坐着写剧本，周围环境就觉得你有病，就觉得你这个人神叨叨的，因为大家都在急着要干点'正'事……"那时的王全安，觉得自己注定就是个游走的人。

西影给他发工资，没有人说他，也没有压力，他对物质要求也不是很高。他喜欢这样的生活，可以安排自己的时间，一待就是4年多，他给自己定了时间表，用这4年写完10个剧本。结果，4年过完了，他写了13个剧本——当然都没有投拍，就是为了练笔。

电影学院的4年学习对他来说非常重要，在那个环境里，他看了很多在别的地方看不到的片子，用他的话来说，是对导演气质的一种很好的培养。他喜欢的大导演科波拉、黑泽明、费里尼，都写剧本，科波拉有10年的剧本训练，而黑泽明则写了20年。他们的电影那么好那么扎实，反过来看是有原因的，不是单单掌握了技巧就能拍好这么简单。

上大一时他就开始写剧本。那时写了一个短剧《风的小屋》，写年轻人的情感、社会的问题。刚开始没把握，不敢说是自己写的，骗老师说是某个小说里的一段，一演，很成功，班上的同学看了感动得稀里哗啦，看一次哭一次，觉得剧情跟自己的生活很接近有关系。他兴奋了，发现自己编剧本有天赋，发现表达是如此有力而有效，一下子就决定彻底开始写剧本了。

"就像练书法一样，不能忽略基本的训练。我们的价值体系比较实用功利，喜欢四两拨千斤的那种感觉，有些电影拍出来就是不让观众好好看。电影拍出来就是给观众看的，这个基本的都做不到。”这是他后来在西影执着写剧本的原动力。

但是，这并不意味着他就如此这般成天没心没肺地享受简单和悠闲了。

在西影，他自然也有机会从副导演变成导演去拍电影，不过那是拍别人的本子，还称不上是他最想拍的东西。快到出发的一刻，他突然打了退堂鼓，对同伴说，还是你一人独立执导吧。

“我总觉得满心紧张，如果我以这样的方式跨出去，我不是离电影近了，而是离电影更远了。”他对迈出这一步如此慎重。“那会儿当不当导演对我来说并不重要，我还是喜欢电影这个事，但我知道真正的好电影不是这样拍的……”

那是他对电影本身最怀疑也最苦闷的一段日子。

写剧本可想而知也未必能让他完全获得自我满足感。他对自己的怀疑是“我们到底拿电影干什么？”投资不算少，观众却没有多少，也许可以在国际上获奖，但电影只是为导演一个人，出一下名就完了？

他喜欢的那种电影和想要确定的电影方向——后来被人称作“艺术电影”或者“独立电影”，他自己也深知有难度，并非简单凭感觉就能拍的。

“那时候感觉人完全掉在了电影的水里，很深，也很痛快。电影就跟爬楼一样，一阶一阶的，投机取巧不了。可是你想做的电影跟周围环境没关系，包括交流也是，没办法跟别人交流，说自己想要做个什么样的电影，没有用，除非拿出东西来再说。”

人有时候碰到机遇或是转折，很奇怪，未必是一件大起大落了不得的事情使然。在西安时，冯小刚的贺岁片《甲方乙方》公映，王全安是在电影院看的这部片子，整个过程看得很快乐，他发现现场每个人也都很愉快。“电影是能给人带来快乐的，中国电影不是能做到这点吗？”

《甲方乙方》在那个时候适时地给了他支撑。事后他笑言：“一个上乘的商业片给了一个艺术片导演动力。”

2008 年，王全安因《图雅的婚事》获柏林金熊奖，他与女演员余男共同举起奖杯

王全安在拍摄现场

做演员是好演员，做导演是好导演

“全儿”是朋友对他的习惯称呼。朋友们对他的评价是表演系很有才华的人，做演员是好演员，做导演是好导演。他在西影主演过一部影片《隐身博士》，演个小混混，很有神采。有一个细节是，这个小混混追逐别人上楼梯的时候，手里有个棒子，虽然是全景，王全安依旧能够抓出戏，将棒子在身后要出了一个很漂亮的花。这样的例子在影片里还很多，连缀到一起就是王全安是个聪明的演员。

像这样的在学院就被叫作“有想法”，表演系有想法的很多后来就做了导演，比如黄磊、徐静蕾。如果以国际电影节做个衡量指标，王全安现在恐怕可以说一跃成为成就最大的一个。

可他的第一部电影《月蚀》，在毕业 9 年以后才拍成。

有一年，王全安到北京参加朋友的 Party，在走廊里抽烟时，碰到一个同样不习惯热闹场面和左右逢迎的人，也站在一边抽烟。

他问王全安：“拍电视剧赚钱吗？”“不可能。”

“那拍电影能赚钱吗？”“不可能。”两个不可能，让对方觉得这个身处电影圈的人倒挺实诚。

“那拍个好电影有没有可能？”

“这倒是可能，虽然不容易，但可以努力。”

“那你以后要拍电影的话找我。”

两年后，王全安对他说：“我要拍电影了。”

“你想好了吗？”

“想好了。”

“那就来吧！”

王全安果然就来北京了，带着自己的剧本《月蚀》。

拍《月蚀》时没有什么大困难，都是在能够掌握之中的，拍摄很顺畅。他发现自己特别适合做导演。一个导演除了电影本身之外，还必须要操作、驾驭和组织一班人，这个第一次对他来说出奇的轻松和愉快。

他把这归结为在西影厂做副导演时的经验，那几年看似没做出什么东西，但实际上影响是潜移默化的。“你可能准备了电影最重要的东西，剩下的就是天生的了。”

《月蚀》拍竣，2004 年在当时国内的第一个艺术院线“A - G 院线”短暂地公映之后，国际版权在海外卖得也不错，好歹跟投资方有了个交代，所以他也没有太大的内疚。有人因此说他是“第六代”导演里最幸福的，没经过那种寻找投资的折磨。

他想得很简单：电影总是有人要拍的，总有资金要为拍电影付出，缺的不是钱，而是好剧本。上大学大家为了分数为了分配送礼的时候，他就想电影学院总需要一两个好学生吧，那就成为好学生里面的一个好了；写剧本也是一样，与其用几年时间不停地找资金，不如先好好写剧本，只要东西好了，自然会拍成。

“电影节也一样，这么重要的电影节，肯定需要真正优质的电影，尽管也有运作在里面，就算运作有一半，可还有好电影。”

拍第一部《月蚀》时，他妈妈看了以后说不喜欢。那会儿他听了还特别高兴，觉得这个电影本就不是给她们这个人群看的，感觉自己的片子很有文化气质。后来他意识到自己的误区了。“当时这个想法实在是太荒谬了，什么样的人都喜欢的电影，才是好电影。你应该有你的思想，但思想也是要附着在故事和剧情之上的。”

后来父亲看了《图雅的婚事》后，称赞说这是他三部影片里最好的一个。实际上这个时候的他，他的自我感觉、对电影的把握已经足够成熟了。他意识到电影必须应该是在电影院里放的。

“不要一提艺术电影，就是在国际怎么着怎么着了，甚至是边缘的、地下的题材。我的电影是正常的，表达是正常的，我并不想艺术电影作为一个异端存在。”

《图雅的婚事》获奖后，德国一家著名的电视台采访王全安，对他提了一个问题：“我们之前看一些中国电影，觉得有很独特的东方特色。但是看完《图雅的婚事》，我们完全没有觉得这是一部中国电影，我理解它全部的内容。您觉得这是一种倒退还是进步？”

王全安告诉这个德国人，这正是他自己非常欣慰的地方。

“这个才是正常的，说明我们的电影跟人家保持在一个水平线上。原来总是被强调‘特色’，这就暗含着不平等，意味着你没法跟他们讨论正经话题。我们终于不用再替东方魅力来回答来说话了。”

我依旧坦荡地为初衷活着

2007 年 2 月 17 日，中国人最热闹的除夕夜。彼时在北京的另一端，王全安和他的御用女主角余男站在柏林电影宫里，当充满内蒙古风情的马头琴的音乐徐徐响起，柏林电影节评委会主席在最后一刻将悬念的结果大声宣布出来，《图雅的婚事》字幕开始在银幕上滚动时，全场的掌声，足足持续了四五分钟。

尽管事先有些预感，当那一刻来临时，好像又超出了心理的判断和准备。用女主角余男的话来说：“原以为可以拿块银牌，没想到却得到了金牌。曾经想会有个惊喜，没想到却收获了狂喜。”

一个月前，《图雅的婚事》还是一个默默无闻的低成本影片，一个月后，估计王全安要被封为中国电影新的领军人物了。而在此之前，他的名字以及低调的行事风格在圈外并非尽人皆知，《图雅的婚事》也仅仅只是继《月蚀》《惊蛰》之后他的第三部艺术片。

有人说王全安和余男在听到获奖的时候十分高兴，甚至激动得过度。但想想上一个拿下这个金熊的中国电影导演是张艺谋，获奖的影片叫《红高粱》，而这已经是很久的20年前的事了。即便激动过度，又有何妨?

这个出生并成长于延安这片土地上的性情中人，心态坦然而从容。拍电影给他带来的最大快乐就是能够准确地表达自己。有的人表达不出来，有的人表达出来而别人却不认可，这都是问题。当想表达的东西通过电影让别人认可了并给别人带来快乐，这可能是他最大的幸运。

他也算不上是一个多产的导演，当时也只是拍出了三部片子而已。但是当他决定这一辈子就拍电影时，实际上就有了自己的时间表了，三部电影在他的时间表里，不多也不少，每个电影有每个电影要做的事情。他也并没有处心积虑地在一开始就想要拍个什么电影，在外界得到个什么结果，最重要的只是对自己的印证。

就像一场长跑，你知道这是一个长跑，要计算好体力，前面怎么跑，后面怎么跑。而不是短跑，不是拿个奖就完了。如果仅仅只是为了一个百米冲刺的冠军，这一生就有点索然无味了，或者，这样的一生也有些滑稽。

王全安始终相信，一个人之所以能够坦荡，是因为他依然在为初衷活着以及经历了好多之后有所成，并获得一种越来越自由的感觉。“我最大的成功就是初衷始终没有改变，元气未伤。人生就是把你固定在不同的地方，你就得不停地挣脱，挣脱了就获得了能量，挣脱不动那就是结束……”

王全安，西安人，编剧、导演，1991年毕业于北京电影学院表演系。2000年，编剧、导演电影《月蚀》获得广泛关注，先后参加20多个国际电影节，并获得多个重要奖项。《月蚀》迥异于中国电影以往的叙事风格，其独特的电影语言带给中国电影界极大的震撼，受多个国际影展邀请参展，获莫斯科国际电影节国际评委大奖，是中国新电影运动的标志性影片。2003年编剧、导演的电影《惊蛰》更是为他获得更大的赞誉，使王全安的电影在中国第六代导演中独树一帜。2007年王全安拍摄第三部自编自导的电影《图雅的婚事》，荣获第57届柏林国际电影节最

佳影片金熊奖。2010 年王全安执导，表现内地与台湾两个家庭自离散后重聚的影片《团圆》获最佳编剧银熊奖。2012 年 9 月，王全安导演拍摄了改编自著名作家陈忠实小说《白鹿原》的同名电影，震撼上映，社会反响强烈。

张嘉译：几多风雨几多虹

李侃

17 部电影，超过 1000 集电视剧，张嘉译可以算是影视界的劳模。前 10 年的赋闲经历，让张嘉译这 20 年并非一帆风顺，他靠实力打拼从一个无名小卒跑龙套演员，一步步演到出名。他身上特有的西北人“韧劲”，即使在他看不到希望的时候，也一直在坚持。为了演戏，张嘉译每天可以不吃不睡，努力做剧本分析和文案；拍完戏后再苦再累，张嘉译也会把自己的表演再回忆一下，反思自己的表演；在片场，张嘉译非常敬业，如果对自己的表演不满意，张嘉译会向导演提出重新拍摄……

17 岁的“少年”与“老成”

张嘉译，生在陕西西安的一个知识分子家庭，父母都在煤炭科学研究院工作，有四个哥哥和一个妹妹，过着无忧无虑的大院生活，小时候经常被大孩子带着玩儿，遇着事儿，小嘉译从来都不主动出头，但也不退却，因此，从小就练就了内敛稳重而又顽强的品性。

还在上高二的时候，张嘉译被舅舅带来的一份《西安晚报》吸引了，那上面刊载了一则“北京电影学院在西安电影制片厂特设招生点”的新闻，之后他便抱着“试试看”的态度准备了北电表演系的考试，所有的亲朋好友都没想过他会成功，所以当张嘉译把录取通知书带回家的时候，父母会感到如此的意外和出奇的吃惊，那一年，张嘉译才 17 岁，是同班中最小的一个，但却有着与那个年龄极不相符的成熟稳重。

17 岁那年，张嘉译轻而易举地就迈过了人生中最重要的那重门，开启了那一直“令他很快乐”的行当——演艺事业。演员若要把“男女有别”奉为圭臬，是成不了气候的，张嘉译也深谙此道，但他跨过心中的那道坎儿，却足足用了一年时间。嘉译是典型的西北人，一身的大男子主义习气，在西北男孩儿眼里，跟女孩整天腻歪在一起的男孩儿，是要遭受鄙视的，所以，嘉译从小时候开始要是跟女孩说起话来就是一脸的羞红，这一度成为嘉译施展演技的一个障碍。班主任马精武老师熟知嘉译的品性，就专派“强暴女生”的戏给他演，还专门警告嘉译“我不让停不准停”，嘉译很快就入戏了，粗鲁地将女演员抱到床上，“熊抱女生”对嘉译来说已经算是极限了，按理来说马老师也应该叫停了，可是老师没有停的意思，嘉译却已经不知所措早早地停了下来，“强暴”戏活生生被演成了“良心发现临阵退缩”了，在场的班上同学哄笑成一片，嘉译显得更尴尬了。嘉译是那种很容易就开窍的孩子，一年下来，与女生处久了，也就不再害羞了，竟到最后也胆大起来，主动去找女生搭戏，进步之快，也让马老师着实吃了一惊。

天生的“乐天派”

张嘉译是生来乐观，困难与挫折向来都是等闲视之平淡处之，好像越是这样了，越是没有困难和挫折，所以，嘉译一直很顺，从来就没有过“大难降临”的感觉。

嘉译重友情，讲义气，同学们都很喜欢跟嘉译结交朋友，嘉译“人缘广朋友多”，到后来也是出了名的，毕业之后，最让嘉译牵挂的还是亲如兄弟的大学室友，毕竟在那四年里，他们干了太多惊天地泣鬼神的“奇葩事”。嘉译

对我而言角色没有大小之分，因为可能恰恰就是小角色的十几场戏影响到下一部作品。我是一个思维很清晰的人，我知道只要我演好，就会有下一个机会在等我，所以每一部戏我都不会忽略。只要付出努力，就会有回报。

——张嘉译

的宿舍有一个“聚宝盆”，舍友们个个把全部的家当都扔进了那个盆子，大家一并规划，一并花销，过起了“共产”的生活，可是，那时少不更事，过惯了“今朝有酒今朝醉”的日子，全不会精打细算，因此，“共产”的生活便被过成了月初山珍海味月末清汤寡水的不稳定生计，但是，嘉译现在回忆起来，没有了吃糠咽菜的凄凉悲戚，却全是喝酒吃肉的欢声笑语。

若是如此，充其量也就是惊天地泣鬼神，还算不上“奇葩”。也不知是谁的突发奇想，想为大伙儿订制统一的“宿舍服”，大伙儿竟然神奇地一致同意，有的去扯布料，有的去找裁缝，有的去买装备，折腾了半个月之后，6 个人穿着黑风衣，围着白围脖，戴着蛤蟆镜，潇洒地从宿舍楼走到校园里，一路上耍帅炫酷，博得了一票儿的回头率，未曾想他们 6 个人在校园里被校领导碰了个正着，领导对他们批评教育一番，并警告他们“不允许 6 个人同时穿这样的衣服招摇”，6 个人垂头丧气地回去了，再不敢穿那统一的“宿舍服”了，嘉译如今聊起那“奇葩”事，还是不禁地莞尔一笑。

张嘉译说：“他从大二开始就再也不从家里要钱了。”嘉译兄弟多，父母负担重，他很是体谅父母的难处，自力更生，18 岁那年，他真正的长大成人了。张嘉译聪明，是个“生意经”，在学校里抠破脑门地想着挣钱的活计，他入学还没多久，便和同学商量，在校园里开了家洗衣店。为了拉到更多的生意，张嘉译在宿舍里四处串门，游说同学去洗衣服，“当时承诺的是，10 块钱洗一个月的衣服。”但是好景不长，洗衣店开张洗过一次衣服，便不得不宣告关门，“真是很累，那洗衣机是单桶的，洗完了你得拧，还得晾，到最后学校就不让我们晾了。没办法，只有贴告示宣告破产了，同学们给的钱也没退给人家。”这样

张嘉译在影片《失恋三十三天》中

演员张嘉译

的小插曲，在张嘉译眼里，根本算不上失败，相反学到更多的经验教训，如此云淡风轻的心态和执着追求的性格，决定了嘉译成名之路的漫长、多舛、深刻以及“痛并快乐着”。

大学生涯是张嘉译快乐且充实的4年，除了自在地生活之外，嘉译还自觉地学习，如饥似渴地接受专业的表演技能训练，磨炼出来了嘉译精益求精细腻真挚的表演特点。嘉译从来不会因为角色的不起眼而懈怠了塑造角色的机会，只要有机会，嘉译都会做足了准备，全力以赴之，大三的时候，嘉译接了一个戏，还是一个重要的角色，为了符合戏中的要求，嘉译忍痛割爱绞了留了小半年的一头飘逸的长发，翻阅了有关于这个角色的所有资料，还专门为这个角色借了一套干净的西装，他满怀希望和信心地筹备着他的第一部大戏，可是，到头来导演却暗地里偷梁换柱，让别的演员替代了他的角色，这对嘉译来说绝对算是一个沉痛的打击，但他怒不形于色，没有跟导演组做过多的纠缠，又重新投入到了另一段学习之中。这就是张嘉译，一个不一样的张嘉译，一个总是轻松前行、永不为俗世所累的张嘉译。

“我觉得我一直很火”

学校是个象牙塔，从象牙塔中瞭望社会，只是一片片美好的想象。当学生开始融入社会，当梦想遭遇现实，有的人一蹶不振，开始成为“愤青”的一支；有的人迎难而上，摸着石头过河，渐渐蜕变为有为青年，张嘉译属于后者，不过现实太残酷，嘉译这一“摸”足足用了20年，10年的蛰伏，再加上10年的步步为营，最终酝酿成一个喷涌而出大器晚成的“宋思明”，“这个人成名用了20年，太漫长了”，影迷们不无为之抱憾与叫屈，嘉译习惯了泰然处之，全然不在乎现在的观众吹捧出的虚名，“我一直都有戏拍，我觉得我一直都很火”，回忆着过去的20年流露出的全是释然和恬静。

嘉译刚从电影学院毕业，就面临起人生的重大抉择。20世纪90年代还是个“国家分配工作”的年代，但是若要工作好，还是得“走走后门”，张嘉译毕业想留在北京某制片厂，父亲就托了个熟人找找门路，可那熟人绕来绕去终究不熟，父亲领着嘉译进了那人的办公室，从一开始，那人就是一副趾高气扬的样子，父亲为了儿子的未来和前途，以前挺拔的身板也顿时弯了下来，语调也温吞了许多，那人夹带着官腔，打了半天哈哈，也没有解决实际的问题，十几分钟的谈话在嘉译看来比 10 年还漫长，嘉译坚毅且果断地拉着父亲的手出去了，在门外指着天对父亲保证：我就是在西安待一辈子，也不愿意看着您老在北京这地界抬不起头。之后，张嘉译便在西安蛰伏了 9 年，9 年的时间历练了一个坚韧的张嘉译。

1991 年，张嘉译从北京电影学院毕业后，并没有从北京找到工作的他，回到西安电影制片厂打杂一年，他把大部分时间都用在看碟上，胡同口有三个碟店，每天都去碟店租几张碟片，他几乎看遍了三个碟店所有的电影碟片，张嘉译看电影很仔细，精彩的片子他需要做很多的拉片笔记，做详细的人物分析和处理，潜心的沉寂确实对嘉译之后塑造人物角色打下了坚实的基础。张嘉译在西安电影制片厂待的几年里，结识了一帮影视圈好友，比如刘惠宁、张汉杰等，这些好友日后对嘉译演艺之路都有过提携和帮助，张嘉译是那种走到哪里都不缺朋友的那种人，一路的豪爽洒脱，一生的兄弟情深。

在西安蛰伏 9 年之后，张嘉译又到北京开始北漂。再次到北京，张嘉译没想到自己做的第一个决定便遭遇骗局，“当时，我没地方住，后来我同学说，有一开发商在卖零首付的房子，说是交两万块钱，人家给你钥匙。”张嘉译用自己身上所有的钱买下了这个所谓“零首付”的房子，没想到后来才发现这是开发商的一个圈套，“结果不是零首付，是拖后首付。半年之内你得给人家交清。幸好我朋友借我一笔钱，才还清了。”这一小小的插曲，预示着嘉译北漂生活的艰难和苦涩。

有很多演员都是让观众看着脸熟却叫不上名字，曾经的张嘉译就属于这一类。从“警察专业户”到“婚姻问题代言人”，再到王小帅《左右》的国际大奖，张嘉译都是戏红人不红——戏可能一集不落，可人就是叫不出名。他让观众从陌生到熟悉，用了20年的时间。20年不长，但是也不短。从1987年进入北京电影学院算起，张嘉译已经在这个行业里干了20年。而最近几年张嘉译才开始慢慢被更多的观众所熟悉。当年随着电视剧《半路夫妻》《生死劫》《温暖》的全国热播，王小帅电影《左右》柏林获奖，男主角张嘉译的名字不断被提起。不过在看到了张嘉译的照片之后，绝大部分人却都有恍然大悟的感觉，原来是他。甚至走在路上，很多人都会看着他眼熟，却叫不上名字。演艺圈就是这般残忍，有的人可以一夜成名，有的人却只能从量变慢慢到质变，如果说名气也是种积累，2009年这个深冬，兼具书卷气与江湖气的张嘉译终于爆发了，一部直面社会现实反映当代年轻人爱情观的电视剧《蜗居》红遍大江南北，剧中的腐败官员宋思明一角，让之前长期处于“看着脸熟叫不上名字”状态的演员张嘉译真切体验了一把走红的滋味。对于自己的大红大紫，他说这没什么感觉，真正给他印象深的就是极不顺利、摸爬滚打的那些年，哪怕是回忆，到老也会历历在目。

张嘉译，1970年生于陕西西安，1991年毕业于北京电影学院表演系，现为SMG尚世影业签约艺人。在《帕米尔医生》《国家使命》《半路夫妻》《冯志远》《建党伟业》《左右》等影视作品中有着出色表演。2009年，因在争议性电视剧《蜗居》中的表演而名声大噪。2011年，因在《借枪》中饰演熊阔海一角获得白玉兰最佳男演员。2012年，在备受瞩目的谍战大戏《悬崖》中出演男一号，这部电视剧被视为《潜伏》的超越之作，2012年参演的电视剧还有《心术》《浮沉》等，2013年又凭借在《浮沉》的出色演出再次斩获了白玉兰最佳男演员桂冠。

蒋雯丽：
戏如人生，沉淀本色

洪雅文　陈时空

银幕上，她是塑造百变女性形象的金马影后；不管是《大宅门》中的怪胎白玉芬还是《幸福来敲门》中用心良苦的继母，都因着她深刻生动的演绎而深入人心。她是一块璞玉，一块逐渐散发出光芒的金子。银幕下，她追求着生活与自我的平衡，坚守自己的内心。提起蒋雯丽的戏，无论是她不施脂粉、梳着两根辫子的天然模样，还是离经叛道的怪女人，人们都无法忘记她那双善良而略带忧郁的眼睛。

青年蒋雯丽——善良而脆弱的黑天鹅

蒋雯丽出生在安徽蚌埠小城的一个知识分子家庭，父亲是工程师，母亲是铁路局话务员，都比较喜爱文艺。从小父亲就教她看名著、名画、听名曲，而母亲则送她去学体操和舞蹈。她一直是一个安静内向的孩子。童年时期外祖父的去世和周围的人事离合，给她脆弱而善良的青春时期带来无数的烦恼和悲伤，也培养了蒋雯丽丰富的情感内涵。技校毕业后，蒋雯丽被安排到安徽蚌埠的自来水厂当工人。但蒋雯丽说：“我觉得我是一个很不认命的人，内心有一团火焰，总希望找个对象去燃烧。”后来全国城建系统搞汇演，因为从小打下的舞蹈基础，领导就派蒋雯丽搞文艺演出，当集体舞的领舞。蒋雯丽开始展露出优秀演员的影子。1988年的秋天，蒋雯丽来到了北京，在毫无准备的情况下考入了北京电影学院。当时班上的同学很多都各有绝活，而蒋雯丽家中没有一个人从事艺术工作，似乎是和电影八竿子打不着。电影学院上课的第一天，老师是让学生们谈一谈各自的经历，谈一谈入校的感受。蒋雯丽的每个同学都说自己是从哪来，然后是怎么样去想上这个学校。大部分同学是有经历，或者是小时候学过，或者一直对文艺特别热爱的，或者同时考过好几个学校的。而蒋雯丽却没有经历过任何目的明确的专业培养。蒋雯丽自己其实完全没有想到自己能考上电影学院，当时她谁也不认识，家里也没有任何人能看清其中的门路。当时她来考电影学院的时候，只是希望人生多一个经历，没想到就考上了。当时老师让学生们讲述自己经历的时候，蒋雯丽就哭。学校对于她来说，就像是一片净土。在一群各有所长的同学中，蒋雯丽似乎成了异类，她不知道自己的选择是不是对的，这样的心情也奠定了大学时期的蒋雯丽内向的、不太与人接近的性格。但老师们说："雯丽是个可塑性很强的演员，除了具有善于传情的眼神、变化丰富的表情外，最难得的是她的聪慧和悟性。"后来，蒋雯丽的星途果然一帆风顺，早在大学二年级，她就凭处女座《悬崖百合》荣获了"飞天奖"最佳女配角的提名；后来又被陈凯歌选中，在电影《霸王别姬》中出演角色。但即便她考上了万里挑一的电影学院，并且取得了蒸蒸日上的事业成绩，蒋雯丽忧郁而敏感的性格，非但没有改变，在纷繁复杂的演艺圈，反倒愈演愈烈了。这种忧郁在赋予蒋雯丽与众不同的忧郁和魅力的同时，也推动她在迷茫中不断以她的方式坚持着自我的性格和探索着人生的哲学。

戏内的蒋雯丽——内心戏的爆发

蒋雯丽灵动清纯的本色表演赢得了广泛的认可和好评，但随着表演生涯的展开，蒋雯丽开始寻求挑战更为复杂的角色。凭借那颗敏感精细的内心和认真钻研的态度，她在不同的角色中展现对人物内心的出色领悟。

我觉得我是一个很不认命的人，内心有一团火焰，总希望找个对象去燃烧。

——蒋雯丽

最出彩的戏要属《霸王别姬》，当时剧组里群星云集，蒋雯丽饰演一个不起眼的配角——老妓女，蝶衣的母亲。让蒋雯丽出演一个风尘女子，连化妆师也觉得这是个挑战，因为蒋雯丽本身就是一个漂亮纯情女孩。为了演好这部戏，蒋雯丽花费了巨大的心血，她专门拜访了一位旧时代的老妓女；她还得人指点明白了妓女的眼神是永远斜着看人的，头轻微摇晃；她还一遍一遍地预习台词，寻找感觉。“有一个朋友打电话找我去一个地方，我说去不了，因为我要预习台词，他们觉得不可理解，演员还要那么费劲，还要预习台词。因为那台词是京味，我是南方人，学起来就特别难。”到开拍时，蒋雯丽终于找到了人物的感觉，人物的状态。有一个镜头，蒋雯丽“孩子”的手被剁了之后，蒋雯丽站在那里理了一下头发，等“孩子”再喊娘的时候蒋雯丽就消失了。蒋雯丽回忆那种感觉时说：“当时他们在布光，准备了好长时间，我就一直站在那里，后来我就感觉到四周的喧哗渐渐离我远去，我有了那种魂不守舍的感觉。于是就成功地拍下了那一场戏。其实现在想来是一种失神的，是一种灵魂出窍的感觉。我觉得那种状态非常有意思，如果太清楚太明确自己要表演的东西，比如我现在该哭该笑，该怎么样，太明确反而很难表演得恰到好处。虽然《霸王别姬》我的戏很少，但我印象最深的还是《霸王别姬》。我自己觉得目前还没有一部能超过它的戏。”

后来《大宅门》导演想让她演主角之一杨九红，她却不想重复在《霸王别姬》里的身份，选择了挑战更加古怪的配角白玉婷。那是一个富家的小姐，她从小喜欢看戏，爱上一个戏子。也是因为爱这个戏子，才对京剧有特别大的迷恋。后来她想嫁给这个戏子，可是家里不同意，这个戏子也是有家小的，不能娶她，所以在怎么都不成的情况下，她就跟这个戏子的照片结了婚，而且是终身未嫁。虽然戏份不多，但是蒋雯丽认为这个角色很有意思。

蒋雯丽说，戏如人生。在漫长的演艺道路中，她也慢慢将自己的心理情感

88 班的蒋雯丽入学汇报演出

蒋雯丽在《台湾往事》中

蒋雯丽和表演系 94 班学生军训时在一起

蒋雯丽因《立春》获第二届罗马电影节影后

寄托在影视作品上。最符合她个人内心需求的是 2010 年上映的《我们天上见》。这是一部非常纯粹的电影，以蒋雯丽儿时和姥爷相伴的过程为原型，讲述了一对爷孙间的亲情以及他们周围的人情、爱情等等。蒋雯丽在这部戏中包含了对时代非常理性的含蓄的审视，这种审视不是妄加评断，也没因回忆的美好而被镀上金色。在感动于亲情、邻里情之余，通过这部电影，也可以隐约感到那个时代温暖之外的残酷，比如小兰的父母远在新疆 10 年不能与女儿见面，比如人与人之间可以建立有相互依赖、信任的关系，却又很难排除交往时的谨小慎微，也因此具备了饱满、浓烈的情感，观影过程中，随时能感受到导演和演员想要传达出来的情绪鼓鼓胀胀，但它也很克制，电影的克制和它的简约表达，仿佛让蒋雯丽得了大师真传，但我相信，这不过是蒋雯丽把她对电影最本真、质朴的认知，通过镜头转化出来了而已。但即便是转化，也需要一定的技巧，《我们天上见》包括叙事、摄影、剪辑等方方面面体现出来返璞归真式的技巧，使得它丝毫不见一名新导演的生涩之感。

这些经历不仅是蒋雯丽多面角色的成功探索，也见证了她从一个不太懂得表演的学生，或者说从成功的本色表演走向了非本色表演，证明了蒋雯丽作为一个演员的可塑性，也使蒋雯丽得到了影视圈内的认可。蒋雯丽认为，她的学习和表演过程就是寻求境界的过程，这个境界就是空灵、随心所欲、游刃有余。这种境界往往是可遇不可求的，众里寻他千百度，千呼万唤不出来。而在巨大的成功后，蒋雯丽并没有就此陷入成功的狂喜。一方面，她寻找着表演上的空灵境界。另一方面，蒋雯丽一直在犹豫，一直在自我怀疑：我从哪里来，又要到哪里去？我的性格比较内向，但演员应该很奔放很大方很开朗的，我是否适合表演？我是否入错行了？双子座的蒋雯丽认为自己有双重性格，有时特文静，有时又特疯狂。而在相当长的时间内，蒋雯丽的心路也是双重的。就如考入电影学院时一样，人生的波澜起伏并没有改变她的心境。对自己的人生，她一直保持着清醒的质疑和理智的探索。

回归演员的蜕变——慢工出细活

1992年，蒋雯丽大学毕业，1995年就去了美国。在毕业之初，蒋雯丽内心始终是动荡漂泊的。她对自我命运怀疑一直延续到她远赴美国结婚生子。虽然在大学里荣誉满载，但是真正喜欢上表演，是蒋雯丽大学毕业以后。1995年蒋雯丽去了美国，那段时间没有拍戏，远离了国内这个环境，因为与圈子没有太多联系，反而让她觉得自己真的很喜欢表演。蒋雯丽很认同自己这段出国的经历："换了一个环境，你的世界观会有所改变，眼界会更开阔一些，虽然还有很多事情看不明白，但能看到很多不同的东西。因为你一直局限于文化氛围里，而出去之后便吸收了不同文化，而且在你年轻的时候，生活在多元化的环境里，思维会比较开阔，想问题的角度都会不一样。"国外与之前迥然不同的环境让蒋雯丽从纷繁的生活中脱离出来，给了蒋雯丽一段平心静气的时光慢慢思考和沉淀自己的人生。原来蒋雯丽认为的那个让她感到困惑的巨大的世界开始变小，变得清晰。在多种文化交融的环境中，蒋雯丽不再像一颗浮萍，她得以从一个世界的视角审视自己和命运。在对内心和世界的重新探索中，蒋雯丽重新爱上了表演，这次不是为了改变命运，而是为了自己内心真正的热忱。从美国回国后，蒋雯丽立刻投入了演艺事业，甄选优秀的剧本和创作，拍摄了《女帅男兵》《立春》《好想好想谈恋爱》等大获好评的影视作品。

蒋雯丽的表演让每个角色都带有自己鲜明的印记，在每个为主线增色的配角和深入人心的主角中，观众隐隐能窥见一个丰富的蒋雯丽。蒋雯丽说，其实最重要的是你能够演出一个又一个让观众喜欢又记得住，并且印象深刻的角色。有很多角色虽然没有得奖，但是它给观众的印象非常深刻，观众甚至会叫出演员在剧中角色的名字。得奖当然是很开心，但是作为一个演员，在投入到角色之后，她忘记很多东西。那个时刻非常美妙，你可以忘记生活中任何痛苦和悲伤，在那个时刻你就是那个人物。这就是蒋雯丽所追求的表演的乐趣和境界。

上善若水，反哺社会——公益事业实践者

如今蒋雯丽已经成了中国影坛“戏骨”一级的女演员。在演艺事业之余，她还不忘为慈善事业身体力行。蒋雯丽是“关爱女孩”行动形象大使，通过公众人物的号召力，为改善女孩生存成长环境，充分保证女孩的生存权、发展权、参与权和受教育权利做出贡献。蒋雯丽还是一位充满爱心的慈善大使。她捐赠了40万建设希望小学，并以第一位“防治艾滋病义务女性宣传员”的身份出席、主持各项相关活动。她还多次把艾滋病孤儿接回家，与全家人一同游戏、吃饭、聊天，让孩子感受家庭的温暖和快乐。

她同时还领养了一个女儿。在儿子6岁的时候再收养一个小孩，这个想法蒋雯丽一跟顾长卫说，就获得了顾长卫的支持。但是，要男还是要女，两个人却一时拿不定主意。后来还是“当家的”顾长卫拍了板———“要女儿吧，儿子已经有了，我想要一个女儿！”确定之后，蒋雯丽和顾长卫在空闲的一天，开车到了福利院。一群小孩子出现在他们眼前，两个人有点傻眼了，到底哪个才是和我们有缘的女儿呢？好在两人事先想好了以选演员的办法来选女儿，于是拿出了相机，在孩子中一顿海拍，然后拿回家放到电脑上，细细看照片，选择可以当女儿的“女一号”。最后还是顾长卫以导演的气魄又拍了板。“我们当时只是想要个女儿的，但在这么多小孩里我们完全不知道该选择谁。我们拍的照片里的都是些特别漂亮、特别可爱的小姑娘。后来我们在家里的电脑上发现，有好几张照片的边上，都有一个小女孩，永远蹲在小角落里，就那样的一个小孩，让我们觉得特别心疼，后来再次去福利院的时候，就开始注意看她。”两个人发现，别的小女孩儿特别会表现，她却特别不起眼，“总是被别人推到一边，看起来挺可怜的。”顾长卫一下子就涌起了父爱，他对蒋雯丽说，“我们要这个小女孩吧。”就这样，这个幸运的小女孩成了蒋雯丽家中的一员。

蒋雯丽对生活的积淀正一点一点地发散出来。她的生活也因为这样的厚积薄发而日渐丰满。在娱乐圈里的女人想要做一个好妻子、好母亲同时也是好演员，

并不是一件容易的事情，很多人因为前两者而舍弃了后者，也有很多人因为后者，而无奈地放弃了前两者。蒋雯丽是为数不多的，能够很好地平衡三种关系的女人。正因为蒋雯丽是一个充分经历生活并感悟生活的女人，所以她才有可能将不同性格和背景的女人的心理拿捏得那么细微、到位。

——

蒋雯丽，1969年出生，安徽蚌埠人，1988年考入北京电影学院表演系本科，是中国著名女演员，获得众多专业奖项。1999年因《女帅男兵》获第6届中国电影华表奖优秀女演员，2003年因《台湾往事》获第10届中国电影华表奖优秀女演员，2007年因《立春》获第2届罗马国际电影节最佳女主角，2009年因《立春》获第27届中国电影金鸡奖最佳女主角、第5届中美电影节最佳女主角、第2届中国电影铁象奖年度女主角、第1届优质华语电影大奖最佳女主角。2009年导演的电影《我们天上见》获第14届釜山国际电影节“观众最喜爱影片奖”，获第1届澳门国际电影节最佳导演，获第19届上海影评人奖新人新作，获第13届上海国际电影节亚洲新人奖最佳影片。2010年因《我们天上见》获第一届纽约中国电影节亚洲最杰出艺人，2011年，因《我们天上见》获得第14届华表奖优秀少儿影片并提名第28届中国电影金鸡奖导演处女作奖。

此外，蒋雯丽还出版书籍作品《雯丽谈艾滋》《姥爷》等。

黄磊：寻找平衡的多面人生

闫瑾

刘若英在给黄磊个人随笔集《十七楼的幻想》作序时，形容黄磊“温柔中有一种世故的豁达”。并感慨道：“只要你开始试着进入他的世界，就会发现你的旅途多了许多意想不到的风光。”即使是大众视野里的黄磊，人生也称得上“风光旖旎”，年少成名后为人师表，演而优则导则唱，尤其是传为佳话的浪漫爱情和美满家庭，生活和事业都顺风顺水的他，到底是如何将人生的众多角色平衡得堪称完美呢？让我们一同走进黄磊的多面人生。

初识舞台：父亲的榜样力量

黄磊出生于演艺世家，父亲黄小立是著名的话剧表演艺术家。黄磊的童年就是在中央实验话剧院（现国家话剧院）里度过的。儿时的黄磊活泼好动，经常捉弄比自己小的邻居，或是将丝袜套在东家小孩头上，或是挖个深坑将西家小孩丢进去。那时院子里的大人教训自家子女，都拿顽皮的黄磊举例：你再皮可就和黄磊一样了。活脱脱的“反面教材”。可

人的一生需要很多的支点，爱情，家庭，子女，友谊，事业，在我看来，就连下厨房也是支点，支点越多，人生才越稳定。

——*黄磊*

就是这样一个经常恶作剧的小孩，对待戏剧却有着超越同龄人的领悟力。小小的黄磊跑去剧场看父亲演戏，光是《灵与肉》一看就是十几遍。在《灵与肉》中黄小立饰演一个拳击手经纪人，最终出车祸而死。每当刹车的音效一响，小黄磊就哭得泪眼婆娑，因为爸爸又要死了。6 岁时，黄磊终于从台下走到了台上，首次出演江西话剧团舞台剧《甜蜜的事业》，他在剧中男扮女装，饰演“梦弟”一角，开启了自己如梦一般的演艺生涯。

父亲对儿子的影响是潜移默化的。导演汪俊形容他们父子俩是两个流派，父亲传统严谨，儿子现代生活，但是儿子还是非常“害怕”爸爸。而说起儿子黄磊，父亲黄小立曾坦言片场无父子，就是两个演员，搬两把椅子对词。“我很少评价黄磊的表演。在拍摄现场，我们该怎么样就怎么样，他是我的合作伙伴。”新《四世同堂》中父子俩曾有过合作，黄老出演老式读书人钱先生，有一场戏表现的是钱先生在院子里被日本人拷打的场面。当时天寒地冻，但剧本要求黄老穿着破烂的一件单衣，在空旷的院子里站着，黄老冻得直哆嗦。黄磊一直站在父亲的身后举着军大衣，但父亲就是不穿。他冲着黄磊发火：“这场戏就是要表现钱先生的饥寒交迫，我如果不狠点对自己，就没法体会钱先生当时的情境，这样的状态才最契合角色的要求。”父亲对待角色对待艺术的一丝不苟，也为黄磊日后严格要求自己，树立了榜样。

教学相长：与电影学院的不解之缘

父亲的言传身教和从小的环境熏陶，让高中毕业的黄磊自然而然地报考了艺术院校。黄磊先是报考了上海戏剧学院，但没考上。随后在父亲的支持和鼓励下，1990 年考入北京电影学院表演系，同班同学有王劲松和姜武，指导老师则是大名鼎鼎的齐士龙老先生。进入电影学院的第一年，他就出演了陈凯歌执导电影《边走边唱》。《边走边唱》入围了戛纳影展，黄磊也开始在影坛崭露头角。起点如此之高的黄磊，却依旧踏实努力。在校期间，1992 年他出演

黄磊在研究生毕业典礼上

黄磊在表演专业考试中

黄磊在指导学生的汇报演出

了舞台剧《三姐妹》，1994 年，自编自导自演了舞台剧《牛虻》，1995 年自编自导自演了舞台剧《红字》。1996 年更是凭借电影《夜半歌声》获得第三届中国长春电影节最佳男配角奖。

电影学院给予黄磊的不仅仅是事业的起点，还有爱情的萌芽。黄磊的妻子孙莉考上电影学院那年，黄磊读研究生二年级。作为已经成名的大师哥，在迎接新生的时候，他对气质不凡的孙莉一见钟情。也就是“因为在人群里多看了你一眼”，两人携手走过了 9 年恋爱，10 年婚姻，是影视圈里众人皆知的神仙眷侣。2006 年大女儿多妹的降临为原本幸福的小家增添了更多欢乐，而在今年，黄磊和孙莉又迎来了第二个女儿。甘作绿叶默默付出的妻子和美满和谐的家庭，是黄磊事业发展最强有力的支撑。

黄磊在接受媒体采访时曾说过，老师是自己最在乎的身份。当初考硕士研究生，就是奔着毕业留校当老师去的。“表演系考研究生的人很少，我们这年才两个，比我晚一届只有一个人。读研究生的 3 年，很多的时间是在当助教，也就是教书，所以你算我教龄的时候，记得给我多算上两年。”黄磊当主任教员的那批学生跟黄磊的年龄差距很小，最年长的学生也只比黄磊小 3 岁。从新生进校一直到毕业，表演系 97 班黄磊一带就是 4 年，这位主任教员勤勤恳恳、事无巨细地关心着学生们的学习和生活。著名女演员海清就是黄磊的学生之一，直到现在海清还保持着迷茫失落时给“黄老大”打电话的习惯：“每个人心里都有多重的锁，而我心里的锁黄磊老师都能有钥匙把它打开。我真的是非常服他。”出演《玉观音》之后，海清一度无戏可拍。也是黄磊将海清推荐给正在筹拍电视剧的滕华涛导演，并嘱咐自己的爱徒“不要片酬”都一定要接滕导这个好本子。而这个在黄磊眼里的“好剧本”就是奠定海清“国民媳妇”地位的《双面胶》。

电影学院无私地培养了黄磊，黄磊也践行着电影学院“尊师重道，薪火相传”的校训，无私地为自己的学生传道授业解惑。黄磊时常和学生排戏到深夜，有一次甚至因为劳累过度晕倒在舞台上。“因为父亲对我说过，既然做了老师，就得为人师表，为学生做好榜样，把自己当成蜡烛照亮学生前进的路——你要是亲眼看见老爷子说这番话的表情，就知道那可绝对不是在唱高调儿。”“上课我们讲的都是一些很抽象很形而上的内容，不可能给学生解说什么角色该怎么演之类的事情。其实我们在学校里教表演，只是在培育一个可能会从事表演工作的胚胎，连会表演的半成品都算不上。从表演系毕业的学生，只有自己不断地去领悟，去提高自身的修养，才能说有可能会真正明白什么是表演。”

在电影学院，黄磊是最受学生欢迎的老师之一，不仅因为他是明星，更因为他是一位既敬业负责又才华横溢的老师。2005 年前后，黄磊曾经几度被邀请去台湾传授表演技艺。林依晨、陈柏霖等台湾新生代偶像纷纷跑去当他的学生，都只为一睹黄磊老师的风采。他的学生名单上，又增添了更多星光。

演而优则导：浪漫多情的文人情怀

原本就天资过人的黄磊，经过电影学院 7 年的系统学习，演技日臻成熟，选择剧本却更加谨慎。黄磊曾说：“支撑你去创作的，还是因为对爱的一个理解。爱这个角色，你才能诠释好它。”黄磊平时就好读书，爱写作，随身携带着一个记录本。他甚至为自己的记录本深情作文：“每一天都盼望着见到你，打开你的扉页，凝视你的眼眸，深深呼吸你的呼吸。用笔尖轻划过你的身体，勾勒出我的痕迹。棕色的平原、蓝色的天、美丽的云朵、自由的风。这久违的心情终于在今天向你倾诉。几声鸟啼惊醒眠熟的心，我懒惰地寄居在无知觉的世界里。”就是带着这样浓浓书卷气的黄磊，在 2000 年前后，先后参演了两部堪称为自己量身定做的电视剧，那就是风靡一时的《人间四月天》和《橘子红了》。黄磊扮演的徐志摩和容耀辉，都是才华横溢、忧郁深情的读书人，和黄磊的文人气质不谋而合。衣袂飘飘、民国范儿的黄磊，也成了观众心目中的经典银幕形象。

与陈凯歌、李少红、许鞍华等导演的亲密合作加上自己多年的演戏经验，让黄磊萌生了当导演的想法。对于执导筒拍摄《似水年华》，黄磊不止一次地说这是他给青春留下的纪念，“我拍这部剧的时候正是 30 岁，我希望自己在 30 岁时可以更有创造性，所以写了这个剧本，并且做了导演，既是给自己留下的一个纪念，也为将来做准备。”黄磊还解释道，“这个故事的情节不是太复杂，不过如果我们习惯了看电视剧本，可能就会习惯情节并不是电视剧唯一重要的东西。对电视剧来说，最初级的是情节，再高一层开始讲述历史，再高一层就是讲情感。这部戏里其实也有大起大落，并不比任何一个别的故事的起落小，不过都是人物的心灵挣扎。”黄磊热爱“导演这个陌生、新鲜的工作”，“一切都要亲力亲为，从怎么写故事，怎么拍，到怎么让观众了解，这个过程很累也很有成就感”。

当导演已经有些上瘾的黄磊，之后又自编自导自演的 40 集电视剧《天一生水》。黄磊在《十七楼的幻想》中这样记录自己的剧组生活。“戏拍了整整一天，一直在角斗场的景地中拼打着，仿若是远古的英雄。一部戏的拍摄总是这样，梦境一般。这一时刻是一天当中我最惬意的，天光已经不够拍摄日戏，可是天却也没黑，于是我们都各自找寻地方坐了下来。吃饭了，我们这群‘电影民工们’或蹲或坐在不同的角隅中。就是现在，我一天中最欢乐的时光，拍摄暂时停止了，在这日夜交替时分，一段音乐，笔记本与笔，这梦境一般的拍摄景地，周边有些忙碌，有些闲坐的人们。几乎透过这音乐也依然能听到他们的交谈，还有汽车的轰鸣声。”枯燥乏味的剧组生活，在黄磊笔下少了几分辛苦，多了几分浪漫。常常与苏格拉底、伯格曼一众大师在梦里神交的黄磊，用他的文人情怀感染着剧组的同仁们，活跃着气氛，也定格着剧组难得的闲适时光。

以诚相待：追求真善美的自我平衡

黄磊一贯以“真”的态度，对待人、对待事情、对待世界，他坚信用“真”的一颗心去面对，会得到那份善、那份美。和黄磊合作过的演员都感受着黄磊的真挚。导演汪俊称黄磊是可以掏心掏肺的人，常常跑去黄磊家蹭饭，连生日也在黄磊家里过。演员周迅和黄磊合作时，很崇拜黄磊，常常找他聊天，还给他起了个外号叫“半月谈”，半个月长谈一次，受教一次。演员陈数和黄磊合作过《夫妻那些事儿》和《我爱男闺蜜》之后，连同自己的老公都和黄磊一家成为了朋友。这大约就是刘若英提到的“令人难以招架的绵密”，黄磊用一颗赤子之心，不仅收获了圈外的高人气，也换来了圈里的好人缘。

黄磊之所以可以将众多身份都平衡得游刃有余，是因为他首先做到了自我平衡。他与挚友谈天说地，却也享受着独处的乐趣：“常常会有这样一个时刻，纷乱远去，盛宴结束，偌大的一个空间便只剩下你一个人，时间就停滞在这一瞬间，你几乎不敢抬眼多望几下，那刚才喧闹的身影几乎还在，甚至他们的声音、表情、呼吸都处处留下痕迹。你眼光扫过触及时会引发你种种感受，略带伤感，又有着几分激昂，你会浸淫其中，独享这一份独享。”与自我对话的黄磊，迸发出了一种非常迷人的淡然的气场：“当你开始学会去等待生命的时候，你发现你等来的不是任何一个机会，也不是等来任何一次改变。你开始发现你等来的一个人是你自己，他开始从远远的地方向你走来，你开始学会了用一种方式来了解你自己。”

当一个人可以平衡自己的内心，他就一定可以平衡自己与外界的关系。对于黄磊而言，他为人子孝，为人夫顺，为人父慈，为人师表，为人友善。而反过来，父亲的教诲，妻子的支持，女儿的信任，学生的爱戴，朋友的依赖，也都成了黄磊人生众多有力的支点。是他们让黄磊的内心更加强大，也让他人生的每一步都走得稳稳当当。

黄磊，1971 年出生，歌手、演员，北京电影学院表演系教师。1990 年考入北京电影学院表演系，同年出演陈凯歌执导电影《边走边唱》，1995 年，出演香港电影《夜半歌声》，并获

得第 3 届中国长春电影节最佳男配角奖，香港电影金像奖最佳新人奖。1997 年北京电影学院硕士毕业后留校任教，同年发行首张音乐专辑《边走边唱》。1999 年出演电视剧《人间四月天》，饰演徐志摩，为两岸三地观众熟知。2001 年在电视剧《橘子红了》中饰演容耀辉，受到观众的热力追捧。2003 年自编自导自演第一部电视剧《似水年华》，并发行同名专辑。2004 年，出版个人随笔集《十七楼的幻想》。同年自编自导自演电视剧《天一生水》。2005 年，自编自导自演电视剧《夜半歌声》。2006 年，出演赖声川经典话剧《暗恋桃花源》，饰演江滨柳。2009 年，出演老舍经典作品改编的电视剧《四世同堂》，饰演祁瑞宣。2011 年凭借在电视剧《婚姻保卫战》中饰演的许小宁一角，获得第一届亚洲彩虹奖最佳男喜剧演员。之后又接连塑造《夫妻那些事》的唐鹏，《我爱男闺蜜》中的方骏等一系列暖男角色，深受广大观众喜爱。

于冬：从“发行科长”到“博纳总裁”

张舒婷

梦想之初

于冬是 1990 年考入管理系，1994 年毕业，学的是发行管理。其实当时这个系筹备之初有很大的初衷，就是为电影行业输入管理人才，包括制片、发行和放映，最后合在一起了，叫艺术事业管理（但是我个人觉得还要细分，制片有制片的，发行有发行的，放映实际上现在是高级管理人才）。于冬上的第一堂课是电影技术管理，当时老师给了他特别深刻的印象，他到现在仍记得电影第一是技术，第二是经济、第三才是艺术。当时对于刚刚入学的学生来讲，到北京电影学院是进入艺术的殿堂，老师的一席话是一个特别大的打击。电影是一个技术活儿，工作下来其实我们看到每一次电影技术的发展，都带动了电影企业发展的突飞猛进，我在今后的工作中越来越理解到电影技术发展的重要性。随着工作越来越深入，后来我又理解了更多的东西，我觉得电影还应该有第四个方面，就是人文关怀。我觉得作为一个电影学院毕业生，更多的是要在这四个方面做出成绩。

1999 年，当时 29 岁的于冬怀揣着 30 万元和几个伙伴创立了博纳文化公司。于冬发行的第一部电影是黄建新导演的《说出你的秘密》。靠着多年做发行在各地积累的人脉关系，于冬赚了 50 万。于冬的成名之战是 2001 年发行的《我的兄弟姐妹》。这是一部成本只有 200 多万的小制作电影，在发行过程中，于冬与各地发行公司协调档期，打破了传统的排期模式，共同推动电影上映。同时运用媒体炒作，在影片上映时，约好全国 20 多个城市的媒体同时开始宣传，结果这部片子形成一个社会话题，获得了 2000 万的票房。

《我的兄弟姐妹》的成功让文隽为博纳大做宣传。不久，香港与内地的合拍大片《天脉传奇》交到了博纳手里。为了获得对方信任，于冬采取了保底分账的模式，付给对方 400 万的保底费，加上 300 万左右的宣传和洗印拷贝费用，按照发行方 35% 票房的分成，《天脉传奇》票房必须突破 2000 万，于冬才能够保本。为了防止盗版冲击，2002 年的 8 月 1 日零点，《天脉传奇》在中国内地、香港、东南亚同步上映。当时与《天脉传奇》同步上映的还有美国大片《蜘蛛侠》。于冬再次利用媒体宣传，极力突出《天脉传奇》与《蜘蛛侠》的对抗概念，并破天荒地在国内报纸上为电影投放广告。最终《天脉传奇》在内地获得了近 3000 万元的票房，一举奠定了于冬在香港合拍片发行领域的江湖地位。

随后，于冬几乎垄断了香港电影在内地的发行，《无间道Ⅲ》《双雄》《头文字 D》一部部合拍大片给博纳带来了滚滚财源。于冬甚至对一些香港公司的影片采取了全年整包的模式，在影片还没有制作的情况下买下对方全年的影片发行权。

梦想在成长

于冬抓住了中国电影发展的大势，还把自己的影业大厦一步步推向海外。2010 年，博纳影业成为首个在纳斯达克上市的中国民营电影公司，发行过近 200 部电影，票房曾连续 6 年占全国市场份额的 20%。过去 3 年，香港金像奖的最佳影片都是出自博纳出品，新闻集团也持股博纳影业。今年，好莱坞六大公司之一福斯也正式确立跟博纳影业达成战略合作。

中国电影市场变化太快，遍地是黄金，也是挫折。14 岁的博纳，已经是现在存活下来民营影视公司中的老大哥之一。对于市场变化，于冬的嗅觉很敏锐。他承认，在2013年这股突如其来的行业洗牌变局中，像博纳这样的大影业公司，以及一些大导演，会有很大压力。他会直接跟下属检讨："处在移动互联和新媒体的时代里，我们还固守那套营销方法，已经过时了。""人家都在找新的类型片题材了，我们还在做翻拍老片的事情，这都太保守了！"

在产业大洗牌的当下，博纳影业的产业布局战略求稳，"只要还在桌上，就有机会和牌"。于冬认为，博纳仍然要快速完善产业链，在未来2年里，博纳会用各种方法在全国抢占商业地产，建立100家博纳影院。电影制作上，继续跟固定、成熟的合作班底合作，每年出品10部以上的电影。

虽然现在说21世纪头10年的电影史该怎么写还为时过早。但有一点可以肯定，于冬这个名字肯定能被记入这段历史。电影学院毕业后几乎是白手起家，奋斗几年后，内地院线4成以上的电影都有保利博纳的影子。无论是在片头加上琉璃的云还是给电影做宣传，总会有些于冬的痕迹。最可贵的是，在民营电影公司里，只有保利博纳是专心做电影赚钱的。仅凭这一点就足够让人尊敬。

梦想在辉煌

于冬说，"品牌＋人脉"，也是生产力，2002年6月，博纳公司因对国产影片发行有突出贡献，成为第一家获得电影局颁发电影发行经营许可证的民营公司。2003年下半年，博纳又一次迈出了非常重要的一步——与中国保利华亿传媒集团的合作。2004年，于冬做的最重要的一件事就是品牌建设。他设计了一个27秒的片头。从《新警察故事》开始，保利博纳发行的所有电影都会挂上这个标识。经香港朋友推荐，于冬去了戛纳电影节，感受到国际化电影发行方式的魅力。人家的首映礼有酒会，走红地毯，于冬也可以这样做。在《新警察故事》的宣传中，于冬就借用了戛纳的"红地毯"，照国际化规格办首映礼，俨然有序，得到了合作伙伴的认可。于冬认为，现在的电影格局应是以销

于冬上学时在第二届艺术节上表演

博纳影业集团总裁于冬

于冬在大会上发言

定产，开疆扩土。拓展海外发行，将国产影片带到国际电影市场。“只有当你发行的电影达到一定的数量和水准的时候，人家才会主动和你联系。这不是一蹴而就的。”于冬说。在建设海外发展渠道的同时，他还在筹划自己制作影片。保利博纳更加全面地进入电影的各个领域，打造完整的产业链。于冬透露，不久，公司可能会进行资源整合，与更大的集团和公司进行并购。

于冬的辉煌不仅仅来自于敏锐的头脑，更源于其彬彬有礼的自我修养。他说，“人要重情义。关键时刻要舍得眼前的利益来帮助业内的朋友。博纳的兴起靠的是业内朋友的支持。”这番话和出席各类活动谦虚有礼的他一样，给人的印象颇深。

在经营理念上，不偷，不漏，规范经营，这是博纳留给业内同行的普遍印象。于冬做生意如做人，与人合作一回就会多交一个朋友。人脉，是他闯荡多年积累下来的一笔财富。善待合作伙伴，这是于冬总结出的成功秘诀。

凭借着这样的果敢与真诚，他的梦想已辉煌至电影的各个角落。

站在梦想成功的地方回望

在北京电影学院校友会成立大会上，于冬作为知名校友回校讲话。

清楚地记得，他字正腔圆地说：“我是 90 级管理系的于冬，今天重回母校感到特别的激动，也感到非常的温暖。22 年前的 1990 年，我走入了电影学院，4 年的电影学院学习生涯，给了我特别美好的回忆，这 4 年当中我学到了关于电影的很多知识，也了解了很多电影的方方面面的基础的东西，为我今后的发展带来了很多启迪和益处。”

台下掌声雷动，所有的莘莘学子都被这梦想的力量和成功的光芒所感动。站在台上发言的于冬并没有诉说更多有关这一路的风雨飘摇或是艳阳高照。

他谦虚而又平静地说：“12 年前我创办了博纳影业，这个公司从一个很小的只有几个人的公司，到后来伴随着中国电影产业改革发展的逐渐壮大，12

年的风雨同舟我们经营着这样一家公司，拍摄了很多电影，在中国电影产业发展的关键性 10 年中，我们做出了贡献。时光就这样一晃 12 年过去了。两年前，我带领着博纳影业的团队在美国纳斯达克上市，我当时就是想把五星红旗升起在华尔街，因为我觉得那对我来讲是一个梦想，因为纽约是全世界的金融中心，因为华尔街 1930 年创办了的资本市场，是资本主义的老巢，作为一个来自社会主义国家的年轻电影公司，站在世界的顶部资本主义老巢的时候，我特别激动，那是华尔街因为中国电影人的到来第一次升起五星红旗。两年来，我带领着博纳影业艰苦创业，我们拍了很多电影，也做出了很多成绩。我想上市以后的第 10 年，那一年我刚好 40 岁，如果我在这 10 年每年至少拍 10 部电影，那这 10 年我还能拍 100 部电影，我还能为中国电影产业做出 100 多部电影这样的贡献。10 年以后我觉得我可能不会再想做 CEO，我也不想做主席，我觉得电影是做不完的。今天在这个母校的校友会成立时候我想说，我最大的理想就是回北京电影学院，我想回北京电影学院管理系工作，请老师同学们一起见证，我将回到母校。”

北京电影学院给了他实现梦想的翅膀，北京电影学院给了他坚持奋斗的动力，北京电影学院又在他成功之时给了他新的梦想——重回母校怀抱。

于冬，博纳影业集团现任总裁及创始人。1971 年出生于北京，毕业于北京电影学院。1999 年成功建立了北京博纳文化交流有限公司（后为北京保利博纳电影发行有限公司），成功运作《说出你的秘密》赚了 50 万的第一桶金，随后在 2002—2008 年 6 年中接连创下国内电影发行的新纪录。于冬已经成为国内最成功的民营电影公司的管理者之一。2010 年 12 月 9 日，作为博纳影业 CEO 的于冬敲响纳斯达克的开市钟，使得博纳影业成为中国第一家在美国成功上市的影视公司。

滕华涛：抵达观众心中的动情点

王璁

北京电影学院文学系91班有一位同学，叫滕华弢。这个“弢”字相对生僻，被无数人错写作了“涛”。有些电脑输入法中没有“弢”，写文章、上字幕也只好用了“涛”。久而久之，滕同学不厌其烦，干脆将错就错，变成了滕华涛。

从“滕文骥的儿子”到“滕华涛的父亲”

滕华涛出生于20世纪70年代初，父亲是中国“第四代”著名导演滕文骥。“我从小跟着父亲在剧组玩儿，亲眼目睹过《生活的颤音》《海滩》和《棋王》的拍摄现场。上一代电影人领着固定工资，却肯动辄下乡几个月体验生活的热情，让我印象特别深刻。”

虽然以优异的成绩考入了北京电影学院，但“滕文骥儿子”的标签，却成为滕华涛的苦恼。“得知我是滕文骥的儿子后，一些人在背后议论纷纷，说我肯定是靠父亲的关系进来的。而我那时候性格比较内向，与同学交流也不多，所以又有人拿我的家庭背景说事，说瞧我那目中无人的样子，有什么了不起，还不就因为父亲是滕文骥吗？当时那些猜疑和误解，真的像茅草一样，塞在我的心口上。于是，我有时就会迁怒于父亲，经常在家里和他发生争吵。大学毕业后，我立志做一名导演，可迟迟没有剧组邀我导戏。于是父亲想让我去他的剧组做副导演。我当时不懂事，狠狠地和父亲说，就算一辈子不导戏，也不与他搅和在一起。”

滕华涛原本想考导演系，可惜那一年导演系不招本科生，因而转投了文学系。在校期间，他与摄影系 91 班同学曹盾很快成为搭档。两人从学生时代开始，合作了 20 年，也是北京电影学院搭档中最牢不可破的组合之一。他们经常合作的美术师余强，也是美术系 91 班的同学。

1995 年从电影学院毕业后，一个中学同学家里出钱打算开影视公司，找滕华涛一合计，决定转投风险低的电视剧，于是滕华涛得以完成自己的第一部作品《新言情时代》。

别人羡慕他一出校园便执导筒，滕华涛却坦言，毕业后有 10 年左右，自己并不知道要拍什么，只是不停地拍，不停地尝试各种方向。如他的电视剧名《找不着北》一样，10 年里他拍过都市、言情、警匪、侦破各类剧集，也小试过文艺电影与商业电影。

2001 年，滕华涛入选中影青年导演计划获得 200 万投资，拍了自己的首部电影《100 个……》：两个孩子立志当警察，警校落榜后，道听途说抓 100 个小偷就可以破格招收，开展了轰轰烈烈的抓贼运动。片尾放肆地以一个 4 分 30 秒的长镜头拍两人追贼奔跑，跑过大街，跑过城墙，跑过十字路口的汽车，跑过好奇张望的行人，跑到音乐停止，跑出取景框，直到字幕浮出。这个自小理性慎重的年轻人，终于在 20 岁的尾巴上，纵情地言了一回志。然而这部带有强烈文艺气质的电影票房惨淡。

自此，滕华涛一口气拍了《找不着北》《永恒恋人》等六七部不同类型的电视剧，效仿美国警匪剧拍摄的《危情 24 小时》大受好评，加上之前的多部成功电视剧作品，滕华涛的名字开始在圈内传开。但他总觉得，自己真正想要的东西始终没找到，“还是想拍电影。当时打算拍一部商业元素浓、能卖座的大片。结果一个朋友给我讲了《心中有鬼》的故事，我觉得不错，就把《异度空间》的编剧杨倩玲请来写剧本。这片实际投入近 4000 万元，在当时算不少的了。然而意想不到的是，麻烦接踵而来。由于片子投资大，不少圈内牛人跑来指手画脚，让我左右为难。和几个明星主演黎明、刘若英、范冰冰沟通也比较烦琐。说戏、敲时间、等档期、按演员的意见修改剧本，整个战线拉了两年。影片最终在 2007 年 2 月上映，首周末票房仅仅 430 万元，我很失望。但整个拍摄过程的感觉更令我无法忍受，被太多人横插一手，很多事情我要参与却有心无力。”

此次拍摄电影的失意，让滕华涛选择了再做电视剧。“我拿着《双面胶》的剧本四处找投资。我的底线是，多少钱都无所谓，但整个创作过程全要在自己的掌控下。我当时在电视剧圈已经有些话语权，但投资方看了都摇头，说这么好的剧本，用两个没人听说过的演员，根本卖不上价。我坚持不松口，最终华录百纳同意投资，扔给我 530 万元制作费。他们当时觉得，反正随便搭个大剧打包也能卖掉，就万事不管，拍摄过程中连一次探班都没有。于是我带着自己挑选的兵马，痛痛快快拍了两个多月。杀青后，没一个台肯播这部 22 集的电视剧。最后 2007 年 7 月，上海电视台临时缺戏，想拿《双面胶》随便顶几天，我就坐着飞机连夜去上海送带子。在任何宣传都没有的情况下，《双面胶》播出第二天，上海当地的收视率就从几个点冲到十几个点，第三天就开始有人围着买盗版。”

此后，滕华涛又相继创作了《王贵与安娜》《蜗居》《裸婚时代》等作品。其中，《王贵与安娜》为他赢得了第 15 届上海电视节白玉兰奖；而《蜗居》和《裸婚时代》，更是让滕华涛成为热播剧导演的同时，被冠以争议剧导演的名头。对《蜗居》和《裸婚时代》在全社会掀起的话题热潮，滕华涛有话要说，“蜗居族、裸婚族，其实是这个物质时代造就的畸形儿。有钱、有房、有车的，就能顺理成章获得幸福，没钱、没房、没车者，就算历经波折，也得不到祝福。这是现实，也是不公平的。我之所以拍这部剧，就是因为看到我身边一批 80 后，都到了结婚的年纪，却因为物质匮乏被捆缚。这是当下人们生活很烫手的问题，进而成了我关注的重点。家庭剧有个特点，就是以小见大，它不仅能透析当今社会最突出的问题，也能给同样处境的观众带来反思，如果老百姓看了没共鸣，我费老劲拍干吗？而我拍《蜗居》和《裸婚时代》，也都始终坚持给故事一个开放式的结尾。因为故事虽然描述的是当下现实，但它毕竟只是生活的一个片段。我经常告诉主创和演员们，任何电视剧我们只说现象，不提供任何个人意见和所谓判断。就平铺直叙把所有矛盾展示出来，判断和意见交给观众自己去评价。自然，每个观众心中都有自己的答案。”

而随着这些热播剧的陆续推出，滕华涛也开始被誉为新生代导演的领军人物，媒体在采访滕文骥时，也开始称他为“滕华涛的父亲”。“父亲听到也总是乐呵呵的，没有半点不快。2010 年，公司为我举办《蜗居》的庆功会，父亲也特意赶来祝贺。他在发表祝酒词时动情地说，‘我是滕华涛的父亲，能有这个称呼，是我最大的光荣与骄傲！十年磨砺，我的儿子超过了我，现在我要快乐地生活在他的光环下了！’听到父亲说的这些话，我的眼里涌满了泪水，我看见，父亲的眼睛也是晶莹发亮的。”

换一座山爬

2011 年 11 月，一部小成本电影《失恋 33 天》收获高额票房的同时也吸引了业界的注意。这部由文学系 04 级毕业生鲍鲸鲸编剧的电影不经意间票房就已破了 3 亿，业界纷纷用“神奇”来形容这部投资还不足 1000 万元的小成本制作。滕华涛用成功的票房和口碑宣告了他对电影的强势回归。

然而，就在大家纷纷为《失恋 33 天》“四两拨千斤”的傲人成绩兴奋不已时，滕华涛却显得异常冷静。“我其实没有大家想象的那么兴奋，其实对于我来讲，打的一直是有准备的战争。其实我对票房不是特别在意，因为这只是衡量电影的一个标准，我更看重的是影片质量本身。而通过这部影片，再次证明我们是可以跟好莱坞抗衡的。在宣传时，看到大家愿意去看这么一部电影，我自己很开心。”而谈到如何在多部好莱坞大片夹击的严峻形势下，硬碰硬地华丽胜出，

同样是文学系毕业的滕华涛和鲍鲸鲸组成了“鲸涛组合”

2013 年，滕华涛拍摄了电影《等风来》

滕华涛在北京电影学院校友会成立大会上发言

滕华涛颇有自信。“好莱坞拍得了《变形金刚》和《铁甲钢拳》，但它一定拍不了王小贱和黄小仙。好莱坞不了解中国人的情感，这些东西只有我们自己知道。所以，我把这些东西做出来，就一定能到达观众内心中最敏感的那个点。这是好莱坞肯定无法跟我们去抗衡的。”

一年后，《失恋 33 天》的原班人马再度合作了电视剧《浮沉》。凭借崔曼莉的扎实原著、编剧鲍鲸鲸的灵动手笔以及导演滕华涛的讲故事能力，该剧很快成为口碑不错的话题之作。然而作为热播剧导演的滕华涛却在此时宣布今后将主攻大银幕，不再执导电视剧，引起业界哗然。

2012 年 7 月《浮沉》播完，滕华涛发微博总结 17 年电视剧生涯：“经历了起起伏伏，拍摄了两百多集，无论水平如何，唯可告慰自己的是至少从未为帝王歌功颂德，从未赶时髦，努力在思考。感谢多年来支持我的观众，很幸运生活在这个时代！我们大银幕见。”

这个告别延宕了 4 年。2008 年拍《蜗居》的时候，滕华涛退意已生：当时他凭借《双面胶》《王贵与安娜》声名鹊起，与编剧六六的合作熟稔顺利，并培养了日渐走红并且稳固的“滕家班”班底，但面对《蜗居》，他的感受是恐惧。

“这种恐惧来自于，几乎每部戏都会有遗憾：少了几个镜头，配乐不太满意，演员用得不合适，环境不是特别好……混录的时候，遗憾会呈现得特别明显，你就可以思考下一部戏需要注意什么。而《蜗居》里这些东西没有了，你发现你在电视剧这个形式里已经做到了极致，做原始剧本时脑子里出现的所有内容，都呈现出来了，甚至比想象好，这让我非常恐惧。”滕华涛回忆。

他觉得必须找一条新的路，“不然电视台、投资方、媒体继续保持这么高的期待，很容易摔得非常惨。”最后想到的出路是拍电影，“换一座山爬，勇气和状态比较好调整。”

当时他还没有看到《失恋 33 天》的小说，但已觉得电视剧领域不宜久留。

用寂寂无名的海清、涂松岩出演《双面胶》，是滕华涛自己坚持的，而在今天，他觉得可能性极低：“当年好的剧本加不知名演员、低成本制作，就算时段差，总有一个跟观众见面的机会，现在这种机会都少了。电视剧预售看的是大演员、大编剧，市场就这样给定死了。”

唯独使他感慨的是，国内观众一度迷恋韩剧、台剧，当时国产剧并没有通过行政手段，而是依靠作品质量，一点点将观众拉回来。现在的生态环境，几乎是将他们努力拉回来的观众再往外推。“效果不会这么快，但观众肯定能发现，然后不看。没有这么多专业的人，应付不了那么多热钱。”

《浮沉》播出时，有媒体提问滕华涛：乔莉的性格由原作的步步为营改成电视剧中的大大咧咧，在现实的外企中几乎活不下去。40 岁的导演耐心听完，回答如下：“乔莉的原则是：一个人不管做什么，在不在职场里，只要不违背任何道德底线，不违背自己价值观，这个人一定会成功。这也是我的原则。”

“85 后”是崭新的一代

2013 年，滕华涛继续拍摄他的大银幕电影《等风来》。这部电影是他与鲍鲸鲸的第三次合作。谈到这三次合作，滕华涛坦言鲍鲸鲸是代表 85 后的新一代影视创作者。“我首先觉得，鲍鲸鲸可能代表着整个 85 后比较新的生活概念，他们的头脑没有那么多的框架和死板的东西。不管是她自己生活方式、读书方式以及写作方式……没有觉得一定得是这样才行，或者哪些东西我肯定写不了，观众一定不爱看……我觉得她的想法很自由。”

“我们是从《失恋 33 天》开始合作，《失恋 33 天》的文本本身又来自于她自己原创的一个网络帖。所以我对她寄托的希望挺大的……她代表了很多现在年轻人的一些想法。”与年轻编剧的成功合作，也使得滕华涛这位 70 后对新人好感顿生：“老有人说 85 后、90 后不靠谱，而我却一直觉得他们应该是比我们好得多的一代。虽然现在面临的社会压力很大，但是他们整个的眼界和我们在年轻的时候是不一样的。他们接触的信息跟世界是同步的，所以他们对生活的态度没有那么大的压力、紧张和钝化，可能他们这一代人未来还会出更多有趣的东西……跟当下社会有关的，跟他们同龄人有关的这样的作品。”

2013年11月，电影《等风来》将在全国公映。滕华涛曾经用“社会百科全书”来表达对自己作品的高要求。在采访中，他也同样表示，希望把《双面胶》《蜗居》《裸婚时代》《失恋33天》等作品中传达的对社会现实、都市人的情感生存状态的关注，在大银幕上延续下去。他一直认为，了解中国人的情感，这是中国电影抵挡好莱坞全球化市场的一把利器。我们有理由相信和期待，他可以在大银幕领域中将这把利器用得更好，走得更远。

——

滕华涛，北京电影学院文学系1991级本科生，中国著名导演、编剧、制片人，影视作品风格不拘泥于形式，风格多样，善于捕捉人物的内心世界。曾导演过《新言情时代》《找不着北》《非你不可》《危情24小时》《双面胶》《王贵与安娜》等多部脍炙人口的优秀影视作品。2009年其执导的电视剧《蜗居》在全国热播，引起各界广泛关注和热议。2011年执导的《裸婚时代》和《失恋33天》成为年度最热门的电视剧和电影之一，引起社会的热烈讨论和广泛关注。与《失恋33天》编剧鲍鲸鲸再度联手打造的电影《等风来》将于2013年11月上映。其导演的电视剧《王贵与安娜》曾获2009年第15届上海电视节白玉兰奖最佳导演奖。

徐静蕾：将梦想进行到底

金梦瑶

演艺圈的全能选手

徐静蕾身上有很多厉害的标签：中国著名女演员、才女导演、时尚主编、博客女王，从最初少不更事浑身透着一股清纯气息的小女孩走到今时今日独立撑起半边天的女导演，徐静蕾可以称得上是演艺圈里当之无愧的全能选手。

1998 年，徐静蕾因电视剧《将爱情进行到底》一炮而红；2006 年，她登顶“中华第一博客”成为博客女王；2007 年因其书法清冽而又优雅被开发出“方正静蕾简体”；2008 年创立《开啦》电子杂志；2011 年成为史上最快拥有千万粉丝的腾讯微博。作为演员，她是影坛公认“一线女星”，与章子怡、赵薇、周迅并称四大花旦，并获得过华表奖、百花奖、金

很多学生问我说你成功的秘诀是什么，其实我想想不管是职场升职也好，人生的方向也好，第一就是对自己的了解。自己是跟自己最近的人，只有你了解了自己是什么样的人，自己的优势、劣势在什么地方，才更容易有真正的方向和目标。我也不是很相信一本书、一件事情、一个人、一句话能改变你的一生，因为所有的东西都是日积月累，需要在勇于去做的过程当中来了解。

——徐静蕾

鸡奖等权威奖项的认可。作为才女导演，她曾经获得过圣塞巴斯蒂安国际电影节最佳导演奖，这是华语女导演在国际上获得的最高荣誉，同时徐静蕾也是华语影史上第一位真正意义上票房过亿的女导演，故有“才女”之称。

在这个人才辈出的演艺圈里，徐静蕾是典型的“人有我有，人没有我也有”的全能选手，无时无刻地在吸引着大众眼球和媒体视线。

阴差阳错的电影梦

徐静蕾能够考上电影学院可以说是命运阴差阳错的安排。她的人生总是“无心插柳柳成荫”。小时候她并不喜欢写字，却在父亲严厉的监督下在市少年宫书法班认真学习，想起来现在能写得一手好字全靠当时父亲苦心的安排。回忆起那年高考，从小学画画的徐静蕾当年一心想要报考的是美术学院，最后没有如愿考上。落榜以后，她听从了中戏朋友的建议决定报考北京电影学院的表演系。她说：“现在回头看看，很多事情都是误打误撞，其实都是命中注定的。”

性格一直内向的徐静蕾在陌生人面前特别容易紧张，其实一直到现在，她都没有想明白自己当时是哪里来的勇气走进了北京电影学院的考场。小时候的徐静蕾很矮，直到高二才开始长得很高，在她小小的脑袋瓜里完全没有意识到自己是“漂亮姑娘”这回事。所以在那时候的徐静蕾不仅有些自卑，甚至还有点自闭。幸运的是，当时父亲用一句拿破仑的格言鼓励了她：“露脸和现眼只差一步。”但是父亲从小并没有希望她与文艺沾边儿，因为在父亲的思维里，跳舞和唱歌会让小女孩儿变得浮躁，反而让她静下心来背唐诗、练习书法，希望她能像男孩子一样大气和坚强。所以当她在考电影学院的时候，也是一直瞒到过了一试才和父亲说的。

无心插柳柳成荫

徐静蕾回忆起当时在考场里的考试过程，她记得一开始是朗诵了一段父亲从《读者文摘》上选的很短的散文，唱了一首儿歌，跳了一段自编的惨不忍睹的慢舞。看完这些展示之后，老师是这么对她说的："徐静蕾，你能不能给我们跳一个快一点的舞啊。"徐静蕾回答说："我不会。"老师说："那你就跑一圈吧。"然后就在形体教室，老师弹钢琴她就跑，弹得快她就跑得快，弹得慢她就跑得慢。

接着徐静蕾演了一个命题是"一楼的男孩爱上了二楼的姑娘"和一个只许说"是你，是我"的小品。徐静蕾回忆说前面这个命题类的考题，她和同学设计的情景是她刚搬到二楼，突然楼下的男孩来敲门，男孩说有什么需要帮忙的地方就让她告诉他。当时她表现出来的反应是有点烦他，这个男孩也感觉到了她的不耐烦，当时还有些生气，于是就走了。后来她在收拾房间的时候发现了一只老鼠，她被吓得大叫了一声，男孩听见喊声就来了，再后来的故事发展就像命题里一样，这个一楼的男孩儿爱上了二楼的姑娘。后面这个语言类的小品，要求徐静蕾在表演时用到的"是你，是我"，当时她设计的场景是在街上，她走着走着就在一个有电视的橱窗前停下来看电视。旁边有个人一直在挤来挤去的，她就瞪了那个人一眼，谁知道对方就是刚才出现在电视里的那个人，然后她就说："是你？"配戏的那个同学接着说了句："是我。"老师给这两次表演都打了不错的分数，其实在此之前，徐静蕾对小品的理解仅仅限于春节联欢晚会。

其实在这些看似顺利的考试过程的背后，是徐静蕾不为人知的挣扎的内心。

当时在考场外候考的徐静蕾，面对着教室里满满的同学，考号一个又一个地逼近，她满脑子纠结的就只有这一件事：跑，还是不跑。最后她仍然选择了勇敢地走进了考场，就这样稀里糊涂地考进了电影学院的表演系。

徐静蕾在毕业大戏的演出中

曾经的考生徐静蕾如今也成了考官

徐静蕾获得了 2004 年第 52 届圣塞巴斯蒂安电影节最佳导演奖

徐静蕾手捧金鸡奖

将梦想进行到底

徐静蕾一出道就被称作“玉女偶像”，和周迅、赵薇、章子怡并称为“中国影视界四小花旦”。有人说，徐静蕾清淡如菊；也有人说她芳雅似兰；还有人说她是绿茶，嗅之芳香扑鼻，入口清凉回味长久。这些褒奖毋庸置疑都在表达一件事情：在演员这条道路上，徐静蕾无疑是走得非常成功的。

但是在这条看似非常顺利的道路背后隐藏的是徐静蕾不为人知的蜕变。也许是从小胆小的原因，刚进入电影学院的徐静蕾非常害怕在生人面前表现自己，每一次排练和上台她都躲在不显眼的地方。幸运的是，在大三那一年，徐静蕾接拍了由导演赵宝刚执导的《一场风花雪月的事》，这是她正式接演的第一部戏，也许正是这种不食人间烟火的清纯，让她在剧中的表现显得非常的自然，一点也找不到表演的痕迹，也许正是角色里的这种腼腆羞涩又不知所措，使得她成为了 20 世纪 90 年代清纯最好的代名词。这部剧让徐静蕾成长了许多。

1998 年，她接拍了导演张一白执导的电视剧《将爱情进行到底》，因为在《一场风花雪月的事》中积累了非常好的表演经验，这让她自信了许多，在表演中对人物的拿捏也有了自己的见解。她把剧中女主角文慧的青春、阳光、健康、聪明的女大学生的形象诠释得深入人心，徐静蕾也成为了当时少男心中的玉女偶像，在之后相当长一段时间里，她都是内地青春女星的掌门人，并且迅速地成长为影视界炙手可热的女明星。

正是《一场风花雪月的事》和《将爱情进行到底》这两部电视剧使得徐静蕾的面孔慢慢深入观众的视线里，在之后与王志文、江珊合作的《让爱做主》这部电视剧中，徐静蕾抛开之前的玉女形象，转型成为世俗不认同的“第三者”，从这第一次大胆的尝新以后，徐静蕾在演艺事业中有了不一样的突破。

1999 年，已经拥有一定知名度的徐静蕾迎来了一次真正意义上的电影参演经历，拍摄了由张扬执导的贺岁影片《爱情麻辣烫》，之后，徐静蕾又拍摄了《开往春天的地铁》《花眼》《北雁男飞》以及《我爱你》等几部关于爱情题材的影片，而影片《开往春天的地铁》及《我爱你》无疑最为抢眼，徐静蕾的表演改变了观众对她的一贯看法，也使她真正跨入演技派明星的行列，在影片《爱情麻辣烫》中，徐静蕾和演员邵兵共同演绎了一段浪漫且感人至深的都市爱情故事，片中，徐静蕾延续了《将爱情进行到底》中的风格路线，呈现给观众的依然是一位清澈、文静、隽永的女生形象，并于当年获得了中国电影学会表演奖。荧幕中的徐静蕾青春文静，因为演了一系列经典的青春偶像剧，徐静蕾成了人们心中爱情剧的第一女主角，为此，徐静蕾被归位为偶像演员。

从演员到导演的玉女革命

徐静蕾自导自演的电影《杜拉拉升职记》票房成功过亿，不仅帮投资方收回了成本，自己又跻身亿元女导演行列，并且赢得了非常好的口碑。比起亮眼的票房成绩本身，更值得关注的是影片在开拍前就已经把 2/3 的投资收回，成功成为当年利润率最高的一部华语电影。从此，“最会赚钱”也成为“玉女偶像”“才女老徐”之后徐静蕾最新的一个标签。这样出人意料的结果为她的导演生涯开启了一片光明之路。

曾经性格内向的小女孩，勇敢地考进了电影学院，在这里接受了 4 年成熟而又严格的表演教育，经历生活的种种考验和磨砺后，她终于成为那颗最耀眼的明星。如今看到眼前落落大方而又侃侃而谈的徐静蕾，在为她的创作型才女、顶尖的女演员和导演感叹的时候，不得不相信命运的奇妙。

徐静蕾也是圈里公认将生活和工作分得特别开的人，虽然事业的蓬勃让她有了“女强人”的外号，但她说：“我挺弱的，我有时候挺弱智的。我可以在冬天在室外把外套丢了，最近发生的就是我休假，去的时候在机场把行李丢了，回来的时候又在机场丢了。但我觉得工作是为了让生活过得更有意思，我从来不觉得工作比生活更重要，当自己在工作当中较劲的时候，就会提醒自己，我工作是为了让生活更有意思，为什么现在钻到牛角尖里。”

至于长久以来的“四小花旦”之争，徐静蕾笑笑称自己早已“麻木”：“对别人给我称号，最早说玉女，后来说才女，什么文艺女青年、女强人，其实我已经无所谓了，四老花旦还是四小花旦已经不重要了。世界很大，大家不一定要在一条路上挤着走，每个人都有自己的天空，而且每个人的成长背景、教育背景全部都是不一样。我自己去想这个问题的话就会非常幼稚。”

《杜拉拉升职记》为徐静蕾打了个漂亮的翻身仗，她摆脱了玉女偶像的头衔，从曾经国内的“小花旦”到如今知名的女导演、博客女王、电子杂志主编，徐静蕾如此华丽的转身是观众有目共睹的，这些都让徐静蕾比以往任何时刻都更具有商业价值。她曾经在北京电影学院的一次演讲里说过这样一段话：“很多学生问我，你的秘诀是什么，其实我想想不管是职场升职也好，人生的方向也好，第一就是对自己的了解。自己是跟自己最近的人，只有你了解了自己是什么样的人，自己的优势、劣势在什么地方，才更容易有真正的方向和目标。我也不是很相信一本书、一件事情、一个人、一句话能改变你的一生。因为所有的东西都是日积月累，需要在勇于去做的过程当中来了解。”她以自己敬业和搏命的奋斗史，告诉天下的女性，与其被动等待不如主动出击，有了想象力还要付诸行动，只有这样才能获得自己梦想中的成功！

——

徐静蕾，女，北京人，1993级表演系学生，著名导演、女演员、电子杂志主编。在《爱情麻辣烫》《开往春天的地铁》《我爱你》《投名状》等影视作品中有着出色表演。从2003年开始到现在，《我和爸爸》《一个陌生女人的来信》《梦想照进现实》《杜拉拉升职记》和《亲密敌人》，徐静蕾以平均两年一部的速度为我们献上了一部部诚意之作，获得商业和艺术的双赢。徐静蕾多年来付出的努力，现实也是给予她肯定的回馈。多年来，徐静蕾获得了中国电影金鸡奖最佳女演员奖、华语电影传媒大奖内地最受欢迎女演员、中国电影金鸡奖最佳导演处女作奖、中美电影节最佳导演奖等多类国内外著名的奖项。

陆川：悬崖不因闭眼而消失

李凡

新生代导演领军人物的陆川，异军突起出道12年仅有寥寥四部电影：《寻枪》《可可西里》《南京！南京！》《王的盛宴》。但如果说陆川是一位富于人文情怀的导演，没有人会否认，他的每一部电影都在思考、探索。作为一位极具新锐之气的导演，陆川的作品从来不缺少话题性与争议性，然而种种的质疑和非难都没能阻止陆川对电影近于神经质、偏执狂的心态。甚至在微博上，陆川也毫不避讳地贴出了他的座右铭——悬崖不因闭眼而消失。

路，得自己走

1989年，18岁的陆川高中毕业了，他想考电影学院导演系。当导演的父亲陆天明却非常不希望子承父业，他说："高中毕业考中文系出来的作家都少，电影学院导演系本科毕业有几个真能当导演的？反倒是学了一身的坏毛病。当导演关键要靠人生经验的积累。"

父亲叫来同住中央电视台、中国电视剧制作中心宿舍的导演杨阳，杨阳坐在沙发上对陆川说："你给我表演一个小品。"高中都没毕业的陆川没听说过小品是什么，当时就傻了。于是，陆川考了南京解放军国际关系学院的英国语言文学专业，告别北京，按照父母的意思"上军校，吃点苦，学外语有时代特色"。

读军校的陆川并没有真正放弃自己的电影梦，他翻译了上百集国外的电视剧，还有三四十部电影。“我现在必须承认，很多台词就是我编的。有时我也听不懂，但是时间非常紧，一晚上就得交活。听不懂怎么办，我想想就照这情景开始编。我估计那就是我第一次写电影剧本。”

军校毕业后，陆川在国防科工委做英文翻译工作，枯燥的工作反而更激发了他胸中的电影激情。1995 年的某一天，他又来到北京电影学院门口，看到墙上的招生简章，觉得是时候考电影学院了。这之后，他跑到西四的电影书店，买下了所有带“电”字的书。一年里，他每天早晨起床后，都要看几眼玻璃板下面的“勇者胜”三个字。

父亲无形之中给予了陆川最大的精神力量——陆天明性格强势，事业成功，他拍的《大雪无痕》曾经创下了最高的电视剧收视率。虽然此时他不再反对儿子考电影学院，却表现得异常“冷酷”。北电导演系的系主任郑洞天是陆天明的老朋友，可对陆川报考的事陆天明只字未提。相反，他对儿子说：“你考研我没意见，但你的工作不能松懈，工作上要有什么不尽职的地方，我第一个不答应！”而且，这位父亲还给陆川的单位领导打电话，要求从严要求儿子。笔试结束后，陆川感觉不太好，对父亲说：“我觉得可能考不上。”父亲的回答却是：“考不上，明年再考呗。”

父辈权威统治的压力甚至也弥漫于陆川的考试中。考剧作的一项，要求是用 20 个分镜头表现“恐惧”。他写了一个小女孩在图书馆里的翻一本术士用的书，每翻一页都好像在黑夜的隧道里又走深了一步，邪恶一步步逼过来。后来合上了书，女孩抬头看见窗外阳光明媚，那边站着母亲……“我的上一个 18 年处在极度自卑的状态下。”考电影学院就是他人生的一个重大转折点，如果说军校的岁月给了他茁壮的生命力，从此挥别了豆芽菜般的青春时代；那么电影学院给了他尽情展现的自由舞台，让他释放真我，摆脱上一辈带来的心灵的阴影。最终，陆川以总分第一名的成绩，成为当年被导演系录取的三名研究生之一。看到录取名单的郑洞天打电话给陆天明，责备说：“川儿考我们学院，你怎么也不给我打个电话？”陆天明却说：“他要是不行，你能照顾吗？他要是行，还用你照顾吗？路，得他自己走。”

陆川铆了一股子劲要做给父亲看看。读研期间，他从来没有要求父亲帮忙找实习工作，全靠跟同学自组拍短片，当场工也无所谓；毕业后，他四处辗转推销剧本、吃闭门羹，也不叫一声苦。看着儿子一天比一天消瘦，陆天明一直都是那句话：“任何人的第一步都是这样的，你必须自己走出来，学会怎么走第一步是一生的事情。”

1999 年，陆川毕业后进了北影厂，理论上就是导演。但正如陆川说的那样：“北影厂有 70 多个导演，工资单上有个大表，我是最后的那两个中的一个。一张单子上，让人觉得遥遥无期，感觉有一片子要从第 1 个轮到第 70 个，什么时候才能轮到第 70 个人拍。而且一年北影厂要完成的也就 10 部片子，所以什么时候轮到我啊。我也做过电影副导演，是与导演仅差一个字，却是一个天，一个地。其实就是一个茶水、跑腿的。如果自己对电影有独立见解，就别做副导演，那样会很痛苦。”

于是，陆川就开始写剧本。《寻枪》是陆川自认为非常好的剧本。当初写第一稿用了 90 天，却花了两年多时间修改，拍摄只用了 39 天。“其实这两年半的修改，主要原因就是厂里没有钱。厂里当时是有一个青年电影计划，想扶植 20 个导演来拍，四人一组。我很不幸在第二批四个人里，第一批拍出来的片子，好像没有达到我们韩厂长的要求，那么这个计划就搁置了。所以我的事情也就搁下了。”后来《寻枪》的剧本辗转落到了姜文手中，出现了转机。“有了姜文的喜欢，我和别人谈的时候就有了底气。最终决定这个戏能够拍，我还得感谢王中军。他绝对是我电影生涯中，最应该感谢的一个人。他说，‘我拍陆川这戏，陆川这个剧本有姜文，行，我拍。’”

1996 年，江世雄教授指导研究生陆川编片

1998 年导 95 届研究生毕业合影，前排左起：黄金莺、江世雄老师、贾燕江。后排：陆川

张会军院长在研究生作品展映会上给陆川颁奖

2008 年，江世雄在陆川编导的电影《南京！南京！》长春外景地与主创合影。左起：曹郁（摄影师）、陆川（编导）、江世雄、来启箴（录音）

打开心扉，拥抱看到的一切

第 17 届东京国际电影节上，中国唯一一部参赛影片《可可西里》获得了评委特别奖，导演陆川在上台领奖时再次落下了男儿泪，而陆川上一次落泪是在《可可西里》的北京首映式上。

《寻枪》公映的时候，野牦牛队和可可西里都已经列入了保护区，陆川也一直特别关注可可西里，“我看过纪录片哭了好几次，我当时在想拍部电影还是挺有趣的。所以当时我们公司提到谁适合做这部电影就想到我了。我正好有很多这样的资料，我也很兴奋。其实那时我还有另外一个题材的，但是我一想就觉得这个一定要做，因为它很扎实，在锋利和厚实之间我往往选择后者。”

有人将《寻枪》归功于是姜文，陆川也表示剧本在现场被姜文反复拧巴，陆川当时特别不接受。“就是我觉得这么好的剧本，所以我就觉得这扇门其实最开始是被姜文踢开的，不是打开。因为他是踢开，对吧？铛，给踢开了。但是踢开之后，我会觉得，哎哟！创作可以这样！就是我以前还是挺学院范儿的，认为二度创作是适可而止的一个二度创作，基本上是一个改良派，还不是改革派。但是《寻枪》让我觉得，哎哟，二度创作可以是一种颠覆性的二度创作。而且在我俩 PK 过程中间，他也把他的东西拿出来了，我也把我的最后一滴血也搁进去了。哎哟，我觉得最后东西四不像，但也是一东西。”到了《可可西里》的时候，陆川却开始拆自己的剧本了。

“起初我找了两个朋友在写，但他们的问题也是很喜欢这个地方，可没去过，都是凭借自己的想象，像是做好人好事一样。但其实这是不对的，这样做就糟蹋了这个题材。另外就是我现在去拍这部电影应该怎么拍，我觉得真做就做成一部杀人的电影而不是挠痒痒的电影，目标老高的，但老是达不到。7 月份的时候我开始写，第一稿出来不行，公司当时都有点想放弃了，后来我就申请了一笔钱去体验生活。有很多问题解决不了，为什么他一个月进去一次？他为什么长年累月地待在雪山？他们是像传说的那样英勇吗？……因为同一个题材我们有很多不同的方式去展示的，于是我们就去了，接着选景，和雪山队一块进山。虽然没有遭遇什么危险，但我们有一个摄影师中途就被送下山了，差点死在上面了，连夜给送下山的。这一趟回来我又闷了两个月写稿，剧本是关键，中间的小改动挺多的，然后又拿到海外去，海外那边的投资他们非常认可。”

剧组临行之前，田壮壮导演跟陆川说，你的剧本还不错，但是你去了那边之后呢，你一定要记住一句话就是，“要打开你的心扉，去拥抱你看到的一切。”这句话陆川其实带了一路，到了可可西里之后，陆川便是揣着这句话创作《可可西里》。

对于陆川而言，拍摄《可可西里》的那段日子就像一场战争。“这部戏损害了我的健康。所有参与这部戏拍摄的剧组成员都存在健康遭受损害的情况，这要用很长的一段时间慢慢显现的，而我的损害就在于心脏。如果不是因为电影，任何事我都不会去拿健康换。因为我们想努力地去为中国电影做一部不一样的电影，想为中国电影史写下一笔。”

陆川的南京城

陆川说，1937 年的南京不只有一个冷冰冰的 30 万和一个拉贝。陆川要拍他的城，他的生死之城。于是，《南京！南京！》把一段历史拍成了一部电影，也造就了一座城市和一个人 4 年的守候。杨澜如是描绘陆川和他的《南京！南京！》。对陆川而言，《南京！南京！》圆了他考据癖拍历史片的梦，而整个创作历程则是一段难以名状的苦旅。

“每天每天地改剧本，其实像我剧中的这些演员，80% 以上的人是没看过剧本的，他们都不知道剧本是什么，从头到尾一页剧本都没让他们看完，现场我告诉你，拿一张纸我告诉你。其实在车里写的，或者说前天晚上写的。但我不是没有剧本，把我写过的剧本，如果摞出来的话，一人高，14 稿，我第一稿剧本 14 万字，然后，越来越短，6 万字，也有一稿是 4 万字的，然后就直到最后。最后一稿剧本写完是 2008 年 6 月份。2008 年 6 月份是我杀青的日子，我在杀青前一个礼拜把最后一稿剧本写完。但实际上剪片子的时候，你又开始在重新结构，拿素材再重新写作。”

《南京！南京！》公映版本比样片少了 25 分钟。但陆川说，那 25 分钟是必须剪掉的，不是谁逼着剪掉的。“那是我喜爱的，但是这 25 分钟让这片子显得特别漫长，并不一定是观众喜爱的。很多说实话都是那种桥段的戏。”

伊田杀唐小妹的戏份儿便有很大的删改。“原来不是上来就是唱歌唱戏的。原来先是第一个镜头大街上，空街上他们在走，全是光着脚，鲜血淋漓在街上走。第二镜头唐小妹在那哼哼唧唧也在那走，然后呢，伊田在那凝视着他，他有一个反应。第三个镜头本来扽上去，然后唐小妹开始唱，这是连续三个镜头。等到最后定剪的时候，这三个镜头全部拿掉了，就直接上一场戏尸体被拖走，这场戏直接一切这边，唐小妹就开始唱歌了，然后啪就打死了。就是很多都是在做这种剪辑，这种剪呢，其实因为它是两个气质的电影，对于观众来说没有什么损失，那个前一个东西讲得就是比较顺溜，现在感觉就带那去了，带这去了。”

“没有意料之外的信息的时候，我就会把它咔碴拿掉。像这样的戏，跟王朔老师看完之后，我全给拿掉了。因为我坐在他边上看的时候，我就想到了。我觉得我要，我要让这事儿变得更干净，一点儿都不拖泥带水，我不能让自己有遗憾。所以我就全剪了。”

一个资深女编辑对陆川说她特别喜欢《南京！南京！》，但是就是喊万岁那她一机灵，浑身就起鸡皮疙瘩，觉得特主旋律，感觉一下子便不是陆川电影了。“好多女孩看到这儿的时候，都说这样就不是这个电影了，你最好给拿掉，你知道吧？”有考据癖的陆川每次都解释说，这是真事儿，你去看看史料，当时，在屠杀之前很多史料都证明，包括日本兵的日记都在证明说，国民党军官会带头喊口号，就喊两句，“中国万岁，中国不会亡”。“就是你过不了自己这坎儿。我也知道，其实像我们都是研究电影的人，很知道说怎么去说这话观众爱听，或者怎么去剪这个片子观众爱看，怎么能够让观众说不打断他的预期，然后带着走，最后拧一把毛巾擦擦脸然后出门，把这片儿忘了。”

陆川沉浸在《南京！南京！》这座城里，一住就是 4 年。4 年里，陆川从历史的废墟里一抔土一抔土地掘出他心里 1937 年的南京城，又一块砖一块砖的建起来。4 年的创作意味着 4 年的折磨，陆川和他的团队到底经历了什么样的煎熬也许他们自己都数不过来了。刘烨的沉默，高圆圆的失眠，日本演员的内心挣扎，这些年轻的演员无论身心都经历了极大的挑战。而陆川本人更是这样。当我们采访到陆川时，他那轻松的表情背后还能看出一点未散去的疲惫。可以看出，从《可可西里》到《南京！南京！》，陆川自己也蜕变了。

告别青春期

为了拍好《王的盛宴》，陆川花了大量的时间用于阅读，来把握人物的个性、心理，梳理历史的脉络，还原历史风物。并与多位教授求证、交流，进一步夯实自己的想法。陆川说，《王的盛宴》是他“告别青春期”的作品。

在为《王的盛宴》选角时，陆川最先确定的主演是秦岚。陆川说希望秦岚在影片中表现出“操蛋”的一面。拍摄之初，陆川对秦岚说：“你演了这么多角色，犯的最大毛病就是永远在演好人，永远在假装美好。你能不能把你最不堪、最不招人待见的一面拿出来？”秦岚犯了难，女演员潜意识里都会在镜头面前表现得美好一些，有几个女演员希望狰狞？就算愿意，也都是因为角色受惊吓而流露出的恐惧。然而吕后这个角色并不是这样，她因人性扭曲而狰狞。“我也曾试图放下美好，可我以为我放下了，击碎自己了，但陆川觉得不够，他一条一条不让你过。”

秦岚说从没见陆川跟别人拍戏红过脸，但到了她一开拍，稍有不满意，陆川就经常红脸。秦岚不得不很快就让自己投入到吕后的角色里，不得不在开场后就马上变成另外一个女人：发火、大叫、尴尬……在一天之内尝试从极端愚蠢的生气，到真诚、悲伤、伤害别人，再到被伤害。

2012年11月29日，《王的盛宴》在全国各大影院上映，我们看到了秦岚洗尽铅华撕裂自己演绎的吕后，看到了一个荧幕上从未看到过的秦岚。

回顾12年的电影之旅，陆川说：“《寻枪》让我觉得是把‘我’弄丢了，你找不到自己的归属感，你不知道自己的落脚在哪儿；《可可西里》我觉得是对于人生存的挣扎感的最大诠释；《南京！南京！》讲述了人对死亡的恐惧以及绝境中人对生存的探究。我看了自己的四部电影，我发现自己是一个很悲观的人，因为四部电影中主人公的结局都是很宿命的感觉，可能这是我内心对世界的一个看法。所以我逐渐在自己的电影里看到了自己对人生的态度。”

陆川，1971年生于中国新疆奎屯，中国著名电影导演、编剧、执行制片人，毕业于北京电影学院导演系。陆川是中国新生代导演中的佼佼者，也是中国第六代导演领军人物之一。2002年导演电影《寻枪》获“大学生电影节”最佳处女座导演；2004年编剧、导演电影《可可西里》获得东京国际电影节评委会大奖，同年，凭借此片被美国杂志《Variety》评选为世界十大年轻导演。2009年4月22日，陆川编剧并执导的第三部电影作品《南京！南京！》公映，影片先后获得第57届西班牙圣塞巴斯蒂安国际电影节最佳电影金贝壳奖、第3届亚太影展最佳导演奖、第4届亚洲电影大奖最佳导演奖等十几个国际大奖，并在美国获得洛杉矶影评人协会颁发的最佳外语片大奖。

陈坤：碰巧成为陈坤

冯宇华

陈坤在自己的新书中写到自己的人生就是由一个个巧合串起来的，“碰巧陪朋友考电影学院，自己却考上了”，“碰巧陪朋友试镜，自己却选上了”，“碰巧做了演员，却爱上了表演”。从一个家境贫寒的普通男孩到国内炙手可热的一线明星，在旁人看来，是幸运成就了陈坤的大部分人生，然而只有陈坤才知道，在看似无从选择的人生中，在“甩掉偶然，成为必然”的道路上，自己经历了多少的辗转和挣扎。

被选择的人生

20 岁之前的陈坤，似乎对于人生没有什么选择的权力。被迫接受父母的离异，被迫担负起养家的责任，被迫接受姐姐的去世。小时候的陈坤，最大的愿望就是有一个大大的房子，爸爸妈妈不要离婚，不喜欢的人不要出现，然而这些事都不能如愿。

在一边上学一边打工的日子里，陈坤先是做了打字员，然后是酒吧服务员，直到主动争取的驻唱歌手，才终于遇到了自己喜欢的事情。在遇到王梅言老师之后，陈坤似乎有了第一次自己可以选择的机会，他希望成为一个歌手。在进入东方歌舞团之后，陈坤更是坚定了走唱歌这条路。那时候的陈坤，不识谱，也不会弹琴，但是也许正是这种可以选择的信念让他坚持在黑暗的琴房里训练，并坚持相信自己一定会成为一个歌手。

然而命运并没有让陈坤在自己选择的这条道路上一直走下去。在进入歌舞团的第二年，陈坤就因为一次偶然的机会离开了歌舞团，进入了一个自己从未想过的领域。而这个机会就是考入电影学院。

也没想到，一个从未接触过表演的人竟然以专业第一名的成绩考入了电影学院。翻出陈坤当年考试的视频，里面没有精心准备的技巧，没有沉重忐忑的负担，陈坤神采飞扬地朗读着诗歌，似乎从自己不那么快乐的命运中逃脱了出去。在面试现场，因为麦克风坏了，老师问有没有同学可以清唱一段的时候，陈坤想也没想就站了出来，经过一年多的声音训练，清唱对于他来说完全没有难度。也许就是这个举动让老师们对他印象深刻。多年后陈坤回忆起那段经历，认为电影学院是他能接近的高等学府中最近的一个，所以他会离开歌舞团选择了电影学院，但是进入电影学院之后的路要怎么走，他仍然没有把握。

电影学院也许正是陈坤幸运的开始，当时的陈坤也许无法体会到，在这幸运背后仍然充满着许许多多他不能选择的道路和人生。小时候的陈坤，因为觉得自己的名字不够阳刚，曾经把“坤”字改成“昆”字。就像不接受自己的名字一样，对自己要求极高的陈坤从小就不接受自己的不完美，而演员这个行业，更像是一个不完美的放大器。多年以后回头来看，这份幸运的开始，也正是陈坤真正开始认识自己、接受自己的起点。

轻松的学业，不轻松的生活

陈坤的生活并没有因为上了电影学院而立即改变，迎接他的仍然是白天上学，晚上打工。陈坤没有对任何人诉说自己的困境，以至于连班主任崔新琴老师都不知道他面对的问题。崔老师至今回想起来还会有些许的内疚。

很早就开始在社会上打拼的陈坤并不十分清楚学校的规矩。第一次上课的时候，陈坤顶着一头黄毛走进教室，崔老师责令他把头发变回黑色，否则第二天不准进教室。从小几乎没有接受过管束的陈坤并没有因为崔老师的严厉而难过退缩，甚至当时在心里拍手叫好，心中只有“这个老师太帅了”的感慨。这件事几乎奠定了陈坤大学4年的处境，一方面总是想出头证明自己的特殊和个性，一方面又不得不“臣服”于学校和老师的管教。

因为没有多余的钱，陈坤不和同学一起郊游；因为晚上工作太晚，第二天让弟弟去帮自己晨练，陈坤在学校干着引人注意的事情，却发现这些“特立独行”的事情仍然无法满足自己渴望被关注的内心，因为自己最在意的老师却从来不表扬自己。在大三的时候，陈坤萌生了退意，想去国外学习室内设计，于是找到崔老师问是否自己不适合做这一行。崔老师反问他自己知道不知道？现在谈起在学校的学习，陈坤觉得在表演上，自己是一个很不开窍的学生，所以当时也不明白崔老师的意思。多年以后崔老师回忆起这段往事才道出自己的苦衷：老师知道陈坤内心是一个非常骄傲的人，所以决定不表扬他，并且对他比对别人有着更加严格的要求。

陈坤的骄傲并没有阻止他的风头。在大三陪同学试镜《国歌》的时候，又一次歪打正着被导演看中，演出了人生中第一个荧幕上的主角。这部献礼影片取得了当年票房第四的好成绩，但是并没有让陈坤大红大紫。而之后赵宝刚导演为他量身定制的《像雾像雨又像风》才让陈坤真正尝到了走红的滋味。说起和赵宝刚导演的合作，其实还有一段波折。陈坤本来被选定为《永不瞑目》的男主角，却在最后一刻通知自己被换掉了。这一次，陈坤没有再装作成熟淡定，在崔老师面前表现得十分失落。崔老师给赵宝刚打了电话，让他一定要再给陈坤一个机会，才有了后来的《像雾像雨又像风》。赵宝刚导演没有失言，甚至为了陈坤，将主角的名字改为陈子坤。经过这部戏的合作，赵宝刚导演在谈起陈坤的时候认为他是一个蕴藏着巨大潜力的演员。

陈坤在拍摄这部戏的时候，正面临着毕业答辩。在两件事似乎需要做出取

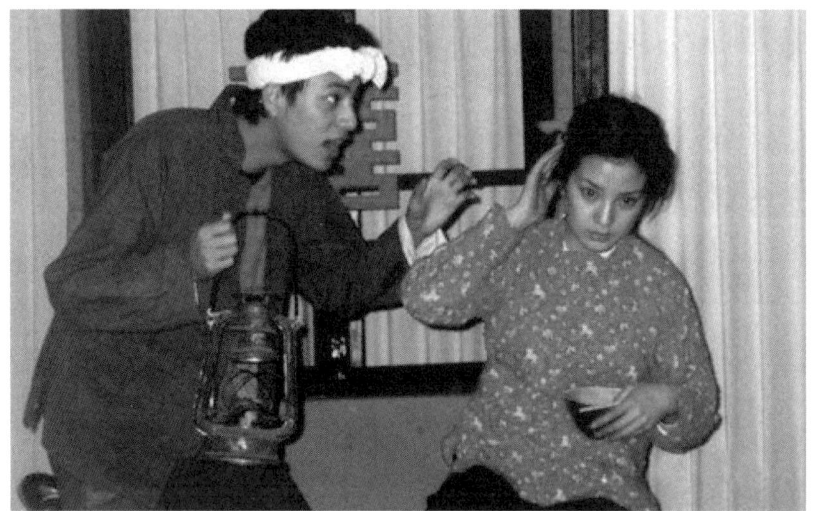

赵薇和陈坤在学校时排演小品

陈坤在电影学院演出中表演男生独唱

汇报演出中的陈坤、张恒等

2007 年，陈坤获第 12 届电影华表奖最佳男演员奖

舍的时候，陈坤决定两边都不放弃。他一边拍戏，一边写论文，四处找传真机将论文传回学校，几次三番和崔老师商量修改事宜。就这样，在陈坤顺利毕业的时候，他的演艺之路也彻底被打开了。

名利场的“暴发户”

陈坤的明星之路如此顺遂，可能是他自己最初都无法想象的。2002 年，主演的《巴尔扎克与小裁缝》提名金球奖，进入了戛纳“一种关注”单元。2003 年，主演的《金粉世家》取得了当年央视的收视冠军。2006 年主演了又叫好又叫座的《云水谣》，还因此获得了华表奖优秀男演员奖。

突如其来的赞美和关注让陈坤开始看不清自己的位置，做明星的虚荣让他迷失在不断追赶别人，不断吸引大众眼球的虚无之中。小时候的陈坤曾经对妈妈口出狂言，要每天给妈妈买一条连衣裙，当这个诺言竟然可以实现时，陈坤还是被这个梦一样的现实击晕了。那时候的陈坤并未有多热爱演戏，但做演员带给他极大的好处却先真真实实地尝到了。

以柔情忧郁出道的陈坤这才开始显露出他在事业上的企图心。然而名利场是这样一个残酷的地方，四大天王之后还会有四小天王，票房过亿之后还会有票房过十亿，你可能在头一天被舆论捧上天，也可能在第二天就下了地狱，但你想破头皮也不知道为何当初喜欢你的人瞬间成为了你的敌人。

那时候的陈坤，想赢，讨厌“戏子”，不喜欢商业片，希望得到别人的认可。以至于当有人在微博留言说“陈坤你真是中国最酸的男演员”时，陈坤会觉得兴奋异常，只因为这里面有个“最”字。

从出道不久接受采访说起往事还会眼圈红红的陈坤，到现在敢于直接肯定地说出自己想法的陈坤，中间只隔了不过七八年时光，但这几年的时光，陈坤也许没有一天能够享受自己的成绩，他一直在试图剔除掉自己对自己过去的判断，来接纳这个新的自己，他没有一天敢停下来，因为他心里没有底，他怕停下来就发现这不过只是梦一场。

命运神奇的地方就在于，当陈坤靠着本能和本真去生活去演戏时候，幸运总是一次又一次找上他，而当他开始想要操控这幸运时，命运却会跟他开玩笑。说起陈坤最不满意的一部戏，陈坤不禁觉得好笑，因为那是他和他的公司精挑细选的一部戏。“精挑细选选了一部最糟糕的戏”，而那部戏，至今也没有出现在观众的视野前。

总是“被选择”，让陈坤失去自己对自己的把握，再大的荣誉也不能让他产生对自己的满足感。真正幸运的人是不抵抗或不思考的，然而陈坤显然不属于这其中的任何一个。

选择成为“配角”

也许感觉到了自己和自己较劲的疲惫，陈坤在《画皮》之后选择了休息。他给自己放了一年半的假。他试图说服公司的人要看淡是否被人忘记这件事，却在休假后不久就体会到了自己的焦虑，陈坤对自己说，“陈坤，你别骗自己了，你就是在害怕被忘记，你就是在慌张。”这样慌张又要强装淡定的日子过了 8 个月。8 个月里，陈坤脑中也许涌起过无数的想法，也许又通通被推翻了，但是 8 个月之后，陈坤知道自己不一样了。

陈坤在接受采访时说道，在意识到自己可以不做演员的时候，他对表演的兴奋感顿时回来了。那是因为脑中自己给自己的框架崩塌了，而他，从那个崩塌的废墟中站了起来。从此以后，陈坤让自己主动退出了和人竞争的局面。从《让子弹飞》中的胡万，《龙门飞甲》里的一人分饰两角到《狄仁杰之深都龙王》中面目全非的角色，陈坤在一点点敲碎自己，并在这碎片之上重建了自己。

从一开始演戏，陈坤就是主角，仿佛他就是为了主角而生的，所以他从未珍惜过。甚至过去在片场，当他看见有的配角认真准备的时候还会对别人的努力嗤之以鼻，“这样演戏太不松弛了”。而现在，陈坤主动选择成为配角，就是为了体会那份珍惜镜头的感受，也为了把赞誉、票房的压力从自己的心中移开。这时候的陈坤，对于他的事业仍然是有企图心的，而这企图心不在于有多少个第一，多少人的认可，而在于他希望能够认识到自己真正的本质，去发现自己和别人不一样的本质。

《让子弹飞》中陈坤的亮相完全摆脱了自己以前的形象，活脱脱一个地痞无赖，让观众第一次看到了一个不一样的他。《龙门飞甲》中分饰雨化田这个角色是陈坤曾经很排斥的阴柔的角色。《龙门飞甲》由原定的2月推到10月拍摄，这并没有让陈坤感到无事可做，他充分利用这8个月时间做了大量的锻炼和练习。影片在大漠拍摄，在一片叫苦声中，沉浸在角色中的陈坤却一点也感觉不到环境的恶劣。刚还没开始拍摄的时候，陈坤因为对手是李连杰，担心自己在面对他的时候演不出胜过他的气势，然而当场记板打响的时候，陈坤忘记了这是陈坤对李连杰，“这是雨化田和赵怀安之间的事，就把戏交给他们去处理吧”，陈坤这样说道。放下得失，忘我的表演为陈坤赢来一致好评，这位昔日“花瓶”身体里蕴藏着的无穷无尽的爆发力和可能性正透过银幕一点点传达出来。

从被动选择到主动接受

10年前，提起陈坤，人们或许会用这样的形容词：忧郁，柔弱，花瓶，偶像。作为演员的陈坤，只要出一张脸，就会被赋予无数的想象，然而这里面有哪些想象是真实存在于陈坤身体里的，只有陈坤自己才知道。

从1996年上电影学院开始到现在，过去18年的时间，陈坤因为别人说自己是“戏子”而愤怒过，因为别人说自己是“花瓶”而苦恼过，因为自己的不完美而纠结过，如今的陈坤，可以坦然接受这些所谓的称谓，也能清晰地看到自己的期望和现状。

“你不知道观众为何喜欢你，你以为是因为你的长相，但他有可能是因为你的个性，你以为是因为你的个性，但他有可能是因为你的长相。我没有办法左右别人的想法。”这是陈坤不断坚定自己的内心的原因，自我之道不在自我之外，自我之外皆是虚妄，也许这就是陈坤这么多年起伏的最大感悟。

2010 年，陈坤成立了自己的公司东申童画，公司的第一个项目是一个公益项目，陈坤带领 10 位大学生行走于西藏。对于陈坤此举是“作秀”的舆论，陈坤毫不遮掩地承认，我就是在作秀，但是这个作秀是带领大家体察自我的一个入口。陈坤认为行走并不是修行本身，行走只是一个形式，只是很多时候我们都需要通过形式才能去接近本质。今年，陈坤也将继续“行走”于敦煌。

2011 年，陈坤出版了自己的第一本随笔《突然就走到了西藏》，他的好友费勇教授看后感叹道：“从没见过如此诚实的人。”多年前的陈坤，对自己有着许许多多的期望。期望自己不是花瓶，期望得到别人的肯定，期望自己不同寻常，这些期望在他接受了自己漂亮的外形，接受了自己想赢的企图心，接受了自己扮演的每一个角色之后都实现了。正是接受了自己，才让他变得如此“诚实”。

再没有人用“花瓶”“柔弱”来形容他，如今的陈坤是一个出色的演员，一个 12 岁孩子的父亲，一个公司的董事长，如今的他，自信、自得又自足。也许正如公司名字各取自名字一半的寓意一样，陈坤把自己的故事一半留给自己，一半交给命运。正如他自己说的：“接受自己才是一切修行的开始。”碰巧成为陈坤，那就努力去成就他。

陈坤，1976 年 2 月 4 日生于重庆，中国内地男演员、歌手。1995 年考入东方歌舞团担任独唱歌手，1996 年以专业第一名成绩考入北京电影学院表演系本科班。

1999 年主演电影《国歌》步入影坛；2000年，主演电视剧《像雾像雨又像风》；2003 年，主演中央电视台年度收视冠军电视剧《金粉世家》；2007 年，主演电影《云水谣》，凭借陈秋水一角荣获中国电影华表奖优秀男演员奖；2010 年凭借电影《画皮》获得第 30 届大众电影百花奖最佳男演员奖。

2004 年发行第一张个人专辑《渗透》，至 2013 年，发行三张个人专辑，举行两次个人演唱会。

2012年，登上中央电视台龙年春节联欢晚会，独唱歌曲《好久没回家》。

担任联合国儿童基金会中国大使，捐助大爱清尘、关爱老兵、大病医保等民间慈善项目。

2010 年发起心灵公益项目“行走的力量”，于 2013 年 11 月获得奥地利大使馆颁发的“雪绒花”勋章。2011 年出版个人随笔集《突然就走到了西藏》，销量突破 30 余万册，入选第七届作家富豪榜。

郭晓冬：生活的底蕴

陈霄漪

2000 年北京电影学院 96 级表演系毕业，赵薇、黄晓明、陈坤纷纷在优秀的影视作品中崭露头角，成为受到全国电视观众喜欢的明星，而还有一个人，没有锋芒毕露，没有一炮而红，亦步亦趋地在演艺圈耕耘，怀抱着对电影由衷的热情，这个从沂蒙山走出来的农村孩子终于迎来了他的“大叔时代”。

有了梦想，才发觉现实的距离

“如果说小时候露天电影院和土台上搭班唱戏是我电影梦想的摇篮，那么电影学院真正是我梦开始的地方。”

因为梦想支撑着郭晓冬北漂了 4 年，在 1993 年的时候梦想还只是一个梦，没有实现的影子。生活环境的困苦并没有埋没一个孩子的理想，但是他也完全明白理想和现实有时是那么对立。郭晓冬 1992 年来到北京，想挣钱，想找老师学习，挣不到钱自然也找不到老师。痛苦、迷惘、惆怅的情绪并没有扰乱他的步伐，反而令他清醒地认识到生存下去这个首要目标。

为了梦想没有退路，这些窘境在郭晓冬眼中也都并不是挫折，他甚至认为那 4 年仍然是幸运的，失败、失意在他的生活中都是特别平常的事情，解决了的困难都是成功。坚持了 4 年，1996 年郭晓冬考进北京电影学院。

天然的环境和氛围给了我深厚的底蕴，那种土壤太深厚了，很多东西潜移默化地渗入我骨髓里，很有力量，浑然天成，让我慢慢寻找自己的方向。

——郭晓冬

踏入北京电影学院的大门，郭晓冬怀揣着一份惴惴不安的心情。这份心情是来自于感恩、激动和难以置信，如同导演崔建新说的，“一个农村孩子要上清华北大不奇怪，但是能考上电影学院表演系，实在不多见。”特殊的经历使郭晓冬对来之不易的机会十分珍惜，奇迹般的梦想生活展开在晓东的面前。

他称自己为流浪的孩子，这样一个流浪的孩子被电影学院接纳，还受到了老师们的关怀帮助，至今都让郭晓冬感激不已。郭晓冬上课没有一次迟到、早退，一丝不苟地完成了学业。同班同学说到晓东，都说他是一个特别认真、投入的人，赵薇也提到过在学习上要以郭晓冬为榜样。

丰富的生活经历给郭晓冬带来更多表演上的灵感和思绪，他的脑海中总是有数不清的奇思妙想。生活的经历让郭晓冬感受了生活百态以及酸甜苦辣。这些经历不折不扣地成了一名演员的宝贵财富！在班上编排小品的时候，郭晓冬的脑子里总是会有各种各样的人物的样子和喜怒哀乐。“我不会凭空想象，我演的那些人物都是实实在在在我生活里出现的。”96 班的班主任崔老师当时给郭晓冬的评价就是“表演真诚”，这一句对晓东当时青涩的表演来讲最大的褒奖，让晓东一直牢记在心里，当作他直到今天的表演准则。

而郭晓冬又是一个非常平实的人，嘴跟不上思想的时候就会闹笑话。一次在学校和同学表演一个片段，郭晓冬非常投入地表演着，但是思绪不知飘到什么地方，一句台词“这么大的碗还堵不上你的嘴”被他讲成“这么大的嘴堵不上你的碗”。

电影学院的表演系不仅仅意味着五彩缤纷的校园时光，对于一个土生土长的农村孩子来讲，这是一个梦，也是一个巨大的负担。每年一万多的学费对于一个农村家庭来讲简直是一个天文数字，4 年中学费和生活费无时无刻不困扰着他，郭晓冬是在家人、乡亲、老师的倾囊相助下完成的学业。在表演系，郭晓冬这样家庭条件的学生几乎是没有的，同学们经常组织聚会，但是对于晓东来说几十块钱是很大的数字，他只能学会拒绝，然后借故不参加活动。郭晓冬也希望改善伙食，更从内心深处想和大家交流，他只能够告诉自己以前玩儿够了，现在是学习的时候了……

久而久之，老师和同学们都了解了郭晓冬的情况，这个大集体开始用自己的方式默默地温暖着郭晓冬。班主任崔新琴以郭晓冬优先的方式推荐他参演电视剧《红岩》。“那是我第一部真正意义上有台词的角色。也是我上电影学院后第一次挣到片酬。崔老师总是在我最需要帮助的时候给予最大的帮助。”崔老师有一次就要求女生拍广告必须带上郭晓冬，不然就不让拍。这件事是毕业以后郭晓冬才知道的，难怪当时去的时候全是女生只有他一个男生。对这件事，晓东特别感动并感激崔老师，“但是没有给崔老师打电话，因为我觉得‘谢谢’两个字是远远不够的。她希望我成才、独立、自强，希望我在这个行业里取得成绩。我只有不辜负她的期望，才能回报她的关心。”

同学们也常常给晓东带好吃好喝的东西，声称“吃不了帮忙消化消化”。一次96班的班长把郭晓冬叫到操场上散步，他说：“听说你缺钱了。”郭晓冬说：“我有钱，谁跟你说我没钱了？”班长掏出50元钱说：“我有100元，一人一半。”还有一个同学白云，每次在郭晓冬急需用钱的时候，她都会马上向父母“借钱”，然后再转借给郭晓冬。大一时，在同学的精心安排下，郭晓冬度过了生平第一个城里孩子的生日。“那摇曳的烛花，那真诚的生日歌，那自制的蔬菜沙拉……”让郭晓冬倍感温馨。“那种感觉很好，非常值得怀念。”

在这个96级表演系，这个星光璀璨的班级中，郭晓冬成长了。因为经济的贫乏，最初的郭晓冬极度自卑。他的毕业论文就是以自卑为题的《论自卑对演员的重要性》，阐述了自己由自卑转向自信的过程。

穷人的孩子早当家，自己不比家境好的同学，为了改变经济状况，郭晓冬甚至愿意辛苦地在课余时间跑龙套。委屈自然有，但更多的仍是感激，郭晓冬

在 96 班毕业照中，最后一排的最右边是郭晓冬

演员郭晓冬

2006年，郭晓冬获釜山电影节“亚洲十大最具潜力男艺人”大奖

感激他所经历的生活，是生活给了他对生活的感受，“生活中的一点一滴，对于演员来说，是最最重要的！”

4 年的专业表演学习，让郭晓冬对表演有了深刻而科学的认识，明确了自己作为一名演员，生活基础决定了的角色厚度。郭晓冬认为角色毕竟不是自己本身，角色会有他特定的身份、地位、性格、特征，对一个角色的塑造是否丰富，栩栩如生，直接取决于演员对角色社会生活的理解。

弥足珍贵的大学生活是有声有色、有滋有味的。电影学院教会了郭晓冬表演的同时，也坚定了郭晓冬对电影的热爱与信念，是表演学院让他解开了自己的心结，真诚地接触表演，开始向梦想起程。

珍惜被选择的幸运

2000 年，郭晓冬以优异的成绩从电影学院毕业，被八一电影制片厂点名要去，这是多年来八一厂唯一一次点名要人。那年夏天，走出北京电影学院大门的郭晓冬，提着简单的行李，带着一个背包站在拥挤的公交车上，心中的激动难以言表，因为他的目的地是——八一制片厂。郭晓冬这个从山东来到北京的“飘零的风筝”，找到了八一厂那根线，第一次在北京有了踏实的感觉。

但是这个感觉又是那么的不真实，缺乏自信的郭晓冬没有安全感。他害怕被人遗忘，即使是现在，他如果正在拍一部戏，但不知道下一部戏是什么，就会担心着急。这种“着急”就是一种不自信，患得患失。当时八一厂没有正式发调令给晓东的时候，他依然对自己不抱希望。“我和很多人一样，是看着八一厂的电影长大的，记得小时候在露天电影院看电影，最盼望的就是看到八一厂的电影，每当出现象征八一厂的张珊珊出现时，内心就会有澎湃的感觉。《地道战》《地雷战》《英雄虎胆》《高山下的花环》……这些电影我都非常喜欢，到现在还是百看不厌。最早心里流淌的英雄情结就是来自这些电影对我的影响。所以当告诉我被分配到了八一厂，我觉得这是我做梦也没想到的事。”

就这样，这个刚踏出校门的大男孩进入了当时中国最好的电影制片厂之一八一厂。在郭晓冬还不太自信的时候，梦想再一次为他开启了一扇门。

郭晓冬在大学就入了党，形象正面，适合演军人角色。进入八一厂后，好几个导演看见他都说晓东将来肯定没问题，一定能出来。即使是这样，毕业后的一段时间里郭晓冬心里的焦虑、不安是大家都不知道的，这段日子他过得很艰苦，他羡慕同班同学一出校门就早早成名，有戏拍能挣钱。“从艺术院校毕业的学生，心里都怀有梦想，而我又是个对电影有特殊感情的人，所以总想找机会拍电影。刚从学校毕业又是个很尴尬的年龄段，很少有戏拍，我的外形也不适合演偶像剧，所以当时的那种痛苦特别折磨人，来自内心的那种落差和矛盾特别强烈。”

晓东在八一厂最初的一段艰苦的时间里，几个重要的机会眼看着就与他擦肩而过。被这样的打击几乎伤透的郭晓冬，调整着自己，习惯了在面试的时候先想到最坏的结果，安慰自己不行就找别的，然后再在这个自我暗示的条件下去努力。

难能可贵的是，在这样的条件下郭晓冬仍然做到了一个理想主义者的坚守。2001 年，电影《密语十七小时》和一部电视剧同时找到郭晓冬，后者开出的酬劳比前者高出数万元，但是郭晓冬仍然选择了前者。

2002 年，郭晓冬终于迎来了自己的机会，拍摄了霍建起导演的作品——《暖》。在电影中饰演男主角林井河，走上了国际大奖的红毯，捧回了东京电影节的金麒麟奖。郭晓冬说过：“没有霍建起导演，我就不可能顺利踏进影视圈。”他们的第一次合作是在影片《蓝色爱情》中，郭晓冬的戏份很少，但导演当时给他留下了一句话：“你是一位优秀的演员，将来我们一定要好好合作一把。”郭晓冬只当作导演对后辈的鼓励，没想到两年后真的接到了导演邀请他演《暖》的男主角的电话。

郭晓冬事业上的第二个分水岭，则是电视剧《新结婚时代》。《暖》为他打开了电影的大门，而《新结婚时代》则是让郭晓冬直接走进了观众真实的生活里。可以说如果没有《新结婚时代》的热播，郭晓冬曾经获得的荣誉一直被人们忽略着。凭借《颐和园》入围戛纳电影节最佳男主角，釜山电影节获得“亚洲最具潜力男艺人奖”等等。“经历了这么多之后，属于你的就是你的，变得越来越坦然了，机会也就随之而来了。”大器晚成的郭晓冬把一切都看得很豁达，他身上朴实、真诚的气质也吸引了越来越多的导演的青睐。

从郭晓冬多年的经历来看，如果说刚刚开始想当演员仅仅是因为喜欢，那后来在相当一段长的时间里当演员变成了郭晓冬生存的需要，是工作，是养家糊口的唯一的经济来源。生活给他的选择其实不多，作为演员郭晓冬是被动的，但“在我无法主动选择的前提下，我也会非常珍惜被选择的这份‘幸运’。”也许就是这样，现在的郭晓冬已经越来越不在意别人怎么说怎么看，更在意自己怎么做。他把电影当成了自己的信念和责任融入血液中。在郭晓冬的每一部作品中我们都能看到他脚踏实地表演的影子，在他眼里每一个角色都是一次历练，绝不能有丝毫放松。如同他当年珍惜电影学院学习的机会一样，郭晓冬珍惜着每一次塑造角色的机会。他执着地相信一丝不苟的累积一定会有质的飞跃。

梦想“暖”进了现实

从理想走到实现，要克服多少困难，要坚守多少坚持。对于这个问题，郭晓冬一定体会得更为深刻。当年参加东京电影节时，他在一篇日记里写道：“每个人都有自己的天方夜谭，这次我是从自己的天方夜谭的男主人公走到了生活中来，走到了东京电影节的红地毯。”

霍建起导演的电影《暖》，讲述了一个爱的理想与现实，承诺与失信的故事，改编自莫言的小说《白狗秋千架》。一举夺得了第十六届东京国际电影节上的金麒麟奖以及优秀男演员奖。这是郭晓冬第一个电影作品，当年青涩的郭晓冬，用最真诚的方式诠释着角色，真诚地表达和传递情感，打动了观众。

对于电影《暖》郭晓东将它定义为“梦开始的幸福”，在晓东的心中，这部电影就是他作为演员在艺术当中的一个起转点。用郭晓冬的话来说，当年拿到剧本的时候就预计到了自己的未来，他感觉到这部电影一定会成为一个非常好的作品。而郭晓冬饰演的角色林井河是大山里考出去的学生，一样的经历，一样的心境，郭晓冬和井河重叠在了一起，变得深沉、质朴和温和。在山村里的时候，晓东和环境吻合了。

郭晓东的表演中能看到他的一些价值观，他自己的为人处世，忍让、包容、宿命，都融入到了表演中。而相对于张扬外放的表演，郭晓冬更加欣赏含蓄的力量。就像井河与暖的一段对话。井河说：“对不起我把你忘了。”暖说：“没有，你越不回来越不会忘。”说得非常淡，对话也都是含着的，却很有力量。

在郭晓冬的表演道路上，无论走在哪一个分岔路口，他都有内心深处最执着的信念。“以前看过一个小故事，记者和一个世界知名的大指挥助理聊天，问他，这位大师在做什么时候最专注。助理的回答是，无论是指挥千军万马演绎一首名曲，还是削一只苹果，他都一样认真。”

郭晓冬口中的这个故事，代表着他自己对于表演，甚至是对于人生的看法。他所追求的是一种境界，无论在何时，无论在何地，都不会浮躁，单纯地关注着自己坚持的东西，努力让自己沉下去。只有演员自身沉下去，才能让最终呈献给观众的作品浮上来。

郭晓冬的成长之路，一切都如此踏实，无论面对挫折、面对挑战，他都可以用一种方法战胜，这就是内心的力量，坚持自己的坚持，到最后，时间这杆秤一定会证明你是对的。努力地让自己沉淀，积淀着生活的点点滴滴，这浓厚的底蕴，也许就是对郭晓冬表演道路最好的注脚。

郭晓冬，男，汉族，1974 年生，中国大陆著名男演员。1996 年考入北京电影学院，2002 年，在霍建起导演的电影《暖》中饰演男主角，一举夺得东京电影节金麒麟奖。近年来逐渐成为

了国内新锐导演影片中常见的男主角，陆续拍摄《蓝色爱情》《投名状》《深海寻人》《建国大业》《苏乞儿》《剑雨》等一系列电影，另有电视剧代表《大校的女儿》《暖》《新结婚时代》等等。此外，郭晓冬还曾获得“最具魅力男影星”称号、电影华表奖最佳男演员奖、入围戛纳国际电影节最佳男演员奖。

黄晓明：To be A Better Man

于梦迪

这些年，他身上的标签和定义一直在变，帅哥颜、偶像型、常犯二、总较真、造金句、学英文、爱结账、对人好，演技时被忽视时又爆发，私生活备受关注。在这位逐步进入中生代的华语明星身上，人们找到了无数话题、聚焦了各式评点，津津乐道着他的所谓二，乐此不疲着对他的各式误读，有人拿他当笑话，有人视他为偶像。不管你怎么看他，他都在摸爬滚打的时间里默默坚持着，一步一步地走向那个更好的自己。他就是黄晓明，闪耀在中国演艺圈的一颗璀璨之星。

美丽倔强的“木头”

假如黄晓明当年没有当演员而是实现了最初的理想——科学家，将会是个什么样子？也许，他的成功不会像现在那么早，他的知名度不会像现在那么高。但是凭借他在影视圈表现出来坚韧和聪明，黄晓明一定会是一个优秀的科技工作者。

黄晓明考上电影学院带着一丝奇迹的味道。虽然中学时就有在青岛电视台担任主持人的经历，但是黄晓明当时高考一心想要报考主持专业。电影学院专业考试之前，他甚至从来没有听说过这个学校，一直以为“北电”就是“北京发电厂”。而当时，北京电影学院也已经有10年没有在青岛招生了。

似乎就是冥冥中的缘分使然，黄晓明的一位老师得知了电影学院在青岛设点招生的消息，努力推荐和说服自己这名“漂亮”的学生去报考。黄晓明无可无不可地答应了。但是就在考试前的一个月，黄晓明又莫名其妙地遭遇了一场飞来横祸。说起这段往事，他十分自嘲“可能我这话说出来都没人相信，那天我就是站在路边要过马路，一辆吉普就从我脚背上轧过去了，但是我只是觉得脚好像崴了一下，我正奇怪呢，司机就下车问我有没有受伤，我还走了两步觉得也没什么事就让人家走了，然后脚就不行了，去医院以后才知道是骨折了。”一直是家里“乖宝宝”的黄晓明在考试当天是由七人“护驾”，拄着双拐去的考场，主考官就是他日后的恩师与伯乐崔新琴老师。谈起黄晓明的专业考试，简直是让人啼笑皆非，因为之前没有接受过系统的表演指导，一切的考试题目黄晓明全是靠自己的“现场发挥”。老师让他展示形体，他就做起了广播体操；让他表演“捉蛐蛐”，他说“我们青岛没有蛐蛐”；让他表演打人，他非常认真地说“我不打人，打人不是好孩子”；再让他表演骂人，他更是一本正经说道，“我们青岛人说话从来不带脏字”。弄得各位招生老师面面相觑，但是黄晓明单纯的样子又让老师确定，这个孩子确实不是来“砸场子”的，于是崔老师问，那你能表演什么才艺呢，黄晓明就现场高歌了一曲当时正流行的林依轮的《火火的歌谣》。林依轮的歌有不少高音，在通俗歌曲中并不算好唱，显然不适合用做考场表演，黄晓明不时地走音和破音，却把老师们都逗乐了。最后崔老师笑着问黄晓明：“你不会是真的瘸腿吧？”还开玩笑似地说：“两个月后再来一次北京验明正身。”两个月后，黄晓明真来了，跑着跳着地出现在老师们面前，冲着崔老师说：“您看我不是瘸腿。”黄晓明就这样通过了艺术考试，每次说起这个段子，崔老师都会很感慨地说：“那时候就是觉得从来没有见过那么单纯，笑起来那么灿烂的孩子。虽然他不是很会表演，但是这个可以通过学习来实现，但是就他本身条件而言，他的脸就值 300 分，他天生就是吃这碗饭的。”当时招生的老师中有人提出过异议，说这个孩子太像一块木头了，崔老师说：“即使是木头，也照样是一块美丽的、可造就的木头。”

如今，这块“木头”果然已经被雕琢成了最漂亮的形状，占据着中国影坛一席重要的位置。想起当年的考试经历，“单纯”或许是黄晓明最制胜的法宝。

不知是不是惹眼的外貌会给黄晓明带来更多福气，总之，他的成长之路，既没有波澜，更没有悬念：重点小学，重点中学；班里常年的升旗手，主持大大小小的演出，拿各种各样的奖……

高中的时候，他读的是文科班，班里四五十个女生，只有5个男生。高大、清秀，有些害羞，他是老师眼中的宠儿，班里甚至学校里女生心中的白马王子。虽然如此，但他却是整个校园里最沉默的那一个：整日把头埋在书本里，每天放学马上回家，话更是很少很少……如此下来，便有同学将玩笑般的外号赌气相赠：黄大蔫。

如此的孤独沉默，一直延续到他的大学时代。“因为天生的内向，大学4年完全放不开状态，一直觉得自己是被误招的……”

也许长久以来，黄晓明都习惯自己是群体里最优秀的人，终于有一天，进到电影学院，才发现，比他优秀或和他一样优秀的原来有那么多。爸爸妈妈看不得儿子的失落，便说：“如果不做这行了，大不了可以回青岛做个主持人，工作比较稳定。”

但其实他们猜错了自己的儿子。越是遭遇逆境，黄晓明心底里那根好胜好强的神经越会蠢蠢欲动：“原本我对演戏的兴趣不大，只是个性里有特别好强的一面，总觉得自己不差，别人做到的为什么我做不到？我如果不是在这方面做出点成绩来，就太丢人了。”

大二的时候，他接拍了第一个广告，是拍奶粉的——两个男孩，两个女孩，很轻松，摆姿势，拍照片，就挣了1500元。这是他自己挣的头一份钱，拿到钱以后，兴奋地数了两遍，随后这点兴奋又被突然冒出的责任感淹没，于是这1500块钱立刻被寄回了青岛家中。之后，他不停地接广告，最大的一笔有2万块钱，于是又被同学取了个外号“万元户”。当年的同学，如今还会念起这个豪爽的“万元户”，拍完广告就会请大家吃饭，还会跟要好的哥们儿说：“你

黄晓明参加表演系 96 班毕业论文答辩

黄晓明与张国立一起获金鸡奖最佳男演员奖

想吃什么就跟我说，我每天晚上都请你吃饭，管你饭！”

那个时候的他，和陈坤、赵薇在一起，人称“三剑客”。这三个人的组合走在一起，青春和朝气扑面而来，当然惹得旁人频频回头。那时陈坤总是像大哥哥一样，赵薇却像个小妹妹，调皮而可爱。

青青校园里的时光，简单而纯粹，4 年时光，倏忽而过。曾经的少年豪气，曾经不设防的青春，都被沉淀在记忆的最里面。哪怕现在很少相聚，哪怕现在只有一根电话线才能连接起彼此。

他是一个重情的男人，每当回想起自己的大学时代，他会说：“很怀念当时班里同学聚在一起，常常三三两两去学院附近的馆子里吃饭聊天，那会儿毕业后的聚餐还是我定的馆子，挺怀念那些馆子的，也不知道还在不在了。”语调里，隐约藏着伤感。

失败，爬起：再失败，再爬起

在黄晓明童年的笔记本上，他曾经写下这么一句话：“失败，爬起；再失败，再爬起。”这似乎是黄晓明的一个特点。

黄晓明虽然特别用功，但在班里属于成绩平平。他也不着急，而且，崔老师早说过，一个班里能火一两个已经不错了，哪里轮得到自己。后来赵薇火了，黄晓明一点没有感到压力，反而很自豪，“我们是赵薇的同班同学，走到哪里我们都说。”接着他又自豪是“陈坤的同学”，接着还为颜丹晨、许还幻、郭晓东是同学一路自豪。

离毕业越来越近，各自为着理想打拼。同学都陆续接到电视剧或者电影，黄晓明却成了“被遗忘的角落”。

自 1998 年开始，黄晓明先后演过《爱情不是游戏》《花妮妹妹》《年华似水情似火》等 10 多部影视作品，但反应平平。一直熬到毕业前夕，他才终于接到一部电视剧——《网虫日记》，谁知在拍戏的过程中又遭遇车祸。那天，他开着一辆夏利车和一辆迎面而来的东风大卡车相撞，他的车被撞到另一辆车上再弹回来，他昏迷半个多小时。醒来后，在恍惚间，他却仍然问着导演："要不要重拍？"这次车祸，他的下巴和耳鬓共被缝了 6 针，脸很久都没有消肿。

父母闻讯赶到北京照顾他。黄晓明说："静养的那段日子，父亲怕我泄气消沉，总在鼓励我。一次和父亲逛超市，父亲突然指着货架上的咸菜对我说，演员就是摆在货架上等人挑选的大头菜，你要努力汲取生活卤料，把嚼劲蓄大点，慢慢就会越来越有味道。"

后来拍《龙票》，黄晓明经历他自己人生中第三次车祸：这次车祸发生在从银川到内蒙古拍摄地的路上，头部被划伤，颈椎移位。医生告诉他头颈处一定要打四个星期的石膏，否则就有可能影响骨头的愈合，引发后遗症。但他为了不耽误剧组的拍摄，硬是没休息，随剧组去到新疆，戴着护套继续进行运动量非常大的拍摄。问到如此坚持的原因，他回答得很简单："我的戏份太重，休息一天，全组 40 多人都要跟着我休息，损失太大，因此在能坚持的前提下我就坚持。"严重的后遗症会怎样折磨他的下半生目前还不清楚，但可见的是，他现在睡觉已只能使用特定形状的条形枕头。

车祸是平常人避之唯恐不及的，而黄晓明却欣然看待这几次车祸："车祸让我的精神得到升华，可以用很平和的心态去看待许多事情。车祸使我长大、成熟了！"

正所谓大难不死必有后福，经过这次车祸成长了的，不仅仅是黄晓明的心态，他曾说，车祸之后，他对表演似乎一瞬间就顿悟了。

人们真正知道黄晓明是通过《大汉天子》这部戏。2001 年，崔新琴接到了《大汉天子》剧组一个电话，说请陈坤主演汉武帝刘彻。崔新琴说："陈坤没有档期，我再给你推荐一个人吧，黄晓明。"对方问："他怎么样？"崔新琴说："不错的。"说这话的时候她自己也怀疑："黄晓明行吗？"

尽管很多人对黄晓明心存疑惑，但是戏中，他把汉武帝的成长心路演绎得准确又传神，可爱又威严，率真又无奈，儿女情长又心狠手辣……他塑造了一个立体的汉武帝，还有他骨子里自信的表情、若有所思的小动作及不自觉的霸气，让这部戏取得了成功，同时也让观众记住了这个漂亮的男孩。

也许某一天，你会重新看到《大汉天子Ⅰ》发布会的录像，你会看到那个因为顶替分身乏术的陆毅出演男主角而被媒体冷落的男孩，所有的记者把目光都投到了大配角陈道明等人身上，根本没人向黄晓明提问。不过不论别人以什么样的态度面对他，用什么样的问题提问他，他都依然微笑着。

从《大汉天子》第一部到第三部，都是黄晓明做主演。这部戏对他来说有着非比寻常的意义。两年一部的速度拍摄和播出，他也经历从新人到一线演员的过程。

只有他自己知道，这过程多么艰难

接拍《新上海滩》之前，黄晓明曾两次想推掉这部戏。因为“发哥”是他的偶像，他将向自己的偶像发起挑战，他既忐忑，又兴奋，压力自然很大。拍摄的前一个月，他几乎每时每刻都被困在“发哥”的阴影里，怎么也看不清该走的方向。有一天，他终于想通了：“发哥永远是我的偶像和学习的对象。自己这次是抱着必输的心态去演这个角色的。”

为了这部戏，黄晓明学会了抽烟。“每天都得抽上好几包，每次出工时人是清醒的，收工回来就是迷迷糊糊的，不会抽烟还要掐掉过滤嘴来抽，都把自己抽晕了。”抽烟把黄晓明抽怕了，每天烟雾缭绕的感觉，让不会抽烟的黄晓明拍摄结束以后，甚至都不敢去看香烟盒。

影视圈里流传一句话：“拍戏苦不苦，想想神雕黄晓明。”在拍摄《神雕侠侣》时，黄晓明曾创造了连续五天五夜拍戏不睡觉的纪录。而拍摄《新上海滩》，更苦。有一部在夜里拍摄的雨戏，虽然打着伞，但造出的大雨仍把他的大衣淋了一个湿透，中间因为一些细节道具配合不好，拍摄不得不一遍遍地重复，他也就被一遍遍淋个透心凉。为了给他烧着的信封造出燃起来的效果，而又不会被雨水淋灭，只能在上面淋上汽油，火一点，信封燃起大火，多次都烧到他的指甲，最后这场戏几小时拍摄下来，他的手指甲已被熏黑了，但这中间他却从未叫过一次停。

今天，提起黄晓明，他的身份，不仅是一线男星，还兼具歌手、影视投资人、出品人、综艺节目评委、商人等多重身份，虽然身份众多，却丝毫没有动摇他追求完美的倔强之心，他样样做得出色。“失败，爬起；再失败，再爬起。”这不仅仅只是黄晓明的一个特点，他在用自己的行动将这句话贯彻到底。10 年过去，岁月将他从一个青涩懵懂的“木头”雕琢成了如今成熟稳重的模样，但他始终保持着一颗赤子之心，每一个朋友，都真诚相交；每一部作品，都认真对待。我们都不是智者，无法俯瞰生命，捋清生命的脉络，唯有做好当下每一件事情，如黄晓明一样，努力做一个更好的自己。

黄晓明，青岛人，华语娱乐圈著名一线男星，中生代领军人物，北京电影学院表演系毕业。成名作为电视剧《大汉天子》，后来陆续在《神雕侠侣》《新上海滩》《鹿鼎记》《泡沫之夏》中参与演出。进军电影圈后，接连被冯小刚、陈凯歌、陈可辛、刘伟强等著名导演青睐，主演《夜宴》《神枪手》《风声》《叶问 2》《赵氏孤儿》《匹夫》《血滴子》《大上海》《中国合伙人》等各类型的影片，曾与葛优一起被香港媒体评为最具票房价值的内地男影星，是华语影坛的新的领军人物。

赵薇：让梦想都开花

李楠

目光清澈，笑意浅浅，坐在我对面的赵薇举手投足间充满了女人味，但即便在纷纷扰扰的娱乐圈待了多年，她依然明镜如泉，大眼睛里还是有孩子般的天真。2013 年，对于赵薇来说是有纪念意义的一年，她的导演处女作电影《致我们终将逝去的青春》颇受好评，这部票房破 7 亿的电影将赵薇推向了“华语最高票房女导演”的宝座。从此，中国影坛又多了一位才华横溢的女导演。

电影学院的小迷糊

当年赵薇以专业课全国第一的优异成绩被顺利录取。她的班主任老师崔新琴说，考试那天只觉得赵薇眼熟，但想不起来在哪儿见过。入学以后，她无意中听见同学们在私底下议论，说这个赵薇是崔老师什么什么亲戚，更离谱的还有说是她私生女的。哭笑不得的崔新琴这才醒悟为什么第一次见赵薇会有似曾相识的感觉，原来她俩长得还真有点儿像，都是大大的眼睛、鲜明的五官。

电影学院学习期间，赵薇的专业成绩依然出类拔萃，从来没有掉出过前三名，不过她是出了名的小迷糊，老师从来不敢委她以重任，所以她也从来和班干部无缘。不过但凡有汇报演出，那就是赵薇大出风头的时候，一个班出五个节目，她一个人出演三个，其中两个还是主演。拍摄《夜・上海》期间，日本演员本木雅弘由衷地夸她："赵薇，你这张脸简直是为银幕而生。"赵薇银幕上的第一部正式作品，是她艺术学校的毕业作品，一部名为《女儿谷》的电影，她主演一名女囚犯，这让她在圈里有了一些小小的知名度，之后又接连主演了几部电影。应该说，即使没有电影学院表演系的学习，赵薇的演艺事业也算是起步了，可她还是执意参加高考，她说这可能多少也是因为缺乏安全感，那时谢晋恒通艺术学校还并非学历教育，赵薇还是觉得要拿着大学文凭，心里才踏实。多年以后，她基于同样的心理报考了研究生考试，不同的是，这次不再是为文凭，而是真的想学到一些东西。刚进电影学院的赵薇特别单纯，用她自己的话说，"近乎幼稚"。入学之前，赵薇工作过一年。拿着学校的录取通知书，她深刻反省自己："我在社会上磨炼过，工作过，还挣过钱，我不那么纯洁了。现在我要上大学了，必须把社会上的习气丢掉！"她给自己订了一条苛刻的标准：再也不许撒谎！她下定决心，也是这么做的。有时她犯迷糊，上课迟到，老师问她什么原因，若是搁在以前赵薇肯定像其他同学那样，随便找个理由就对付过去了。现在她已经发誓不再撒谎，于是她只有老老实实地说："老师，我在等汉堡包，它在微波炉里老是不熟。我要等它熟了以后才能拿出来，到教室就迟到了。"可惜的是，老师听了赵薇这番"赤诚相见"的坦白，非但不感觉欣慰，反而觉得这个学生很调皮。

想想也很神奇，我是一个非常没有耐心，喜欢变化，热衷搞些花头游戏的人，唯独对于拍戏会有慈母般的忍耐力，真让我欣慰。因为我知道只有专注于一件事情时，才会发现这件事情的真谛与魅力。

——赵薇

"小燕子"一飞冲天

1997 年一部《还珠格格》就在一夜之间让"小燕子"飞进千家万户，她

汇报演出《魔椅》中的赵薇、祖峰等

崔新琴老师和她的三朵金花——赵薇、何琳、颜丹晨

2000 年，赵薇毕业时已是大明星，与电影学院院长张会军合影

2000 年 6 月 30 日毕业典礼后，表演系 96 班女生与崔新琴老师在学院大门口合影留念

那双不同寻常的大眼睛，还有那不得安宁的调皮劲，大大咧咧的男孩气，里里外外一结合让这位非典型美女一出道就成为绝对的目光焦点。

那年赵薇大二，她扮演的小燕子真诚可爱，精灵古怪，一时成为许多影迷的偶像。但是谁能知道，琼瑶最早找赵薇演《还珠格格》，给她的角色是紫薇而不是小燕子。琼瑶是台湾出了名的“明星之母”，无数男女明星因为演了她的戏而名声大噪。她找赵薇演戏，赵薇岂有不满口答应之理？谁知赵薇的班主任崔新琴看过剧本后，不放赵薇走。赵薇一听就急了，崔新琴说要演可以，这里面只有一个角色适合你。赵薇忙问是谁，崔新琴说，小燕子。赵薇一个劲儿摇头，怎么可能呢，那个角色早就定了别人。崔新琴说，既然这样，你就别去演了，踏踏实实念书吧。

两三个月以后，《还珠格格》已经开拍，赵薇风风火火找到崔新琴，她说崔老师，你说话算不算数？崔新琴说，当然算数。赵薇说，你说如果让我演小燕子你就放我走。崔新琴说，是啊，现在还是这样的。赵薇大笑，他们找我去演小燕子。崔新琴一听也愣了，不过她还是很替赵薇高兴，兑现承诺痛快放人。

进组没多久，赵薇经历了一次“换人风波”。她和扮演紫薇的台湾演员林心如相处得很好，可是这天突然听说，剧组要把林心如换掉，因为她演得不够好。这个消息把赵薇吓得够呛，那时她和林心如已经拍了不少对手戏，林心如如果被换掉，那些戏就会统统作废。既然要全部重拍，剧组会不会干脆把两个人都换掉呢？度过提心吊胆的几天，赵薇得到确切消息，她不会被换掉，长舒一口气的同时，她也为林心如感到惋惜。利用拍戏间歇，她带着林心如在北京城四处逛了逛，两人还在天安门前合影留念。正当两人沉浸在无尽的离愁别绪之中伤感不已的时候，突然传来消息，林心如可以留下了，真是大悲大喜。原来琼瑶通过反复观看林心如的表演，觉得虽然和自己原来的想象不完全一样，但不是没有改进的可能，再者她考虑到要多给年轻人机会，所以最终做出不换人的决定。

赵薇的名字是随着《还珠格格》的热播而为各地观众熟悉的，最早播放《还珠格格》的是台湾，比内地足足早了半年。当她在台湾红透半边天的时候，内地还没有多少观众知道“赵薇”这个名字。赵薇在《还珠格格》之后紧接着拍了另一部戏《表妹吉祥》，剧组里内地工作人员发现一个奇怪的现象，那就是一个名叫赵薇的毫不起眼的电影学院在校生，却备受台湾来的工作人员的优待，他们百思不得其解。后来内地也开始播放《还珠格格》，受欢迎程度几乎到了“万人空巷”的地步，他们才恍然大悟，原来跟他们一起工作的，竟然就是这个“小燕子”啊。

《还珠格格》轰动亚洲并风靡全球华人社区，同时还打破中国电视剧收视率纪录，最高点突破 65%。赵薇亦凭借出演小燕子一角一举成名，一跃成为亚洲最热门的偶像明星，被社会学家誉为小燕子风暴、赵薇现象等。赵薇不但被公认为是中国大陆历史上第一个流行文化偶像，获得了第 17 届中国电视金鹰奖最佳女主角奖和首届大众电视艺术双十佳演员的称号，并成为亚洲周刊的封面人物。1999 年播出的《还珠格格》第二部，更打破第一部的收视神话，创造亚洲电视收视率第一并保持至今。之后赵薇赴台湾、香港及东南亚各国的宣传更是在当地引起巨大轰动。

重回北京电影学院

“小燕子”之后，赵薇接演了《情深深雨濛濛》《少林足球》《炮制女朋友》《天下无双》《绿茶》《玉观音》《赤壁》《花木兰》《锦衣卫》《爱》等等诸多部影视剧，其中有大气恢宏的商业类型片，也有清新脱俗的艺术电影。赵薇说自己是一个喜欢改变的人，但对影视的热爱却丝毫没变。

就在赵薇凭借电影、电视剧、音乐三个领域均大获成功，再次走红的时候，出乎所有人的意料，2007 年赵薇以优异的成绩考入了北京电影学院导演系的艺术硕士 MFA，进行了基础和专业课的学习。她的导师是大名鼎鼎的导演田壮壮。

1996 年赵薇以专业课全国第一的分数考入北京电影学院表演系，2006 年她又以优异的成绩考取电影学院导演系艺术硕士，中间恰好相隔 10 年。10 年时间，赵薇已由当初的青涩少女，长成今天具有世界影响力的明星演员。重新回到校园当中，一切还是那么新鲜、有趣，“表演系和导演系原来在一个楼里，我本科四年从来没去过导演系，根本不知道他们在干什么。现在导演系从表导楼里搬出来了，我在导演系上学，就好像是换了所新学校。而且像电影史、电影理论这样的课程我都觉得很有意思。”

长期工作过的人再回去读书往往有力不从心的感觉，一方面是年纪渐渐大了，另一方面是生活里诸事烦心，难得清静。可赵薇的感觉却恰好相反，因为影视是一门特别注重实践经验的学科，如果从大二拍《还珠格格》算起，赵薇从事演员这一行已有 8 年时间，积累起丰富的经验。课堂上不仅技术方面的知识她一清二楚，电影理论由于有了实践相对照，赵薇学起来也是轻松自如、如鱼得水。她说自己唯一怵的是摄影，“可能女孩子天生就害怕机器”。

赵薇的研究生导师是著名导演郑洞天和田壮壮。第一学期课排得很紧，每天从上午 8 点到下午 5 点。谈起这半年在学院里的感受，赵薇说：“感受其实特别老土，就是觉得想多学知识，多学文化，多了解一些自己的专业——就是这么平淡、简单。我对于现在新学的课程兴趣还是很大的。”赵薇和同学们相处得很好，有一天上谢飞老师的课，因为很快就要布置拍摄短片的作业了，谢飞在课堂上做指导，其中一点要求是希望同学们敢于用专业演员，“有的时候本子不错，想法也不错，结果找了些不会演戏的业余演员，最后全给弄毁了。”谢飞话音刚落，全班同学的目光就齐刷刷对准了赵薇，她是这个班唯一的专业演员。赵薇告饶：“你们别看我了，到时我给你们一人 2 小时。”

“我做导演了。”赵薇自己说出这句话的时候，给人的感觉就是，“嗯，我已经从电影学院毕业了。”电影《致我们终将逝去的青春》是赵薇的导演处女作，也是其在北京电影学院导演系研究生的毕业作品，电影的粗剪版被北京电影学院评为 99 分，新创北京电影学院导演系硕士生毕业作品历史最高分纪录。

这部影片上映市场之后，一路口碑、票房双丰收，只是赵薇这次选择站在了大银幕后，用她自己的视角，向青春致敬。

赵薇微博的自我介绍是“感恩”，这个女人，在娱乐圈摸爬滚打了这么多年，即使时光荏苒依然保持着一颗赤子之心。她说最近她要多陪陪家人，因为《致我们终将逝去的青春》耗费了她太多的时间，现在女儿小四月看了她都认生了。“我现在要巴结女儿，不然她真不理我了。”赵薇说着说着就笑了。面对如此清透自然的赵薇，真心地祝愿她在闪光灯下依然能够坚持真我，生活幸福美满。

赵薇，北京电影学院导演系硕士，中国知名度最高及最具影响力的影视女演员、歌手，大陆电影奖全满贯。亚洲第一位全民偶像，四小花旦中唯一获得国际A类电影节的国际影后。1998年因《还珠格格》红遍亚洲，开创了中国大陆流行文化偶像巨星时代；2001年至2002年主演《少林足球》和《夕阳天使》享誉国际；2005年凭《情人结》获上海国际电影节影后；2008年至2009年的电影《花木兰》《画皮》《赤壁》系列成事业里程碑。担任国际电影节评委、形象大使。电影获31座影后，电视获9座视后，收视率亚洲第一，音乐获17座歌后，导演奖2座，全亚洲专辑总销量达900万张，是中国唯一在影视歌三个领域全获得最佳和最受欢迎奖项的华语巨星。首次执导的电影（《致我们终将逝去的青春》）便在中国大陆引发了一股怀旧风潮，票房、口碑双丰收。2013年受到最高领导肯定代表文艺界受邀参加中韩国宴。

海清：做不盲从的自己

罗凡

如今提到海清，人们总是把“国民媳妇”这个称号与她画上等号。《王贵与安娜》《蜗居》《媳妇的美好时代》等电视剧的热播，让海清的人气一路飙升，成功跻身到中国一线演员行列。在外人看来，海清是幸运的，这个从北京电影学院表演系毕业的演员，看似一路星途顺畅，其实不然。大器晚成的她，一路努力打拼，经历了常人看不见的种种迷茫和挣扎。而如今的海清在回忆起自己考学成长的那段经历时，更多的是会心的从容。

报考电影学院是个“意外”

本名黄怡的海清，是南京著名的甘家大院后人。12 岁在江苏省戏剧学校学习舞蹈，17 岁走进了省歌舞剧院，表现突出的海清很快成了剧院的台柱子。但随着时间流逝，即便是做了编导的海清，也渐渐不安于自己的现状，7 岁就开始演戏的她，开始向往剧组的生活。她想去接受挑战，想去读书，想去学表演。1996 年，海清走进了高考补习班。

1997 年，海清踏上了艺考之路。海清当时的目标并不是考上电影学院。那一年北电考试时间比中戏早一个月，一心想上中戏的海清，报考电影学院完全是出于练练手的想法。无欲则刚，没有压力反而让海清在北电的考试发挥得特别出色。

海清依稀记得复试考完之后她和爸爸在学校附近的一家餐馆吃饭，北电的考官们包括海清后来的恩师齐世龙老师当时正好也在边上吃饭，在父亲的鼓励下，自觉应该避嫌的海清，腼腆地迎上去与一众老师打招呼，但是没想到老师一下喊出她的名字，并嘱咐她接下来好好考。果不其然，复试放榜时海清榜上有名。

要珍惜自己在大学的学习时光，因为这段时间是你最近距离接触影视的时间。同学们会因为看到一部好片子而起立鼓掌，也会因为看到一部烂片而犀利地喝倒彩给差评。这种不盲从的精神正是电影学院的精神，这是一个学习的地方，是一个建立自己艺术观的地方。如果你有幸考进电影学院，你在吸收知识的同时不要忘了不要盲从，要找到自己的方向。

——海清

至于复试的内容，年头太过久远，海清已经印象模糊。后来，海清从老师那得知她留给考官最深的印象是台词的功力。海清当时考试朗诵了一段《蝴蝶梦》的独白，其实只要朗诵两句台词就够，可海清完全沉浸在故事的情境中，把整段台词都朗诵完了，中间也没被老师喊停。因为这段用心灵诠释的独白，海清拿到了台词朗诵的满分。

再回首当年北电考试过程中的趣事，海清两靥生花。那年北电的考试有一个练习，让所有参考女生对着考官们围成一个半圆。为了给考官留下好印象，女孩们都往中间挤。海清并没有像其他女孩一样一个劲儿地往中间站，而是站在了最右侧。练习考题出来是让一句话传递感受，要把自己愤怒的感受从左至右传递给下一个人。站在队末的海清心里一沉：完了，我最后一个该传递给谁？情急之下，海清径直走到坐在最右侧的考官跟前，考官当时跷着二郎腿。海清上去就踹了对方一脚，愤怒地说道：“把脚放下来！”当时全场顿时一下就炸开锅似的爆笑开了。正是这种石破天惊的爆发力，让北电的老师们对这个女孩的表现刮目相看。

通过了北电所有的面试，海清和老师们面对面坐下来谈话，北电表达了即使她文化课不过也会特招的想法，但执拗的海清仍然跟老师们表明自己一心想考中戏的愿望：“我那时候是那么都不懂事，不世故！”海清回忆当年的自己时这样评价道。

此后，海清还是去报考了中戏，并且同样发挥出色，被中戏录取。为了保险起见，海清的父亲倾向于让海清报考北电，但海清却不以为然。就在左右为难之时，海清日后的恩师、北京电影学院的齐世龙老师给海清打去电话，这一通电话一打就是两个小时。这一通电话改变了海清的想法，海清觉得，齐老师思想深邃，自由创新，有着不古板、因材施教的教学想法，而且又这么欣赏自己，做他的学生应该是件挺开心的事情。徒弟选对师傅是一个很大的缘分，海清最终报考了电影学院。

“我说不用特招就不用特招！”

艺考之后，海清开始了艰苦的文化课突击。舞蹈出身的海清并没有多少文化功底。备考时，时间紧迫到连吃饭都是在路上解决。最艰难的是，白天团里有排练，晚上还有演出，海清只能抓紧不多的间余时间复习，一天就睡三四个小时。为了让女儿多睡一会儿，海清的母亲天天晚上到了 12 点就拉家里的电闸不让她继续看书。不过，好强的海清却丝毫不敢懈怠，用尽一切时间迎战高考。功夫不负有心人，海清的文化课进步神速，最终，她拿下文化课 427 分的成绩，以文化课第一名的考生身份被北京电影学院表演系录取。

成绩出来之后，海清特别高兴，也没多想就跟着父亲出去玩儿。北电的齐世龙老师后来打来电话焦急地询问海清的文化课成绩，得知海清的文化课成绩如此之高，齐世龙老师激动地说：“你真是我的好孩子！”

“我说不用特招就不用特招！”海清当时对齐世龙老师这样说道。海清就这样进入了北京电影学院的学堂。

小胖妞与黄磊老师的不解之缘

谈到在电影学院学习的 4 年时光，海清总是说并不是那么愿意去回想，因为并没有自己想象得那么快乐和轻松。顶着文化课第一名的重压进入北京电影学院学习的海清，一度陷入郁闷。体重暴涨了 30 斤的海清，彻底成了一个小胖妞，第一学期结束放寒假回家时让过来接女儿的爸爸差点没认出来。更令海清郁闷的是，欣赏自己的齐世龙老师并没有一直带着海清上课。开学没多久，刚从电影学院毕业没多久的硕士生黄磊开始接任海清班上的班主任。

海清对这位年轻的老师产生了极大的怀疑和不信任，一度非常抵触。随着时间推移，海清慢慢发觉这位年轻的老师其实有很多东西说得都挺有道理。到中后期表演系排练各种大戏，黄磊老师一直勤勤恳恳地带着他们排练，海清变得极其信任黄磊老师。

海清提到了自己当年在学校广为流传的一个著名段子。黄磊老师去拍《人间四月天》期间，王劲松老师和扈强老师带着表演系的同学们上课，排演《雷雨》和《骆驼祥子》。一直以来海清的作业都是黄磊老师手把手指导的，海清因为失去了最信任的老师指导一度情绪非常抵触，害怕上舞台。王劲松老师对此专门找到海清谈话，但收效甚微。为此黄磊老师向全剧组请假赶回来督促海清排练。在排演《雷雨》时，海清因为对排戏的沮丧、自己表演找不着方向和对自己的不自信而迁怒于黄磊老师，黄磊老师却并没有为此生气，而是跟她进行了一次深入的谈话。他说："好与不好都在于你心里，不在于别人的评价，也不在这一次汇报。以后的路很长，你觉得你自己不好，对自己不自信，其实这是一种自我成长。以前的这种表演不好，这是一个进步的过程。我经历过这样的阶段，不用害怕。"这次谈话之后海清深受教诲，当时的汇报就非常成功，她主演的《雷雨》和《骆驼祥子》都被青影厂选中。海清自此也慢慢克服了畏惧感和不自信。海清至今都非常感念黄磊老师当年的师恩："每个人心里都有多重的锁，而我心里的锁黄磊老师都能有钥匙把它打开。我真的是非常服他。"

海清在学校艺术节上演出《牛背摇篮》

海清和同学进行小品演出

大学 4 年不接戏

在北京电影学院学习的 4 年时间里，海清并没有像别的表演系同学那样忙着出去接戏，而是一头扎在学校学习和排练。在青影厂汇报表演《骆驼祥子》和《雷雨》时，著名导演丁黑一度看中海清，并邀请她接演其《致命邂逅》，海清最终并没有去。在海清看来，拍戏的机会以后会有，但是校园里单纯的学习环境走出象牙塔后不会再有了。不会再住在学生公寓 801 室，想去拉片室就去拉片室，想去哪个教室蹭课就去哪个教室蹭课。这样的学习机会只要一过就永远一去不复返了。思前想后，权衡了利弊后，海清决定把戏都推了。

谁不曾经历过迷茫、痛苦和绝望

大三，海清开始和班上的其他同学一样开始向北影厂和各个导演剧组递简历。海清形容当时的自己好像是“烂白菜”在被人挑来拣去。在递了半年的简历也没有什么结果的情况下，海清开始排斥这样的生活。临近毕业，海清的迷茫和痛苦越来越深。当年报考人艺没被录用，这对海清是一次沉重的打击，人艺的否定使海清异常失落、失去方向感。

在那段痛苦的时期，唯一让海清觉得快乐的是去学校的拉片室拉片。教学楼 5 楼的拉片室经常没人，海清整天泡在拉片室拉片，饿了就偷偷啃一啃自己带的干粮。整整一年，海清按国别分类，把从 1894 年开始意大利、法国、苏联、东欧、美国、日本、西班牙、葡萄牙的所有电影都拉了一遍。当海清回想起自己拉片的这段经历时她表示从中汲取了太多太多的养分。海清仍然记得，当她在系统地拉卓别林电影时，卓别林的表演给她内心带来的震撼和油然而生的折服。

提及毕业时的心情，海清觉得自己当时就像是从游泳池被扔到海里，但是又觉得没法再待在学校了，学校也在一年一年变化，自己的青春已不再属于这里……

大器晚成，名利与我无关

2001 年，毕业不久的海清再次被丁黑导演找到出演《玉观音》，海清自此正式出道。出演《玉观音》之后，有很多类似的角色找到海清，骨子里富于挑战精神的海清并没有再接演类似角色，觉得再重复这类角色已然没意思。

再次让观众熟记海清的作品是滕华涛导演的电视剧《双面胶》。人们说她“大器晚成”，是因为从《玉观音》中崭露头角到《双面胶》后被再度关注，整整过去 5 年。5 年对于大多数女明星来说，实在太久。在沉寂的 5 年中，海清喜欢的角色无缘接演，演的角色又不是那么喜欢，但恰恰是那段没有鲜花和掌声的日子，成就了现在的海清。

真正让广大观众认识海清的还是电视剧《蜗居》。《蜗居》中海清饰演一个 33 岁左右的女人郭海萍，大学毕业，样貌端正。在某公司做文案工作，为了存钱买房处处节衣缩食，斤斤计较。正是这部剧使海清成为 2009 年炙手可热的荧幕明星，夺得多项人气大奖，跻身国内一线明星，并由此步入成功的快车道。紧接着，凭借《媳妇的美好时代》，海清获得第 25 届中国电视金鹰奖最受欢迎女演员奖，海清“国民媳妇”的形象开始家喻户晓。之后海清又出演了电视剧《心术》和电影《北京遇上西雅图》。古灵精怪的大龄剩女美小护和风风火火的女同志周逸在大小银幕上大放异彩，海清登上了演艺生涯的新高峰。

在其他女明星想方设法搏出位时，海清却义无反顾地投入到家庭生活之中，完成了女性人生中最重要的两件事——结婚、生子。“我一直觉得表演不是我人生的最终奋斗目标，如果说人生有什么样的功课一定要去经历、完成，或者说人生有什么样的东西是我觉得非常珍惜，并且希望能够安享其中的，那一定是建立家庭。”

电影和电视剧的取舍

从海清出道到现在，可以看出她出演的电视剧比电影要多得多。海清也表示电视剧跟电影相比更愿意去演电视剧。从演员的自由度来看，电视剧更广一些，电视剧更考验演员，发挥空间大。海清也坚定地表示，自己会去接演电影，但是绝对不会放弃电视剧市场。电视剧从剧本到制作各方面已不比电影差，而电视剧的创作条件相对于演员来说更加宽泛，更考验演员。

想做的事与该做的事

从光亮的荧幕上走下，海清同时也义无反顾地投入到慈善事业中。2010年，青海玉树地震后，海清第一时间飞到灾区，下了飞机在街上就看到了乐施会。之前在香港得知他们的捐款90%来自香港市民的捐助，但大部分善款都用于内地慈善事业。了解到对方在寻找大使时，海清说："如果你们不嫌弃，我愿意和你们合作，我希望通过我的影响力让更多的人知道这是一个严谨的组织。"

海清一直说，慈善不是说出来的，而是做出来的，成为大使后，她与乐施会一同去甘肃探访，与村民同吃同住，了解到他们的扶贫并不是缺衣补衣、缺粮补粮地解决一时，而是开展可持续性扶贫。他们带去了苜蓿种子和羊羔，帮助村民挖水井，开展畜牧业，从而改善整个地区的生活质量。

海清就是这样，一直做着自己想做的事和自己认为该做的事。

想跟电影学院师弟师妹们说

作为北京电影学院的优秀毕业校友，海清特别想跟在读的师弟师妹们和想考进电影学院的同学们说：要珍惜自己在大学的学习时光，因为这段时间是你最近距离接触影视的时间。电影学院每周一到周三都会在标准放映厅组织教学看片，同学们会因为看到一部好片子而起立鼓掌，也会因为看到一部烂片而犀利地喝倒彩给差评。这种不盲从的精神正是电影学院的精神，这是一个学习的地方，是一个建立自己艺术观的地方。如果你有幸考进电影学院，你在吸收知识的同时不要忘了不要盲从，要找到自己的方向。主流价值观有主流价值观的好处，但是你一定要清楚和冷静。因为电影学院是我们所有的希望。

做一个不盲从的自己。海清就给我们做了这样一个榜样。

本文由笔者采访海清本人后编写，感谢海清接受采访并提供资料。

——

海清，本名黄怡，中国著名女演员，1997 年考入北京电影学院表演系。2003 年出演《玉观音》正式出道，2009 年前后她在滕华涛导演的电视剧《双面胶》《王贵与安娜》《蜗居》中塑造了生动的屏幕形象。2010 年主演《媳妇的美好时代》取得极大成功，被称为“国民媳妇”，凭借该片获得第八届金鹰电视艺术节最具人气女演员奖、第 25 届中国电视金鹰奖观众最喜爱的电视剧女演员奖以及第 28 届中国电视剧飞天奖优秀女演员奖。2012 年，海清凭借电视剧《心术》热播再次回归公众视野，饰演美小护的形象再次家喻户晓深入人心。在电影《北京遇上西雅图》中饰演颠覆形象的周逸一角一时成为话题。2013 年，海清在电视剧《抹布女也有春天》中再次担当女一号，饰演简单率直、重情重义的抹布女罗小葱。

宁浩：从街头少年到鬼才导演

孙尧

作为导演或多或少都会把自己的成长经历和感触映射到人物上。我所写的人物，基本上都是比较“街头”的那种人物，因为我对街头的文化比较熟，小时候的我很街头。我是工厂子弟，而且并不是安分守己的好学生，在 20 世纪八九十年代的太原，经常蹲在路边上一排，然后一人抽根烟，聊天、打扑克，干各种不靠谱的事。在太原一个烟尘弥漫的街区，我亲眼见到一个人被刀砍死。但就是这种放任不羁的成长经历，成了日后创作电影的重要积淀，让我能够去描绘那些小人物。那时的我还不知道，这些经历将是自己日后作为一名导演的重要铺垫。

求学北京

我是 1996 年从山西学校影视美术班毕业的，毕业后我被分配到太钢工作，后来又经过很多麻烦调到太原市话剧团，从 1996 年 9 月份到 1997 年 9 月，在这一年中无所事事，很难受，那时 19 岁，觉得应当做点事或继续学习。于是我向太原市话剧团请了个病假，带了 2000 元，背上咱们学校发的那个下乡用的大包，这个大包到现在还在用，装了许多东西，像民工一样来到了北京。下车后坐电车到了中央工艺美院，通过周旋先交了学校半年的学费 1500 元，自

我觉得自己一点都不幽默，我是个很刻板的人，我的同学啊、女友啊，现在的老婆啊肯定认为我很无趣，只是我喜欢关注一些荒诞的事，喜欢躲在阴暗的角落里幸灾乐祸。我特别喜欢讽刺，从小爱听相声，传统相声的生命建立在嘲讽的基础之上，如果没有嘲讽，就不会有像巴尔扎克那样的作品，也不会有那么多嘻笑了。所以我喜欢那样观察事物，喜欢那样的视角。

——宁浩

己还剩 500 元生活费。我在离学校两站地的地方找到一间平房，是厨房改的，放不下两张床，我和朋友两人两张床在墙拐角互相搭着，一张小桌子，一个小煤气炉，还能做饭，就这么住下了。后来我母亲每月给我 500 元，除了房租 175 元，剩 300 多元，生活非常紧张，连吃饭都不够。常连坐公交车的钱都没有，无奈之下我们画了月票坐公交车，尽量吃最简单的饭。但是还是不行，为了节省开支我们只好搬到了清华大学的地下室，这里很便宜，8 人一屋，120 元房租，这期间我跟同宿舍的一个孩子学拍照片，我买了几卷黑白的胶卷，就用他的照相机学着拍，钻到床底下关了灯用被褥挡着光学着冲洗，几个胶卷拍完就觉得学会了，然后开始出去挣钱。开始，我写了许多小纸条做广告在清华大学院里贴，我的艺术人像摄影 500 元拍一卷，除了成本每月就可挣 300 多元，加上家里给的钱就够生活了。

1998 年，父母看我在北京的状况，不知出路在哪里，连起码的生活都没有着落，让我回太原给市话领导承认错误回去上班吧，我不想回去，就想在北京学习，我那年参加了许多学校的专业考试，拿了中央工艺美院、北京服装学院等 6 个学校的专业合格证，都因文化课分数线过了，但英语小分不达线没考上。后来跟着同学报考了北师大成人教育的制作专业，被录取了，就这样我开始了大学学习生活。

1998 年我 21 岁，我觉得我最大的问题不是学习，还是生存的问题，那一年我搬了好多次家，后来搬到平房，一群男女同学一起住，因为有女生不方便，我们想办法，这时我在太原市话剧院做大幕学会的木工活儿派上用场，搭了一个二层阁楼，让女生住阁楼上，我们男生在下边，许多人住在一起非常闹，夏天很热，冬天很冷，没有暖气，尤其是上厕所是一个很复杂的问题，条件极差，但因为便宜省钱我们就这样忍着住了很长时间，一边上学一边挣钱谋生存。后来我们在冬天实在冻得受不了了，就搬出去住。那时我拍图片每月能挣到 2000 元左右，我们找到二里庄一个半地下室的房子两室一厅，每月 1200 租金，和一位扬州人导演合租住一起，住在这里比以前奢侈多了，可以安静看书学习。

这位导演看到我拍的照片认为我完全可以学拍电影，但我只想拍图片。这个扬州人走后，来了一位“南泥湾”的朋友叫方刚亮，他 27 岁，北京电影学院刚毕业，当老师了，他不想住学校，就和我们合租一起，他无意间看了我的作业他认为拍得很完整，完全可以做导演。然后他就和我聊天，越聊越熟，才知道我俩生日是一天，真是缘分啊，后来的日子里他给了我很多帮助。尤其是在做导演的理念上给了我帮助，他鼓励我去报考北京电影学院学做导演，于是我就去报考了。有一天，方刚亮回来说：“你去买啤酒吧，咱们来庆祝一件事情。”我纳闷，他说：“你考了第一名，而且你是北京电影学院有史以来的第一个满分。”后来因为电影学院规定北京、上海的考生可直接进去，别的外地学生只能走委培，我只好放弃了。但这次考试让我认识了自己的发展能力，于是在我完成北师大作业时我就按照导演的思路完成。

初涉电影

后来在去五台山的路上我写了一个剧本，回来后拍成了电影《星期四，星期三》，拍完后剪了很长时间。当时同学的作业都是十几分钟，我就拍了一个半小时，那时北京电影学院导演系主任郑洞天给我们上专业课，他看了我的作业后找到我说：“你考过我们学校，你拍的片子很不错，你适合做导演，以后你跟我学导演吧。”这次给我的鼓励和支持很大，后来我就跟着郑老师在实际中学。通过跟郑老师学习，我的电影导演才能得以发挥，为后来深入电影界奠定了更加坚实的基础。

但是当时我还不能靠摄镜来养活自己，生存问题还没有解决，我当时拍照片已经很熟练了，图片界已小有名气，拍一个胶卷收费3000元，拍歌手，拍人物，经常有各种媒体找我帮忙，帮国际电视台拍影视，也给中央电视台作节目，我不分工种，摄影、摄像、编导、导演等在这个行业里只要能挣钱都干，当然也为了慢慢地找工作。后来认识一个歌手，他鼓励我说："你拍吧。"当年在咱们学校的时候我做过乐队，喜欢音乐，我对拍很有兴趣，从2000年开始每年二三十首歌，最多拍40首歌，特别累，在那个时候就开始脱贫了。但还没有想拍电影。

2001年我想报考北京电影学院的导演系的专升本，但导演系、文学系是第二年才招，我不愿意等，就上了当时招的图片摄影系的专升本班，我一边学习一边拍图片挣钱谋生存。其实现在想我主要在工作中实践锻炼，没有接受完整的教育，我准备下一步补回来，继续读电影学院的研究生，补我以前没有学完的知识。

2003年毕业了，我以我们一个叫李强的同学为原形，写了《香火》，买了150摄像机和音响，2003年春节的除夕开机，到正月十五，16天就拍完了。有个叫贾璋珂的学生看了我拍的《香火》，告诉我可以去参加香港的电影节，于是我如期去了，获了许多奖。我后来又去日本参加国际电影节，给我颁奖的那天组委会到处找不着我，找到宾馆来，我和一个日本朋友喝醉了正睡觉呢，服务生告诉我赶紧去领奖，那位翻译也讲不清，就给我写了"受赏"。我估计是我拿了奖的意思，于是我去了现场，才知道是韩国的艺术片导演金基德给我颁的奖，在这次国际电影节上我还见到日本的导演，接触到许多世界上有名的导演，使我眼界大开。

后来北京电影学院老师王红卫介绍我做沈言拍的电视剧《中国式离婚》的执行导演，拍的过程中我也学了很多东西，包括如何去控制演员，安排场

宁浩在《疯狂的石头》拍摄现场

宁浩在《无人区》拍摄现场

宁浩在拍片现场

次。拍一半的时候，在内蒙古又拍了《绿草地》半年，这部片子最早是写一个浙江的农村孩子打乒乓球的故事，他的球打得特别好。一个汉族孩子打球能有什么悬念呢？我不是特别喜欢这个故事，对儿童片也不感兴趣，就把它放一边了。有一天我看一本蒙古历史书，就想起这个剧本来了。我带上几个乒乓球去了一趟中蒙边境，找了几个小孩，问他们知不知道这是什么，他们说不知道。蒙古人不玩儿这个，他们喜欢骑马、射箭和摔跤。

锋芒毕露

《绿草地》参加了柏林电影节展，以及中国内地、中国香港以及西班牙的许多电影节。在参加香港电影节的时候，我见到了刘德华，他说你能拍商业片，他说还可以给我投资，我小时候老看他的电影，很喜欢他，在他的支持和鼓舞下就拍了《疯狂的石头》。

《疯狂的石头》的创作过程是一个很本真的过程，它不是一个“唯结果论”为出发点的东西。我没有任何的目的性，也没有任何的希望——上映还是不上映。所以它很纯粹，创作性更强，目的性很弱。从人物的塑造上来说，那都是比较本真的塑造，那些人物都是我最了解的，因为对周围一直存在的人物很熟悉，也没有借鉴一些特殊的方式。但从表现形式、剧作结构上，还是向国外电影和艺术作品学习。可能从绘画开始我就比较喜欢荒诞派，比如达达主义的作品。我觉得中国当代绘画已经全面进入荒诞时期了。我早年学绘画的时候就喜欢这样的东西；音乐我喜欢摇滚乐、朋克；戏剧我喜欢莫里哀的作品；文学我喜欢马克・吐温、巴尔扎克的作品；电影喜欢昆汀・塔伦蒂诺、盖伊・里奇、萨布的。我认为这些其实都是一种精神，都是颠覆式的，都具备荒诞视角、荒诞色彩、批判现实主义的。因为喜欢这一类东西，所以借鉴起来比较顺手，也就是理解那种表现形式更简单。

大家对《疯狂的石头》的肯定，并不是说宁浩的能力有多强，是市场需求把我的能力放大了，可能我刚刚做到了及格，但是就这一点观众就已经很开心了，因为市场上没有这样的东西。市场完全空缺的时候会把某些东西放大。其实往往很多人是被这么造出来的，时势造英雄，你踩对了那个点，你在那个时候出现了。这是在一个合适的时间出现了一个相对合适的作品，如果《疯狂的石头》搁今天拍出来，也是个死。比如《失恋33天》成功，跟我当时的成功是一样的。

目前中国的制片人首先想到的是投入了要产出，在艺术和商业的协调性上做得很差。我们现在就处在一个“抢钱”的历史阶段。全社会各行各业都在抢钱，大家都把它资本化了，我们都是资本的奴隶，都在为资本打工。但是作为一个导演你不能不认识到这个问题，不能不认识到你自己所从事的职业的问题和自身的问题，你是不是有能力去把它转变。在这方面我没有把持住，于是就有了《疯狂的赛车》。《疯狂的石头》的创作是我在所谓出名前的一个创作。《疯狂的石头》《绿草地》《香火》其实是一脉相承的三个东西，这三个东西是用一种方式干出来的。

是这样的，我也知道自己的长处，我并不是没有长处，我也很清楚我的短处。我的长处在于我这个人不装，我是从工人家庭成长起来的，我对某一个阶层的人物非常了解。我写的所有人物几乎都是蓝领阶层的，叫作“城市无产者”或是“城市流氓无产者”。好处在于它是一个城镇化的视角，但我的视角又不是一个浪漫化的视角，而是现实主义视角，不是加勒比海盗式的，那样的人物我抓不住。所以我的出发点都是这样的视角和人物——街上的小痞子、小流氓，那些失意、失败的人。因为这些人我很了解，而这些人跟观众的连接感很强，大家生活中总认识这样几个人。如果说我有一点价值的话，就是有一点现实主义的价值，这是我的长处，我喜欢说点跟观众有点关系的事，而不是跟观众完全无关的事情。短处就是，技术还不全面，我还不能够游刃有余地去讲自己熟悉的故事。说白了，我一直卖的就是这个东西，但还没有完全掌握到，有时候有点盲目地相信自己，所以就会变成这样的结局。

但是今天我又不满足了。十几年之前，中国电影没有人谈票房，大家谈情怀、胸怀，到了今天只谈票房，我认为这两种极端的现象都是不对的。今天我觉得《疯狂的石头》也不是一个大东西，它只是一个小品存在，它作为一种类型的东西有它生存空间，但所有的电影都变成这样，只是逗大家一乐，这样也不成。创作只有是开创性才有意思。这些都是我最近正在思考的问题，但是一个艺术家一生也不可能有那么多的变化，艺术的范畴实在太宽泛了，有各种各样的可能，但也不可能每一种你都去尝试，你都能做得了。但关键是，我要勇于向前走，这很重要。

《黄金大劫案》的完成帮我看清了我这几年的状况：应景式创作，这有点问题。这不怪别人，没有投资方和制片方的问题，这是我自己的问题。投资方和制片方给了我很大的空间，当然也有这方面的压力，可能自己还没有想明白，但觉得总得给人家赶快拍。它是一种善良的人情的压力，为了要对别人好，要对自己好，但是这种“为了”就有一种刻意的成分，不是那种艺术家的状态，真正的艺术家是“有话就说，无话就玩儿去了”。你得干很多不靠谱的事情，才能留下那么几个像样的作品。一旦进入到某种程序化的范畴，你的电影就会成为职业化的电影，是标准生产件。我不认为谁会按照这种程序制造出旷世伟大的作品。或者说，这种整体的伟大，你得从一个伟大的作家身上拿到东西，从一个伟大的演员身上拿到东西等，你才能够有可能做到。所以说，好莱坞的一些导演可以一直保持他的状态，还在于它整个良性的工业环境。他可以源源不断地从新鲜的还具有创造力的人身上拿到东西，来生产伟大的作品。那不是斯皮尔伯格一个人伟大，而是周围有一圈伟大的人在支持这个工业，一起显现出这个作品的伟大。

宁浩，1977 年出生于山西，中国电影导演、编剧，毕业于北京电影学院摄影系。2006 年，宁浩导演拍摄的小成本喜剧电影《疯狂的石头》获得台湾金马奖最佳原创剧本在内的多个奖项；

2009 年，宁浩执导的电影《疯狂的赛车》以 1000 万投资成本取得过亿的票房成绩，成为继张艺谋、陈凯歌、冯小刚之后第四位迈入亿元俱乐部的内地导演，这也使宁浩赢得新生代的“鬼才导演”的称号；2013 年 12 月 3 日，历经 4 年的反复修改和延期，宁浩执导的作品《无人区》公映，《无人区》也入围柏林电影节主竞赛单元。2014 年 9 月 30 日，宁浩执导影片《心花路放》上映。

黄渤：喜剧人生源于“软坚持”

杜文娟

他从歌手出道，漂泊的生涯铸造了他身上的百般武艺；对歌唱梦想的“软坚持”，他紧紧抓住了连接歌唱和表演梦想的纽带——北京电影学院表演配音班；天赋异禀加之勤奋努力，“小破锣”黄渤用自己独特的声音塑造了一个个令人印象深刻的人物形象。后来，随着《疯狂的石头》的热映，令他瞬间为观众所熟知，尤其是他不拘一格的表演方式，同龄演员无出其右，他一次次地证明了自己的成功并不是短暂的锋芒毕露，近年来一系列作品更是让他摘下了影帝的桂冠。由他主演的多部电影连续上映，口碑票房双丰收，被网友冠以“卅帝”的称号。这些荣誉的背后，是一个人对梦想十余年的坚持。

演员行业初试水，一波三折入学路

离开歌唱舞台的黄渤回到家乡青岛，做起生意，成了一家韩国机械工厂中方代表公司的小老板。虽然公司经营得也算有声有色，但金钱和快乐并不成正比的生活感触令黄渤再次回到了短暂阔别的歌唱演艺事业。从商的心路历程并没有让黄渤摆脱对于前路的迷茫，这也是他为何能够在接到挚友高虎的电话后，在完全没有表演经验的情况下，参与出演了管虎导演的《上车，走吧》。12 天拍摄完成的电视电影《上车，走吧》，一举获得了百合奖和金鸡奖第一次设立的“最佳电视电影奖”，对于刚刚涉足影视行业的黄渤来说，这无疑给了他莫大的鼓舞。然而对于一个人生的前一二十年都以歌唱为梦想，完全不了解影视行业的年轻人来说，对于融入学习表演专业的渴求可见一斑。他曾经坦诚地回忆道，初入剧组的他曾经一度难以理解导演在一部电影创作过程中的重要作用。就这样，黄渤对于唱歌的热情，对于唱歌的执着仿佛终于找到了得以释放的燃点。

考上北京电影学院表演学院，是多少男生女生的梦想，尤其对于黄渤这样一个自身外在条件并不具优势的微大龄小伙儿来说更非易事。坦然面对落榜，不在考试结果上钻牛角尖，给自己寻找机会继续学习表演是黄渤能够成功的关键。独特的生活经验和生命体验让他深刻地理解到，自己能够抓住什么，应该抓住什么。命运也不愿这颗未来影视界的巨星陨落，冥冥之中为他开启了一扇通往表演之路的窗，2002 年，他成了北京电影学院表演学院配音班的一名学生。

配音是还魂的艺术

正是黄渤践行着他“软坚持”的人生智慧，成功地度过了艺考难关，在带班老师徐燕教授的“力挺”之下，黄渤进入了北京电影学院表演学院的配音班。至今黄渤回忆起配音班第一次上课的情景，都令他记忆犹新。虽然之前有过表演专业方面的学习，但在听了班主任徐燕老师的几节课后，黄渤还是被语言的魅力所震慑住了。一段再简短不过的小散文，经过老师的朗诵，带给听众完全不同的听觉体验，当时的黄渤没有想太多，不知道未来会如何，只觉得徐燕老师太棒了，自己能学配音也不错，最起码以后多了一条出路。看似盲打误撞的选择，其实饱含着黄渤在专业学习上的人生智慧。已经学习过表演专业的黄渤，太懂得声音的精彩程度对于演员的表演有着怎样的锦上添花的作用。选择学习配音，对于黄渤而言不仅仅是为未来打开了一条新的出路，更是为之后的演艺之路积蓄内力，为之后的华丽转身做铺垫。

同班同学中，大多数都是 80 后，黄渤也因此开玩笑道因为比班里同学年长，

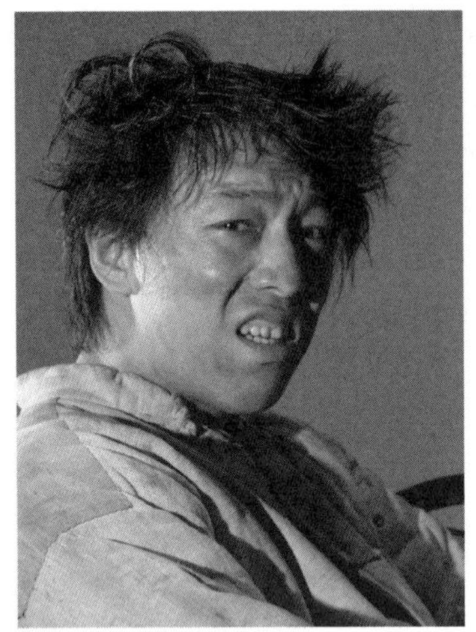

黄渤上学时的人物造型照

黄渤获金马奖

黄渤和同学们的小品汇报演出

才能够更好地照顾班里的同学而成为一班之长，实则无论是在专业上，还是平日里的责任心，黄渤都受到了老师和同学们的肯定。徐燕老师在接受访谈时回忆说：“黄渤他太聪明了，别人需要十分的力，他只需要脑筋一转大概也就二分，他就会出个点子。”在老师的眼里，黄渤天赋异禀，能够游刃有余地完成专业上的学习。但对于黄渤而言，他内心清楚地了解到自己在外闯荡这么多年，是何等地珍惜大学里的学习时光。班长的身份也是对自己的一种激励和鞭策，他必须努力刻苦地在教室排练到很晚，却总是能苦中作乐地归因于身为班长“迫不得已”最后一个离开，因为要负责锁门。他的言语、他的生活方式、他待人接物的态度，都充满了“黄氏喜剧精神”，这也难怪黄渤曾总结说自己的人生本身就是一部喜剧。银幕中黄渤塑造各色小人物的成功，源于生活中一点一滴的积累，有些幽默的表演也是他本人生活中性格特点的自然流露。

大学的时光美好而短暂，黄渤在老师的带领下，用自己不算最好却极富表现力的声音条件塑造了一系列性格鲜明他人无法替代的角色。《海底总动员》《加勒比海盗》《绿巨人》等译制片都能找到黄渤极具特色个性鲜明的“小破锣”声音。多年的专业学习，黄渤更深刻地理解了配音是一门还魂的艺术，声音也是有戏的。对节奏的把握等，通过长期训练一些只可意会不可言传的语感等，都会引导着你如何去处理某个人物的声音。黄渤说，好的配音就如同提线木偶，语言能够提着观众跟着声音兴奋抑或悲伤。在黄渤之后的影视作品中，黄渤对于声音的理解可谓传达得淋漓尽致，《疯狂的石头》里的黑皮，《斗牛》里的牛二，《杀生》里的牛结实，黄渤总能走入人物的内心，用声音为人物的表演锦上添花。

蓄势待发——对于梦想，我始终“软坚持”

大多数在电影学院学习表演的学生，在上学期间会利用课业以外的时间进组面试，但对于黄渤虽然是表演系的配音专业，外在条件上的黄渤并不具备优势，尤其是在上学期间跟同学一起去试戏，都是外表出众的俊男美女，导演注意的焦点必然不会在黄渤身上。通常是导演跟同学聊了半天，轮到黄渤竟会误以为他是同学的经纪人，久而久之，黄渤就不再愿意通过去剧组试戏见导演的途径去寻找可以表演的机会。就这样，黄渤在配音班毕业之后的一两年时间里，做的最主要最多的工作就是配音。经过在电影学院这几年的专业训练，黄渤的台词功力得到了很大的提升，自己的声音也频频出现在诸多影视作品中。但作为初出茅庐的学生，在大多数影视作品中基本上没有完整的台词。他在接受采访时回忆说："毕业后配过的东西太多了，自己也记不清有多少部作品。中央台的译制片、电影、电视剧，基本上是一天一部。"刚刚毕业的黄渤在配音上缺乏资历的原因，在影视作品中只能给一些比较边角的角色配音。即使有机会为一些国外的大片《海底总动员》《加勒比海盗》等作品配音，但基本上都是配群杂的角色声音，台词也经常只有简简单单的几个语气词。这对于之前已经出演过影视作品，入行更多的也是为了做一名演员的黄渤来说，仅仅靠声音来塑造人物形象，并不是他的长远目标。

对于黄渤而言，适合他的能够获得表演机会的途径就是通过之前的影视作品让导演了解自己、信任自己。早在进入电影学院学习之前，黄渤就已出演了管虎导演的作品《上车，走吧》中的男主角高明。丰富的生活阅历和极高的悟性使得黄渤人生中的第一个角色在受到关注的同时也得到了圈内人士一定程度上的认可，影片本身还获得了第 21 届中国电影金鸡奖的最佳电视电影奖和百合奖。然而在第二部戏《黑洞》中，由于种种原因，黄渤的表演能力受到了外界的质疑。这段经历给了黄渤深深的启示，无论是主角配角，还是一场如何简单的戏，都要百分百的努力去演去诠释。在之后黄渤出演的每一部戏里，他的较真，遇到好戏主动要求"受虐"，追求完美等对待角色的态度，一方面是个人性格，很大程度上也跟初涉影视界的这次拍摄经历有关。

直至 2006 年拍摄《疯狂的石头》之前，黄渤虽偶有佳作出现，但也没能给大众留下深刻的印象。但无论是作为一名配音演员也好，还是在影视作品中出演一些小角色也好，黄渤始终没有离开这个圈子，就像他之前给自己的人生做了个总结，这些都归因于自己性格里的“软坚持”。他将自己的“软坚持”用生动的“黄氏语言”描绘为“赖了吧唧的坚持”，然而这其中却包含着他灵活变通的人生成功之道。铺垫他的成功之路还有他出演宁浩导演的另一部戏《生存之民工》，黄渤在里面扮演男主角的妹妹的男朋友，跟着剧组到辽宁 3 个月。“反正都是 3 个月，总得干点什么。”他天天琢磨角色，去看民工的生活起居，如何修改台词怎么做更合理，他写了很多的心得体会，给导演和编剧看，“你用功了，谁都不会拒绝这事。”他的角色也越来越丰富，一行字改成了重场戏，结果是他的角色获得了网上支持率第一。对于黄渤这样的 70 后而言，梦想似乎是比现实更加沉重的负担，黄渤以一种韧性始终坚持着自己的梦想，回看黄渤的演艺道路，似乎正是这种柔软的坚持最终获得了胜利。

厚积“渤”发

毕业后两年，黄渤在宁浩导演的作品《疯狂的石头》中出演了黑皮这一小人物。这部聚集了一群打拼多年的电影青年的小成本作品在 2006 年上映后就好评不断，直至最后拿下 3000 万的票房，黄渤饰演的黑皮以生动的表演和众多经典台词被更多的观众认识和喜爱，黄渤也凭借此部作品正式走上大银幕。黄渤饰演的黑皮在片中虽然只是配角，但由于独特的性格、特别的遭遇和演员的精彩演绎，黑皮这一角色令观众印象深刻，一度超过了影片的主角。影片中黄渤饰演的黑皮是一个一路悲催倒霉的小人物，他的出现和遭遇时常令观众捧腹大笑。黑皮被困在下水道的段落中，人物的黑色小幽默达到了极致。此时作为演员的黄渤，在脏兮兮黑乎乎的装束下，早已没有了当年初入影坛时的稚嫩，在他看似本色自然的外乡口音和表演风格之下，潜伏的是他积淀了十几年的舞台表演基础和专业的电影训练。对于黄渤而言，他已经真正明白如何用声音和表演去塑造人物。

早在黄渤出演的第一部作品《上车，走吧》他已经体味到了作为一名演员成功成名的滋味，《黑洞》的拍摄经历也时刻提醒着他，加之处女座追求完美的个性使然，对于《疯狂的石头》的一片叫好声，黄渤都始终能够保持清醒的头脑。这部影片的成功，使得黄渤对角色的选择余地大了很多，不但受到了内地影视制作人的关注，影响力也触及到了香港。总之，黄渤在极短的时间内，从出演配角到联合主演再到担任男一号，完成了他的电影三级跳。

2009年，对于黄渤的演艺生涯而言，是至为关键的一年，凭借《斗牛》中牛二这一角色的扮演，他获得了第21届台湾电影金马奖最佳男主角。黄渤坦言，这对自己这些年在演员这一行业的付出是莫大的鼓励。用黄渤自己的话描述他跟管虎导演的合作“虐待狂都是被受虐狂逼出来的”，在出演《斗牛》过程中，这句话体现得淋漓尽致。在影片《斗牛》中，几乎占到电影一半长度的时间里，都是黄渤和另一位主演奶牛的对手戏。从影片中的设定和拍摄风格来看，黄渤被折磨得相当凄惨，因为表演的搭档是好几头奶牛，人的节奏和牛的节奏，很难融合在一起，也造成了一个镜头拍上百遍的佳话。这部戏也开创了黄渤表演生涯中的几个之最，被黄渤用奇特来形容，一场戏上百条镜头，受苦最多，遭罪最大，受伤最多。黄渤自己也说，有的时候觉得自己发挥得很好，回头一看却发现奶牛已经跑了很远，只得重来。然而在这艰苦的创作过程中，黄渤把为了保护奶牛和日寇土匪和难民斗智斗勇的小人物牛二演得入木三分，相当感人，让观众看到了黄渤身上无限的可能和那些闪光点，黄渤所扮演的牛二自然就成了他表演生涯中的一个高峰。我们不得不承认，正如导演管虎所说，黄渤的未来会走得很远，现在大家只是看到他喜剧的一面，如果有一个平台，观众就会知道，他是个非常有潜质的演员。

在多数喜爱黄渤的观众看来，他不但具有专业的表演素质，身上更散发着来自内心的真实与质朴。黄渤出演的各种影视作品的绝佳票房以及颇高的收视率，喜爱他的影迷为他冠以“卅帝”的称号，但在黄渤自己看来，影视作品的成功源自于一个团队的合作，自己只是其中的一小部分，而且在黄渤看来他更看重的是影视作品的口碑。正是这种一贯认真质朴，谦虚自然的态度，是黄渤能够在演艺之路上越走越远的重要原因。

——

黄渤，山东青岛人，中国著名男演员，毕业于北京电影学院表演学院配音班。电影代表作《疯狂的石头》《斗牛》《杀生》《人在囧途之泰囧》《西游降魔篇》；电视剧代表作为《火线三兄弟》《民兵葛二蛋》《末路天堂》《生存之民工》等。黄渤早年曾有过驻唱歌手、舞蹈教练、影视配音等多种工作经历。2006 年，因出演新锐导演宁浩执导的电影《疯狂的石头》而一举成名，为广大影迷观众所熟知。2009 年，黄渤凭借在影片《杀生》中的出色演技夺得第 46 届台湾电影金马奖最佳男主角。2013 年，亦凭借《杀生》中的精湛演技获得第 20 届北京大学生电影节最佳男演员奖。凭借近几年在影视圈的出色表现，被网友冠以“卅帝”的称号，其号召力在内地男演员中可谓首屈一指。

（京）新登字 083 号

图书在版编目（CIP）数据

电影是生命最初的旅行：北京电影学院校友故事 / 张会军主编 .
- 北京：中国青年出版社，2016.4

ISBN 978-7-5153-4135-4

I. ①电… II. ①张… III. ①北京电影学院—校友—生平事迹 IV. ① K820.7

中国版本图书馆 CIP 数据核字（2016）第 067795 号

本书照片由北京电影学院提供

责任编辑：王飞宁
装帧设计：瞿中华
出版发行：中国青年出版社
社　　址：北京东四十二条 21 号
邮　　编：100708
网　　址：www.cyp.com.cn
营销中心：010-57350370
编辑电话：010-57350501
印　　刷：北京中科印刷有限公司
经　　销：新华书店
规　　格：700 × 1000　1/16
印　　张：21.25
字　　数：200 千字
版　　次：2016 年 6 月北京第 1 版
印　　次：2016 年 6 月北京第 1 次印刷
定　　价：56.00 元